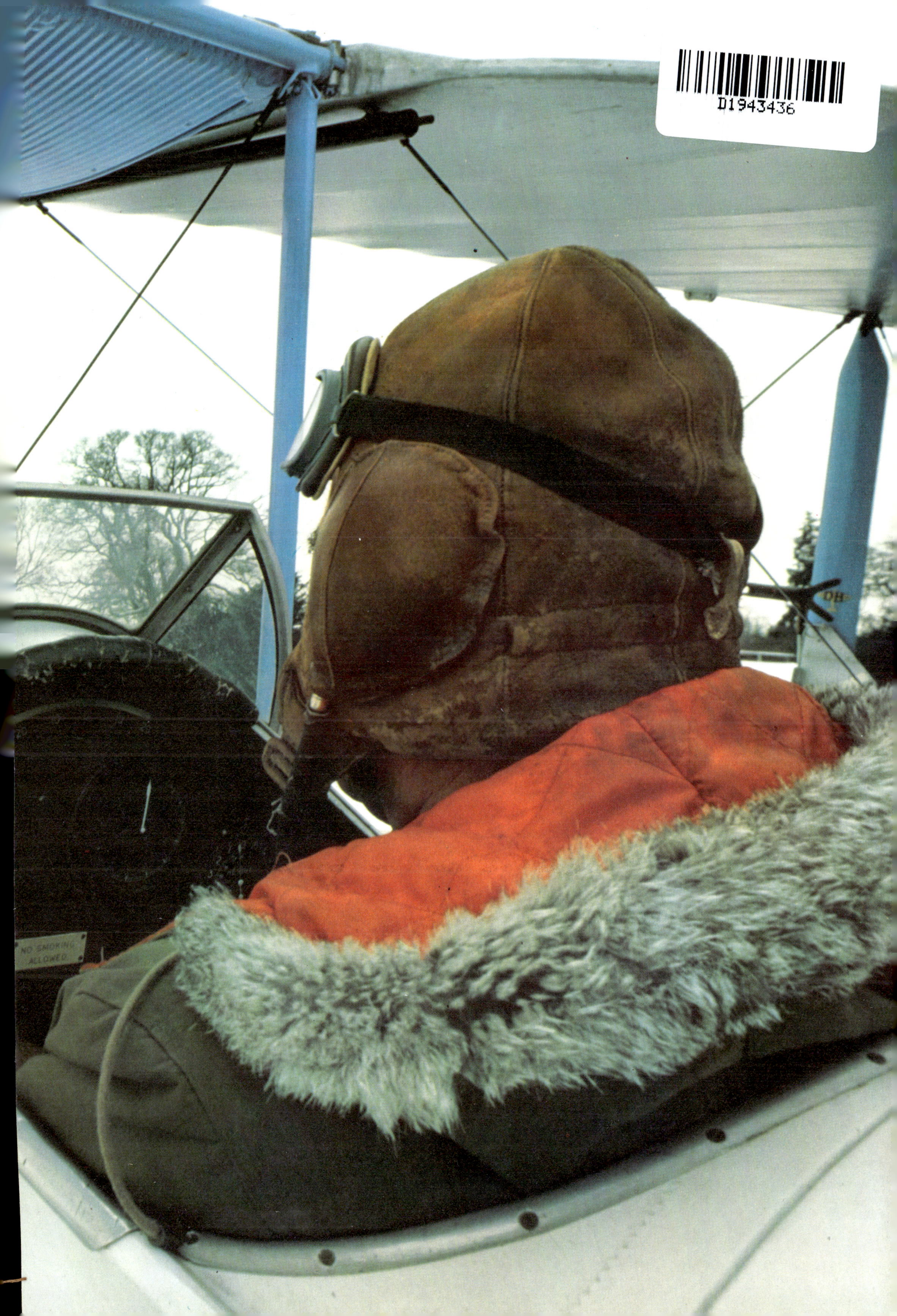
NO SMOKING
ALLOWED

Das große Buch der

LUFTFAHRT

ALBATROS VERLAG AG

Das große Buch der LUFTFAHRT

Chris Ellis

ALBATROS
ALBATROS VERLAG AG

Die Herausgeber möchten folgenden Personen und Organisationen für das zur Verfügungstellen der Bilder danken: Air Canada; Air France; American Airlines; Associated Press; Bell Helicopter Company; The Boeing Company; British Aircraft Corporation; British Airways; Austin J. Brown; Charles E. Brown; Neill Bruce; Canadair; Cessna; ECP Armées; Chris Ellis; *Flight;* Fokker; Fox Photos; Goodyear; R.J. Hale; The Hamlyn Group Library; A.C. Harold; David Hodges; Imperial War Museum; Lufthansa; The Mansell Collection; McDonnell Douglas Corporation; Kenneth McDonough; National Army Museum; Novosti Press Agency; North American Aviation; Simon Piercey; Piper; Radio Times Hulton Picture Library; M. Roger-Viollet; Maurice Rowe; The Science Museum; Sikorsky Aircraft; Smithsonian Institution; Nigel Snowdon; Swissair; John W.R. Taylor; *The Times;* United Press; US-Air Force; US-Army; US-Forest Service; US-Navy; Westland Aircraft; R.J. Wilson.

Deutsche Ausgabe 1977, Albatros Verlag, Zollikon-Schweiz.

Printed in Great Britain
ISBN 600 33187

Inhaltsverzeichnis

R
ROYAL NAVY
002

Einführung

Die Welt der Luftfahrt ist faszinierend und hat, angefangen von der Antike bis zur Gegenwart, nie aufgehört, Menschen in ihren Bann zu schlagen. In unserem Jahrhundert aber hat sie eine ganz unvorhergesehene Bedeutung erlangt. Nach den stürmischen Entwicklungen zweier Weltkriege und anderen Konflikten, bei denen das Flugzeug eine wichtige Rolle spielte, gibt es immer noch keine Anzeichen für eine Verlangsamung in der Entwicklung der Militärluftfahrt. Aber auch die Zivilluftfahrt leistet mit einer Fülle von neuen Ideen und neuen Flugzeugtypen einen Beitrag, der die Dimensionen schrumpfen läßt und das Interesse des Publikums immer mehr zu wecken vermag.

Das vorliegende Buch gibt einen knappen, aber vollständigen Überblick über die Geschichte der Luftfahrt, soweit das im Rahmen eines solchen Bandes möglich ist. Den ersten Pionieren mit ihren revolutionären Ideen habe ich absichtlich mehr Platz eingeräumt als jenen, die ihnen nachfolgten. Ich habe mich konsequent auf Luftfahrzeuge im engeren Sinn - leichter oder schwerer als Luft - beschränkt, denn Raketen und Raumfahrzeuge haben meiner Meinung nach ihre eigene Geschichte; auch sind sie für mich so etwas wie Eindringlinge in die sonst so wohlgeordnete Welt der echten Flugmaschinen. Aus Platzgründen konnte jedoch nicht jedes «klassische» Luftgefährt berücksichtigt werden, und diejenigen, über die in diesem Buch geschrieben wird, müssen sich manchmal eine allzukurze Beschreibung gefallen lassen. Es ist nicht das Ziel des Buches, eine lückenlose Aufzählung der einzelnen Flugzeuge und Flieger zu vermitteln, sondern es soll ein Gesamtbild über ihre geschichtliche Entwicklung entworfen werden.

gegenüber
Eine McDonnell Douglas F-4K «Phantom» wird mittels Dampfkatapult an Bord der H.M.S. *Ark Royal* gestartet.

Geschichtliche Betrachtung

Schon in der Antike und im Mittelalter gab es Menschen, die sich ernsthaft mit der Frage befaßten, warum Vögel und Fledermäuse fliegen können, Menschen jedoch nicht. Der Glaube oder gar die Überzeugung, daß dieses möglich sei, war also schon sehr früh vorhanden. In einigen Fällen haben uns diese potentiellen Aviatiker erstaunlich vielfältige Dokumente ihrer Ideen und Theorien hinterlassen, angefangen von den Chinesen mit ihren Papierflügeln um 2000 v. Chr. bis zu Leonardo da Vincis wohlbekannter Vogelflugmaschine – angetrieben von menschlicher Muskelkraft – einem Projekt, das jedoch nie zur Ausführung gelangte. Keine der vielen phantasievollen Ideen – darunter auch bloße Mythen oder Legenden – konnte in all den Jahrhunderten erfolgreich realisiert werden, trotz vieler Wagnisse unerschrockener Männer, welche versuchten, als erste fliegende Menschen Geschichte zu machen und dabei ihr Leben ließen.

Der Drang zum Fliegen

Sehr, sehr lange Zeit verging, bis das Wesen des Problems richtig erkannt wurde. Der erste Impuls des Menschen war darauf gerichtet, die Vögel möglichst genau nachzuahmen, indem er an seinem Körper Federn und Flügel befestigte. Theoretisch brauchte ein solchermaßen ausgerüsteter Mensch nur mit seinen Armen (an welchen die Flügel angebracht waren) auszuschlagen und in die Luft zu springen. Gewisse waghalsige Idealisten versuchen sich heute noch in dieser Flugmethode – das Resultat läßt sich oft unschwer voraussagen. In der Sage wird der fliegende Mensch von Ikarus verkörpert, welcher auf diese Weise vor König Minos auf Kreta floh. Da Ikarus die Federn seiner Flügel mit Wachs befestigt hatte, schmolz dieses, als er der Sonne zu nahe kam.

Was die alten Vogelflug-Pioniere noch nicht richtig erfaßt hatten, war der biologische Unterschied zwischen Vogel oder Fledermaus einerseits und dem Menschen anderseits. Der Vogel als lebende Flugmaschine ist das Produkt einer Entwicklung von Jahrmillionen. Atmung und Pulsschlag entsprechen der Notwendigkeit, die enorme Energie aufzubringen, um das Gewicht des Tieres abzuheben und die zur Bewegung der kompliziert gebauten Flügel nötige Muskelkraft zu liefern. Alles ist möglichst gewichtsparend gebaut (zum Beispiel hohle Knochen), so daß das Gewicht jeder Vogelart (außer nichtfliegenden Vögeln) erstaunlich gering ist im Verhältnis zu ihrer Körpermasse. Ein ausgewachsener Reiher hat beispielsweise ein Gewicht von nur etwa 1,5 Kilo, während ein Zaunkönig im Durchschnitt etwa 5 Gramm wiegt. Fliegende Säugetiere wie zum Beispiel die Fledermaus haben eine ähnliche Entwicklung durchlaufen und sich völlig ihrer spezifischen Lebensweise angepaßt.

Kein Wunder also, wenn hier der Mensch nicht mithalten konnte. Er besaß weder die anatomischen noch die physiologischen Vorausset-

Maßstabgetreue Nachbildung der Vogelflugmaschine nach den Plänen von Leonardo da Vinci aus dem 15. Jahrhundert.

zungen zur Erreichung der Muskelkraft, die notwendig gewesen wäre, sein relativ großes Gewicht in die Luft zu erheben. Dazu kam noch der Nachteil des materiellen Gewichtes, seien es Flügel oder kompliziertere Ausrüstungen, welche ja den Auftrieb zu erzeugen hatten und damit das Fliegen erst ermöglichten.

Von allen Vertretern der Vogelflug-Idee in der Zeit vor der Industrialisierung hat Leonardo da Vinci (1452–1519) den wichtigsten Beitrag geleistet. Er war seiner Zeit weit voraus, hatte er doch verschiedene Konzepte des Fliegens entworfen, unter anderem eine Maschine mit vogelähnlichen Flügeln, welche von Zugfedern bewegt wurden. Typischer für seine Theorien aber war seine von Menschenhand angetriebene Vogelflugmaschine. In den sechziger Jahren unseres Jahrhunderts wurden seine Ideen auch zum Teil – mit Hilfe moderner Materialien und Technoligie – beim Bau solcher Flugzeuge berücksichtigt, die von Menschen fortbewegt werden. Einige waren auch ganz erfolgreich.

Echte Fortschritte wurden aber erst erzielt, als man die Vorstellung, den Vögeln einfach nachzueifern und selber zu fliegen, schließlich aufgab. Die neue Konzeption, die jetzt entstand – sie führte schließlich zur Entwicklung des modernen Flugzeugs –, ging bereits in Richtung Fluggeräte, die in der Lage waren, sich selbständig in die Luft zu erheben und auch Menschen mitzuführen.

Ein Jesuit namens Francesco de Lana entwarf die ersten Pläne für eine «Passagiermaschine». Im Jahre 1670 illustrierte und beschrieb er sein Luftfahrzeug in seiner Abhandlung *Prodrono*. De Lanas Entwurf sah vor, eine bootsförmige Kabine an vier luftleeren Kugeln aufzuhängen – nachdem die Luft mittels Vakuumpumpe entfernt worden war.

Das würde die Kammern leichter als Luft machen. Sie würden sich dann in den Himmel erheben und die Kabine mittragen. Es versteht sich, daß angesichts der vielen ungelösten technischen Probleme dieser Plan bloße Theorie blieb. Man wußte nicht, wie man die Vakuumkammern sowohl leicht als auch stark genug bauen konnte, um ein Zusammengepreßt werden zu verhindern, und eine Höhen- oder Seitensteuerung gab es nicht. De Lana glaubte wohl kaum selber an die Ausführung seines Projektes, aber er war bestimmt der erste, der auf die militärische Verwendungsmöglichkeit eines solchen Luftfahrzeuges hinwies. Er schrieb: «... Wer kann übersehen, daß keine Stadt sicher wäre gegen (solche) Überraschung, da man das Schiff jederzeit über deren Plätze oder gar über die Höfe ihrer Siedlungen bringen und es auf den Boden sinken könnte, so daß die Mannschaft nur auszusteigen brauchte. Was die Schiffe auf dem Meer beträfe, so könnte das Luftschiff zum Sinken bis auf die Höhe der Segel gebracht werden, um die Takelage zu kappen. Oder es wäre möglich, aus sicherer Höhe, ohne zu tief hinabzusteigen, Gewichte hinabzuschleudern, das Schiff zu havarieren und die Mannschaft zu töten; oder man könnte Brände entfachen mit Feuerkugeln und Bomben. Es wäre möglich nicht nur Schiffe, sondern auch Häuser, Festungen und Städte zu zerstören, und man wäre sicher, daß dem Luftschiff nichts passieren würde, da die Wurfgeschosse aus großer Höhe abgeworfen werden könnten.» Auch wenn die modernen Waffen ihre Wirkungsweise stark verändert haben, so waren doch de Lanas Voraussagen erstaunlich genau.

Nicht lange nach de Lana, im Jahre 1709, brachte ein anderer Jesuit, Laurenco de Gusmao, dieses Konzept einen Schritt weiter, als er ein Modell eines Heißluftballons baute und dieses dem König von Portugal vorführte. Diese verkleinerte Ausführung eines von de Gusmao projektierten bemannten Ballons, *Passarola,* ist eines der ersten dokumentierten Beispiele des Heißluftballon-Prinzips. Bei diesem Ballontyp war die Hülle unten offen. Da heiße Luft steigt, war unter der Öffnung eine Brennvorrichtung angebracht, welche die Luft in der Hülle erhitzte und sie so zum Steigen brachte. Für Passagiere war ein Korb unterhalb der Hülle vorgesehen.

Beim *Passarola* hätte dieser Korb die Form eines riesigen Vogels haben sollen, mit Kopf und Schwanz und seitlichen «Flügeln» zum Stabilisieren. Die Version in der Originalgröße scheint nie gebaut worden zu sein, und angeblich soll das Modell mitten im Flug – während einer Demonstration im Innern des Königspalastes – in Flammen aufgegangen und abgestürzt sein, wobei auch einige Möbelstücke Feuer fingen. Viele andere Heißluftballone haben in der Folge ähnliche Schicksale erlitten – eines der Hauptrisiken dieser Art des Lufttransportes.

Der Ballon steigt auf

Im Jahre 1783 gelang der entscheidende Schritt auf dem Weg, der zur Realisierung des Fluges führte. Den Gebrüdern Montgolfier, Joseph und Etienne – von Beruf waren sie Papierfabrikanten aus Annonay bei Lyon – gelang es nämlich erstmals, die Heißluftballon-Idee praktisch zu verwirklichen. Man weiß nicht genau, was die Montgolfiers auf den Gedanken brachte. Zeitgenossen zufolge beobachteten sie, wie die Asche von brennendem Papier, emporgehoben durch die heißen Gase des Feuers, im Kamin verschwand; nach anderen Berichten wollte Joseph sein Hemd vor dem Feuer trocknen lassen, worauf sich jenes

gegenüber
Erster Freiflug des Montgolfier-Ballons am 21. November 1783

Blanchard und Jefferies überqueren den Ärmel-Kanal am 7. Januar 1785

aufblähte und nach oben schwebte. Wie dem auch sei, jedenfalls führten sie in ihrem Haus im November 1782 einige erfolgreiche Experimente durch. Sie hielten Seiden- und Papiersäcke über ein Feuer und ließen die mit heißer Luft gefüllten Tüten zur Decke steigen. Daraufhin bauten sie einen großen Ballon, etwa 11 m im Durchmesser. Am 4. Juni 1783 führten sie den ersten Versuch im Freien durch. Sie füllten den Ballon

unten links
Bei De Rozières unglücklicher Zwitter-Konstruktion wurde Heißluft und Wasserstoff verwendet. Sie war für die Kanal-Überquerung von 1785 gebaut worden.

oben
Gefahren des Ballonfliegens: der Royal Nassau-Ballon von 1849 kollidiert mit einem Haus.

über einem dafür hergerichteten Feuer und ließen ihn entschweben. Er stieg bis auf etwa 1800 m und kehrte - etwa 2,5 km von seinem Startplatz entfernt - sicher zur Erde zurück.

Die Kunde davon verbreitete sich in Windeseile, und man bat Etienne, nach Paris zu kommen und den Ballon dem König und der Königin vorzuführen. Der dabei verwendete Ballon war über 20 m hoch und hatte unten einen Weidenkorb befestigt. Diesen «bemannte» man mit einem Schaf, einem Hahn und einer Ente und ließ den Ballon steigen. Er landete mit seiner Fracht etwa 2 km entfernt - die Tiere waren wohlbehalten zurückgekommen. Das war am 19. September 1783 Es sollte aber noch besser kommen, denn jetzt stand man an der Schwelle des bemannten Fluges. Der 26jährige Jean-François Pilatre de Rosier stieg am 15. Oktober 1783 als erster Mensch mit einem Fesselballon auf. Er erreichte eine Höhe von 25 m und blieb fünf Minuten lang in der Luft, indem er das Feuer entsprechend schürte. Diesem Versuch folgten fünf weitere Fesselflüge in immer größere Höhen - bis 100 m -, der fünfte war bemannt. Dann, am 21. November 1783 kam der große Tag, an dem der bemannte Ballon seinen ersten Versuch im Freiflug machte. De Rosier, mit der Marquise d'Arlandes als Passagiere, gelang dabei ein Flug von 25 Minuten Dauer; sie hatten eine Strecke von fast 9 km zurückgelegt.

Noch vor diesem historischen Ereignis beauftragte die Französische Akademie der Wissenschaften J.A.C. Charles, einen Physiker, den Ballon weiterzuentwickeln. Das Resultat war die Erfindung des uns wohlbekannten Wasserstoffballons. Wasserstoff war erst kurz zuvor (1765) entdeckt worden. Er ist ja bekanntlich leichter als Luft. Für die Experimente von Charles wurde eine Ballonhülle aus gummierter Seide hergestellt - etwa 4 m im Durchmesser -, gefüllt wurde sie über ein Ventil. Wasserstoff gewann man, indem Schwefelsäure über Feilspäne gegossen wurde. Es gab auch die Schwierigkeit, das Gas in den Ballon zu pumpen und beim Zusammennähen der Hülle undichte Stellen zu vermeiden. Doch der Wasserstoffballon hatte den Vorteil, daß er nur eine einzige Füllung benötigte, während der Heißluftballon ständige Hitze brauchte, um die Gase steigen zu lassen. Ab und zu sprang das Feuer auch auf die Ballonhülle über und setzte sie in Flammen - auch de Rosier verlor sein Leben - zwei Jahre nach seinem Pionierflug - bei einem solchen Unfall.

Erstflug des Wasserstoff-Ballons von Charles und Robert, am 1. Dezember 1783

Der erste von Charles gebaute Wasserstoffballon machte seinen ersten Aufstieg - noch unbemannt - am 27. August 1783, drei Wochen vor der ersten öffentlichen Montgolfier-Vorführung. Er legte eine Strecke von immerhin 24 km zurück und landete in Gonesse - einem kleinen Dorf - sehr zum Schrecken und zur Verblüffung seiner Einwohner.

Charles machte sich nun an einen größeren Ballon, der zwei Personen tragen sollte und dessen Durchmesser 8,3 m betrug. An Verbesserungen hatte er neben einem neuen Ventil und Schlauch zum Füllen der Hülle auch ein Netz über der oberen Kugelhälfte, an das mittels Haltetauen ein Weidenkorb gehängt werden konnte. am 1. Dezember 1783 machten Charles und sein Kollege Marie-Noël Robert ihren ersten Flug. Dieser dauerte zwei Stunden. Den nächsten Aufstieg unternahm Charles allein. Da jetzt der Ballast nur noch die Hälfte betrug, schoß der Ballon bis gegen 3000 m empor, bis es Charles gelang, einen Teil des Gases herauszulassen und ihn zum Sinken zu bringen. Hier zeigte es sich, wie groß die Bedeutung des richtigen Ballastens war, so daß Wasserstoffballone in der Folge zur Regelung des Steigens und Sinkens eine Kombination von Sandsäcken und wohldosiertem Ablassen von Gas verwendeten. Charles' Ballontyp bewies seine Tauglichkeit und hat sich bis auf den heutigen Tag in Formgebung und Ausführung kaum verändert. Heiß-

oben links
Ballon-Fimmel im 19. Jahrhundert: ein Ballonrennen für Kinder, anläßlich eines Festes in den Cremorne Gardens in London, 1859

oben
Einer der ersten britischen Ballonstarts im August 1811 in Hackney, Schottland

luftballone dagegen haben in ihrer Entwicklung seit Montgolfier stärkere Veränderung erfahren, nur am Prinzip hat sich nichts geändert.

Nach diesen epochemachenden Flügen wuchs das Interesse der Öffentlichkeit enorm, und es folgten viele weitere Versuche. Heißluftballone hießen in Frankreich anfänglich «Aerostats», während Wasserstoffballone nach dem Namen ihres Erfinders «Charlières» genannt wurden. Der Wasserstoffballon verdrängte seinen Rivalen jedoch innert kurzer Zeit, da dort die Brandgefahr viel kleiner war, die Lenkbarkeit jedoch erheblich besser. Erst in den letzten Jahren hat der Heissluftballon wieder an Popularität gewonnen, da sein Unterhalt die Luftsportler heutzutage billiger zu stehen kommt als ein Wasserstoffballon. 1784 erfolgten die ersten Ballonflüge in Italien und Schottland, und im gleichen Jahr wagte im französischen Lyon die erste Frau den Versuch. Am 15. September 1784 fand der erste Ballonflug in England statt, wobei Vincent Luardi einen Wasserstoffballon aus einem Artilleriedepot heraus manövrierte.

Am 7. Januar 1785 erfolgte der bis dahin spektakulärste Ballonflug – nämlich die Überquerung des Ärmelkanals durch John Jefferies, einen Amerikaner, und J. P. Blanchard, einen Franzosen. Sie starteten von Dover aus und erreichten die französische Küste nur mit knapper Not. Zuvor hatten sie sämtlichen Ballast, teilweise sogar ihre Kleider, über Bord werfen müssen, um nicht vom Meer verschluckt zu werden. Eine beachtliche Neuerung stellte Blanchards Versuch dar, eine gewisse horizontale Steuerung durch eine Art Ruder zu erreichen, jedoch ohne grossen Erfolg. De Rosier, der Pionierflieger der Gebrüder Montgolfier, wollte dieser Tat eine noch grössere folgen lassen und baute dafür eine Art Zwitterballon, indem er eine Wasserstoff- und eine Heissluftthülle übereinander anordnete. Die Überquerung von Frankreich nach England war für den Juni 1785 vorgesehen, doch der Ballon fiel dem Feuer zum Opfer. Dabei kamen de Rosier und sein Begleiter ums Leben – übrigens der erste bekannte Unfall der Fluggeschichte.

Die Ballone haben ihre Bedeutung für die Luftfahrt nie verloren, und, wie bereits dargelegt, hat der Heißluftballon in den letzten Jahren wieder stark an Terrain gewonnen. Meist sind es Freizeit- und Sportballone, die heute verwendet werden, aber es gibt auch solche, die der wissenschaftlichen Forschung dienen.

Das war früher noch nicht so. Im 19. und anfangs des 20. Jahrhunderts hatten Ballone einige Bedeutung als Kriegswaffe. Die Franzosen verwendeten schon früh Wasserstoff-Fesselballone zu Beobachtungszwecken, zum Beispiel während der Napoleonischen Kriege. Lithographien aus der Zeit um 1790 legen Zeugnis davon ab. Eine solche wurde

oben
Ballonstart von Blanchard, anläßlich der Hochzeit von Napoleon und Marie-Louise, am 24. Juni 1810.

oben rechts
Der Ballon «Le Neptune» verläßt am 6. Oktober 1870 während der großen Belagerung Paris in Richtung Tours.

von den Franzosen zu Propagandazwecken verwendet und zeigt, wie mit einer riesigen Ballonflotte Soldaten über den Kanal transportiert werden. Im amerikanischen Bürgerkrieg (1861–65) gab es spezielle Ballonkompanien zur Aufklärung feindlicher Truppenbewegungen. Sie erfüllten ihre Aufgabe tadellos, da ihre «Augen» viel weiter reichten als die der schnellsten berittenen Kundschafter. Im Französisch-Preußischen Krieg entdeckte man eine weitere Verwendungsmöglichkeit. Aus dem belagerten Paris wurden per Luftballon Post und wichtige Dokumente ausgeflogen – mitten über die Köpfe der Preußen hinweg. Um 1890 herum waren schon die meisten Armeen mit Balloneinheiten ausgerüstet. Im Ersten Weltkrieg spielte der Ballon auf beiden Seiten eine aktive Rolle. Ihre Besatzungen aber brauchten gute Nerven, denn die Ballone wurden mehr und mehr zu Zielscheiben von Jagd- und Bombenflugzeugen. Die häufigste Einsatzart war, daß am Halteseil ein Telephonkabel befestigt wurde, welches zum Beobachtungsoffizier in der Gondel führte. So konnte dieser mit Leichtigkeit zum Beispiel die Wirkung der eigenen Artilleriesalven feststellen und entsprechend korrigieren.

Mittlerweile hatte der Militärballon seine alte Form verändert. Seine Hülle war nicht mehr rund, sondern eiförmig, mit aufblasbaren Seiten- und Höhenflossen am «dünnen» Ende. Auf diese Weise konnte man die Stabilität des Fesselballons erheblich verbessern. Diese neue Idee stammte von einem gewissen Hauptmann Perseval der preußischen Armee. Diese Form wird noch heute verwendet. Im Zweiten Weltkrieg war der Ballon zu leicht verwundbar geworden, um noch Beobachtungsdienste zu leisten, fand aber eine neue wichtige Rolle als Sperrballon (Hindernis für tieffliegende Bomber). In jüngerer Zeit haben sich die Aufgaben der Militärluftballone auf meteorologische und wissenschaftliche Einsätze beschränkt, sie eignen sich aber auch für die Ausbildung von Fallschirmjägern.

Eine weitere wichtige Neuerung, die sich im Laufe der Zeit ergab, war die Ablösung des nicht ungefährlichen Wasserstoffes durch Leuchtgas, und durch Helium

Zur Vorgeschichte des Motorfluges

Einer der größten Theoretiker bei der Suche nach praktischen Lösungen des Fliegens - mit und ohne Antrieb - war Sir George Cayley. Schon damals (Anfang 19. Jahrhundert) konnte er die meisten Funktionsprinzipien des Motorfluges, die seither Anwendung gefunden haben, aufzählen. So zum Beispiel das Strahltriebwerk, das Luftschiff, die Bedeutung der V-Form und anderer aerodynamischer Faktoren, die Stromlinienform, Stabilitäts- und Ladefaktoren, den Verbrennungsmotor und die Idee des «Convertiplane» (senkrechtes Starten und Landen). Cayleys erster Entwurf für ein Flugzeug stammt aus dem Jahre 1799 und wurde nicht realisiert, aber bereits 1804 baute er einen kleinen Gleiter und probierte ihn auch selber aus. Für Cayley war es klar, daß für Flugobjekte, die schwerer waren als Luft, die Vogelflugmethode nicht anwendbar war. Erforderlich waren einzig Auftrieb und Motorkraft, und diese konnte man ohne weiteres getrennt zur Anwendung bringen. Cayley ging bei seinen Entwürfen vom uralten Drachen aus, und sein erstes Modell war eigentlich nur ein solcher Drachen, der an einer Stange befestigt war, welche ein kleines «Leitwerk» aus kreuzweise und drehbar angeordneten Segeln hatte. Die Bewegung des Schwanzes sollte so für die Einhaltung der Richtung sorgen, während die Drachenflügel für Auftrieb und Gleichgewicht aufkamen. Der Winkel der Flügel zueinander bildete ein flaches V, was Cayley zufolge die Stabilität im Flug erhöhte. Dieser Gleiter, den er an einem Hang ausprobierte, flog ausgezeichnet, und auch sein nächstes Modell, das die doppelte Größe hatte, war ein Erfolg.

Doch Sir George Cayley war der Schöpfer von noch viel weitsichtigeren Projekten. 1842–43 veröffentlichte er Pläne für einen Helikopter. Dieses Luftgefährt besaß vier gegeneinander rotierende, vielblättrige Rotoren und hatte für den Vorwärtsantrieb zwei weitere Propeller am Heck. Es war ein brillanter Entwurf, der weitgehend ausführbar gewesen wäre mit Ausnahme des Antriebsaggregats, denn es gab noch keinen genügend starken Motor. Cayley schlug einen Dampfmotor vor, fand aber keinen, der für seinen Zweck geeignet gewesen wäre. Übrigens hat bereits im Jahre 1825 ein Italiener, Vittorio Sarti, einen Helikopter entworfen, bei welchem die Rotoren Dampfdüsen hatten, die aus einem darunterliegenden Boiler gespeist wurden. Ein Modell davon soll auch gebaut worden sein.

Ein Zeitgenosse von Cayley, William S. Henson, brachte 1842 ein für seine Zeit äußerst bemerkenswertes Projekt heraus, denn es glich fast haargenau den etwa 80 Jahre später gebauten Verkehrsflugzeugen. Das «Dampfluftfahrzeug», wie es genannt wurde, besaß bereits die gerippten, mit Stoff bespannten Flügel, die erst Jahrzehnte später von andern übernommen wurden. Die Spannweite wies 45 m auf, die Propeller hatten 6 m Durchmesser und waren hinter den Flügeln angeordnet. Die Passagierkabine unterhalb der Tragflächen enthielt auch das Dampfaggregat und war aus Holz. Auch bereits das am Rumpf angebrachte Dreiradfahrwerk war vorhanden. Keine andere Schöpfung des 19. Jahrhunderts konnte einen besseren «Vorgeschmack» auf die Zukunft das Linienverkehrs geben als Hensons «Dampfluftfahrzeug». Die praktische Erprobung aber blieb arg hinter den Erwartungen des Erfinders zurück. Henson hatte nämlich sehr ehrgeizige Pläne und trat mit seiner Absicht an die Öffentlichkeit, eine richtige Luftfahrtgesellschaft, die «Aerial Transit Company», ins Leben zu rufen. Sogar ein illustrierter Prospekt mit Routenvorschlägen bis nach Ägypten wurde herausgegeben, alles, bevor sein Flugzeug je geflogen war.

Beobachtungsballon der Serbischen Armee während Manövern im Jahre 1908

A
A
T
T
Z
C
6
D
Y
N
E
A
O
N
2
K
L
3
4
I
G
P
U
R
S
X

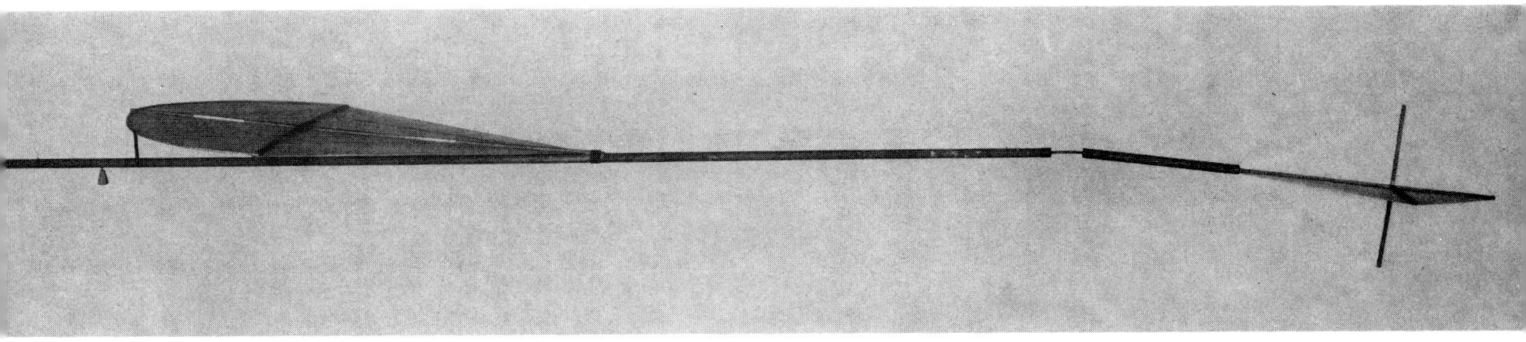

Mit Hilfe seines Kollegen John Stringfellow fertigte Henson im Jahre 1847 ein verkleinertes Modell der geplanten Version an. Der erste Testflug war ein Mißerfolg - nur ein kleiner Hüpfer über die Startrampe hinweg, dann plumpste die Maschine auf den Boden. Hensons Enttäuschung war so groß, daß er fortan auf weitere Flugversuche verzichtete.

Sein Kollege Stringfellow hatte mehr Ausdauer und Erfolg. Er ging zwar von Hensons Konzept aus und baute ebenfalls ein Modell mit 6 m Flügelspannweite, ließ dieses aber noch nicht frei, sondern mittels einer Seilverbindung fliegen. Etwa zur gleichen Zeit ließ ein deutscher Offizier, Werner Siemens, ein von ihm stammendes Projekt patentieren: Ein durch Dampf angetriebener Eindecker und zugleich eine Art «Schwingenflügler». Wahrscheinlich wurde dieser aber nie gebaut und geflogen.

In seinen späteren Jahren wandte sich Sir George Cayley nochmals der Fliegerei zu und erzielte mit zwei Gleitflugmaschinen spektakuläre Erfolge. 1849 stellte er einen Dreidecker mit beweglichen Flügeln fertig, womit er zusätzlichen Antrieb zu gewinnen hoffte. Die Maschine war offenbar flugtauglich - eine Fluggesellschaft ließ übrigens vor ein paar Jahren einen Nachbau davon herstellen. Eine wirkliche Neuerung aber stellte sein anderes Modell aus dem Jahre 1853 dar. Es besaß eine badewannenförmige Gondel, einen Schwanz für die Längssteuerung, ein richtiges Fahrwerk und zwei bewegliche Flügel, die durch Handbetätigung von der Gondel aus bedient wurden. Cayley beförderte seinen Kutscher kurzerhand zum Piloten, man brachte den Gleiter auf einen Hügel und schob ihn den Abhang hinunter, bis er in der Luft war - wahrscheinlich war dieser Kutscher der erste Mensch überhaupt, der mit einer Maschine flog, die schwerer als Luft war. Daß dies keine bloße Fabel ist, zeigte sich 1974, als eine englische Fernsehgesellschaft Cayleys Gleiter nach den damaligen Plänen originalgetreu nachbauen ließ und die Flugversuche damit filmte. Das Ding flog tatsächlich.

Im Jahre 1857 waren auch zwei Franzosen erfolgreich. Jean-Marie le Bris baute einen Segler mit einer bemerkenswerten Stromlinienform. Gestartet wurde er mit Hilfe eines Pferdefuhrwerks. Die Maschine erhob sich kurz in die Luft. Felix du Temple, ein französischer Marineoffizier, wurde bekannt durch sein Projekt eines modern anmutenden Eindeckers mit Bugmotor, Dreiradfahrwerk und Aluminiumverkleidung. Du Temple baute ein Modell, mit welchem er sowohl mit Hilfe eines Uhrwerkmotors als auch einer Dampfmaschine erfolgreiche Flüge ausführte. 1871 baute er eine Version in Originalgröße mit einem Heißluftmotor als Antrieb. Die Maschine wurde von einem seiner Matrosen pilotiert und machte immerhin einen kurzen Luftsprung.

1869 ließ auch Stringfellow wieder von sich hören, dieses Mal mit einem Dreidecker, der in seinem Aufbau einem Kastendrachen nicht unähnlich war. Der Antrieb für die zwei Druckpropeller erfolgte durch Riemenübertragung und wurde von einem leichten, im Zentrum liegenden Dampfaggregat geliefert. Wie bereits sein früheres Modell wurde auch dieses nur im Fesselflug erprobt. Man könnte es als

Eine moderne Nachbildung von Cayleys erstem Gleiter vom Jahre 1804

gegenüber
Forschungsballon «Minerve», wie er von Dr. Robertson im Jahre 1803 vorgeschlagen und in der Presse viel karikiert wurde.

Vorgänger jener Flugzeuggeneration bezeichnen, für welche die hohle Flügelbauweise ein fester Bestandteil wurde.

Im letzten Viertel des 19. Jahrhunderts nahm die Zahl der Flugpioniere stark zu. Ausnahmslos aber scheiterten sie am Problem einer geeigneten Kraftquelle mit einem vernünftigen Gewicht-/Leistungs-Verhältnis. Meist waren sie auf die vorhandene Dampfmaschine angewiesen. Aerodynamische Probleme waren von untergeordneter Bedeutung. Es besteht kein Zweifel, daß, wäre der Verbrennungsmotor früher erfunden worden, zum Beispiel dem Projekt Hensons von 1842 ein ganz anderes Schicksal hätte beschieden sein können und auch die Entwicklung des Flugwesens wahrscheinlich eine andere Richtung eingeschlagen hätte. Eine Menge neuer Ideen tauchten auf. 1867 schlugen Butler und Edwards einen durch Raketenkraft angetriebenen Deltaflügler vor, wobei der Raketenmotor unter den Tragflächen angeordnet war und in der Längsrichtung verschoben werden und damit die Höhensteuerung übernehmen konnte. 1875 entwarf der Franzose Tatin einen sehr modern anmutenden, zweimotorigen Eindecker. Angetrieben wurde er von komprimierter Luft, was eine verhältnismäßig bessere Leistung ergab als die schwere Dampfmaschine, aber auch dieser Lösung waren enge Grenzen gesetzt, und sie konnte nicht weiterentwikkelt werden. Dem Engländer Thomas May gelang im gleichen Jahr die Erprobung eines kleinen, zweimotorigen Dampfeindeckers in einem kreisförmigen Fesselflug. Er kam jedoch nicht über eine Höhe von 15 cm hinaus.

Ein französischer Ingenieur namens Clément Ader hatte mehr Erfolg. 1890 gelang ihm nämlich mit seinem einer großen Fledermaus ähnelnden Apparat *Eole,* ein Flug von 45 m Länge, am 14. Oktober 1897 sogar ein 200-Meter-Flug mit seinem zweimotorigen *Avion III,* welcher bei der Landung jedoch zu Bruch ging. Seine Flugmaschinen hatten übrigens noch keine Vorrichtung zur Seitensteuerung.

Auch der Engländer Sir Hiram Maxim war ein bedeutender Flugpionier. Er war sich der Grenzen der Dampfkraft bewußt und baute deshalb eine Konstruktion, bei welcher der gewonnene Auftrieb das Totalgewicht von 3,5 Tonnen gerade egalisieren konnte. Die Spannweite betrug 31 m, die Länge 33 m. In der Rumpfnase brachte er drei extraleichte Dampfmaschinen an. Außerdem waren ein Kufenfahrwerk, zwei Heckpropeller und dreifache Tragflächen vorhanden. Das – für

unten
Das Scheitern von Hensons Projekt wird von Zeitgenossen karikiert.

unten rechts
Lilienthals Gleiter vom Jahre 1896

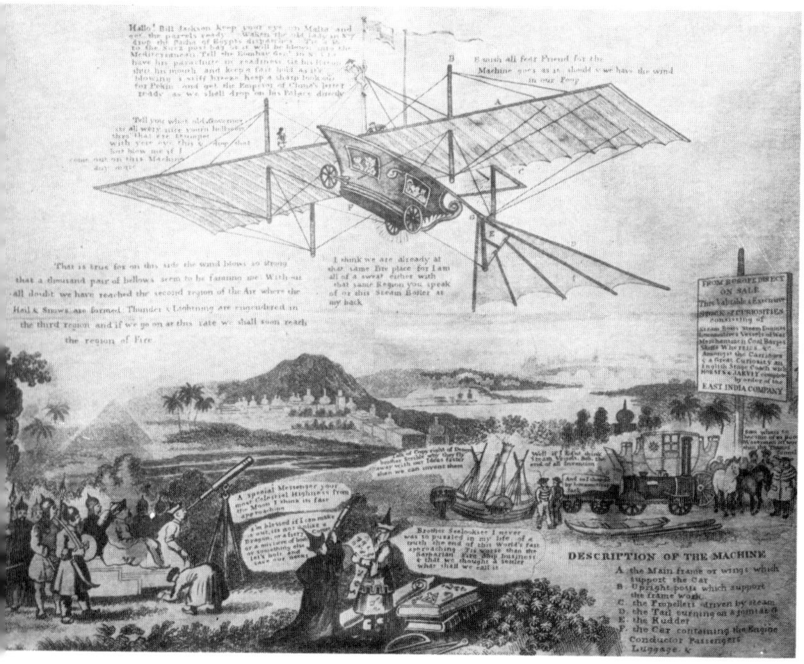

Hiram Maxims Dampf-Flugmaschine aus dem Jahre 1894 auf ihrer Abschußrampe.

damalige Begriffe – riesenhafte Flugzeug erhob sich bereits nach einer Anlaufstrecke von 180 m in die Lüfte.

In der letzten Dekade des 19. Jahrhunderts waren die Gleitflugpioniere besonders erfolgreich. Otto Lilienthal ist zweifellos der bedeutendste unter ihnen. Er baute eine ganze Reihe von Gleitflugzeugen, darunter auch seinen berühmten Hängegleiter, und unternahm über 2000 Flüge, bis er am 9. August 1896 tödlich abstürzte. Seine Gleiterkonzeption hat die Entwicklung des Segelfluges wesentlich beeinflußt. In den USA war Octave Chanute mit Hängegleitern ebenfalls erfolgreich, und in England machte Percy Pilcher ähnliche Versuche. Augustin Herring, ein Gehilfe von Chanute, entwickelte eine eigene Version von dessen Hängegleiter, bei welcher er Kompressionsluft als Antrieb verwendete. Obwohl dieses Modell nicht bis zur Flugreife kam, wurde seine Formgebung später von andern Konstrukteuren übernommen.

Ein weiterer wichtiger Vertreter des Kastendrachen-Konzeptes war der Australier Lawrence Hargrave, welcher im Jahre 1894 bereits große Kastendrachen geflogen und dem Publikum vorgestellt hatte. Ein englischer Zeitgenosse von ihm, Horatio Phillips, entwickelte einen gewölbten Flügel und bewies dessen Auftriebseigenschaften anhand einiger Vieldecker-Versuchsmodelle. Bei diesen waren die Tragflächen fast wie Jalousieleisten dicht übereinander angeordnet. Beide, Hargraves und Phillips, waren unabhängig voneinander zum gleichen Schluß gekommen, nämlich, daß der optimale Auftrieb eines Flugzeuges nur durch eine ganz bestimmte, neuartige Flügelform zu erreichen war.

Doch nun zurück zu Percy Pilcher, den wir bereits kurz erwähnt haben. Von ihm stammen einige interessante Neuerungen, so zum Beispiel ein leichtes Räderfahrwerk für seinen «Hawk»-Gleiter aus dem Jahre 1896 und eine neue Startmethode, bei welcher er sich von einer Schar Männer oder Pferden vom Boden wegziehen ließ. Pilcher kannte die begrenzten Möglichkeiten des Dampfantriebs für das Flugwesen und schlug daher eine neue Richtung ein. Erst kurz zuvor nämlich hatte der Explosionsmotor sich als praktisch verwendbar erwiesen, und Pilcher konstruierte auch gleich einen Ölmotor eigener Provenienz. Seine Leistung betrug zwar nur 4 PS, was gerade für einen kleinen Propeller reichte. Mit diesem Antrieb beabsichtigte er, seinen Gleiter in ein vielseitig verwendbares Motorflugzeug zu verwandeln. Vielleicht wäre es ihm gelungen, doch leider setzte der Tod seinen Plänen ein Ende, als er im September 1899 während eines Demonstrationsfluges mit seinem «Hawk» abstürzte. Damit war dieser Entwicklungslinie ein vorläufiges Ende gesetzt, und es dauerte noch Jahre, bis endlich der Traum vom Motorflug verwirklicht werden konnte: nämlich in den Vereinigten Staaten.

Pilchers Gleiter «Hawk», mit dem er 1899 ums Leben kam.

Vom Ballon zum Luftschiff

Während die Entwicklung des Flugzeuges im 19. Jahrhundert relativ zähe Fortschritte machte, verlief der Werdegang des Luftschiffes, welches sich vom Ballon ableitete, überraschend geradlinig.

Schon 1816 brachte Cayley einen Entwurf für ein Luftschiff heraus, das im wesentlichen einfach ein länglicher Ballon war, an dem eine bootsförmige Gondel hing. Diese beherbergte unter anderem ein Dampfaggregat, welches zwei Schlagflügelpaare antrieb. Obwohl dieser Plan nie verwirklicht wurde, war er in seiner Art doch zukunftsweisend.

1837 brachte Cayley eine noch modernere Konzeption für ein dampfbetriebenes Luftschiff zu Papier, dessen Hauptmerkmal verschiebbare Propeller waren, welche die Steuerung übernehmen sollten. Es wurde zwar nicht gebaut, doch ein Franzose namens Pierre Jullien konstruierte ein Arbeitsmodell, das sich sehr stark an Cayleys Prinzip orientierte, nur erfolgte der Antrieb durch einen Uhrwerkmotor. «Précurseur», wie seine Bezeichnung lautete, veranlaßte einen anderen Franzosen, nämlich Henri Giffard, ebenfalls ein Luftschiff zu bauen, und zwar in Originalgröße.

Dieses flog am 24. September 1852 in Paris. Giffards Luftschiff ähnelte noch stark dem Wasserstoffballon, hatte jedoch Spindelform. Die Hängegondel enthielt unter anderem einen 3 PS starken Dampfmotor und einen 3,3 m langen Propeller. Ein dreieckiges Leinwandsegel sorgte für die Richtungsstabilität. Ein Dregganker, mit welchem sich der Pilot im Notfall auf den Boden hinunterlassen konnte, war auch vorhanden. Beim ersten Flug erreichte es eine Geschwindigkeit von etwa 10 km/h und legte 27 km zurück.

Giffards Luftfahrzeug war noch nicht richtig lenkbar, und dieses Problem blieb bis zum Jahre 1884 ungelöst. Dann bauten die beiden Franzosen Krebs und Renard das elektrischbetriebene Luftschiff «France». Ein speziell leichtgebauter 8-PS-Elektromotor mit relativ leichten Batterien wurde in die Gondel eingebaut. So hoffte man, einen Gewichtsvorteil gegenüber der Dampfmaschine zu gewinnen. Doch auch dieser Lösungsversuch scheiterte am zu großen Gewicht. Was sich vor allem im Flugzeugbau als grosses Handicap erwies, nämlich das Fehlen einer geeigneten Energiequelle, hat sich auch auf die Luftschiffentwicklung hemmend ausgewirkt. Doch die «France» hatte auf dem Sektor Lenkbarkeit eine Pionierleistung aufzuweisen, konnte sie doch, ohne Rücksicht auf den Wind, in jede Himmelsrichtung gesteuert werden.

Das erste Luftschiff mit Explosionsmotor wurde 1888 gebaut, nicht lange nachdem der Daimler-Motor auf den Markt gekommen war. Diese Ausführung hatte einen kleinen, noch primitiven 2-PS-Daimler-Benzinmotor und wurde von Dr. Wölfert konstruiert.

Jetzt, wo die Hauptschwierigkeit, nämlich das Antriebsproblem, einigermaßen gelöst war, zeigte es sich, daß es noch eine Menge technischer Probleme zu überwinden galt. Der Österreicher Schwarz baute 1897 ein Lenkluftschiff, welches abstürzte und völlig zerstört wurde. Im gleichen Jahr kam ein wohlhabender junger Brasilianer, Santos-Dumont, nach Paris und war zufällig Zeuge einer Ballonvorführung. Er war davon so beeindruckt, daß er auf der Stelle zwei Ballone bestellte, einen kleinen, den er «Brasilien» taufte, und einen größeren, dem er den Namen «Vaugirard» gab. Dieser konnte bis zu fünf Personen tragen, während der kleinere Einplätzer nur etwa 80 kg heben konnte, sich aber bequem auf die Größe eines Handkoffers zusammenfalten ließ.

Da Santos-Dumont auch ein begeisterter Motorradfahrer war, kam ihm die Idee, ob sich nicht vielleicht dessen Motor für den Ballon verwenden ließe und man aus dieser Kombination ein Luftschiff bauen könnte. Nach eingehendem Studium des Problems machte er sich daran, ein starres Lenkluftschiff von länglicher Form zu konstruieren, dessen Auftrieb ihn selbst und den Motor zu heben vermochte. Dieser gab eine Leistung von 3,5 PS ab, wog 30 kg und wurde entsprechend umgebaut. Die aus japanischer Seide bestehende Hülle war an beiden Enden zugespitzt; die Länge betrug knapp 25 m, der größte Durchmesser 3,5 m. Die Gondel hing an Holzstreben, die am starren Rahmen des Hüllengerüstes befestigt waren. Ein mit Seide bespannter Stahlrahmen diente als Seitenruder. Vorne und hinten an der Hülle war je ein Ballastsack aufgehängt, welcher in der Längsrichtung verschoben werden konnte. Auf diese Weise ließ sich die «Nase» beliebig heben und senken. Der Motor trieb einen Druckpropeller im Heck der zigarrenförmigen Gondel an.

Das Schiff wurde auf den Namen «Santos-Dumont Nr. 1» getauft und unternahm seinen ersten Flug am 18. September 1898 im Pariser Zoo. Dieser Aufstieg war wegen der Unerfahrenheit seines Lenkers von nur kurzer Dauer. Der Wind trieb das Luftgefährt gegen die nahen Bäume, wobei die Hülle zerriß. Zwei Tage später aber war der Schaden behoben, und der Versuch wurde wiederholt. Diesmal gelang es Santos-Dumont, das Schiff ohne jeden Zwischenfall in alle Richtungen zu manövrieren. Außerdem erreichte er eine Höhe von 390 m. Beim Abstieg jedoch schrumpfte die Hülle so schnell zusammen, daß die für den Fall einer Notfüllung angebrachten Luftpumpen nicht in der Lage waren, den Verlust auszugleichen und daher das Schiff zu schnell sank. Santos-Dumont rettete sich, indem er einigen Knaben, die er unten spielen sah, seine Ankerleine zuwarf und sich daran abseilte. Seine nächste Schöpfung, «Santos-Dumont Nr. 2», war ähnlich konzipiert wie ihre Vorgängerin, nur bedeutend größer. Ein kleiner Ventilator, der vom Motor betrieben wurde, ersetzte nun die ungenügende Luftpumpe. In die äußere Hülle wurde eine zweite «Haut» genäht, die zur Aufnahme dieser Luft bestimmt war. Der Testflug sollte am 11. Mai 1899 stattfinden. Noch während der Füllung am Boden setzte Regen ein. Dumont entschloß sich weiterzumachen und startete. Doch der Regen

unten links
Hargraves Kastendrachen aus der Zeit 1894–95

unten
Die Gondel des elektrisch angetriebenen Luftschiffes, «France», das von den Gebrüdern Tissandier gebaut wurde.

durchnäßte den Lenkballon so stark, daß er rapide sank. Bevor der Pilot die Notpumpe einschalten konnte, streifte der Ballon einen Baum und ging zu Bruch.

Santos-Dumont aber ließ sich nicht entmutigen. Seine nächsten Entwürfe, die Luftschiffe Nr. 3, 4, 5 und 6, folgten dicht aufeinander. Das Schiff Nr. 3 füllte er mit Leuchtgas, weil er hoffte, daß dieses weniger starken Volumenschwankungen unterworfen sei als Wasserstoff. Außerdem wählte er eine kürzere, dafür dickere Hüllenform. Aber schon bei seiner Nr. 4 verlängerte er sie wieder und baute dazu einen neuen 4-Zylinder-Motor ein. Inzwischen hatte ein gewisser Deutsch, ein Mitglied des Pariser Aero-Clubs, einen Preis von 4000 Pfund Sterling ausgesetzt für denjenigen, der als erster eine bestimmte Route in Paris, die unter anderem um den Eiffelturm führte, per Luftschiff bewältigen konnte. Santos-Dumont zögerte nicht lange. Sein erster Versuch schlug infolge Motorpanne fehl, der zweite Anlauf endete zwar erfolglos, aber spektakulär, als sein Luftgefährt wegen eines Gaslecks auf dem Dach eines Pariser Hotels landete. Er bestellte sogleich einen neuen Ballon, die Nr. 6, mit dem er drei Wochen später seinen dritten und diesmal erfolgreichen Start unternahm. Als er am Ziel anlangte, hatte er noch ganze 30 Sekunden der vorgeschriebenen 30 Minuten Flugzeit übrig. Santos-Dumont baute noch weitere Luftschiffe, doch diese wiesen keine großen Neuerungen mehr auf. Zu diesem Zeitpunkt hatte er seinen wichtigsten Beitrag als Luftschiffpionier bereits geleistet.

Etwa zur gleichen Zeit machte in Deutschland ein ehemaliger Kavalleriegeneral, Graf Ferdinand von Zeppelin, von sich reden. 1897 hatte er das Ende des Luftschiffes von Schwarz miterlebt, und die Erinnerung daran ließ ihn nicht mehr los. Seine bisherige Flugerfahrung hatte er als Beobachtungsoffizier eines Wasserstoffballons im Amerikanischen Bürgerkrieg gesammelt. Nach dem Tode von Schwarz drückte Zeppelin seine Vorstellungen und Pläne so aus: «Ich werde ein (Luft-) Schiff bauen, das in der Lage ist, jene Gebiete zu erreichen, zu welchen man mit den bisherigen Transportmitteln entweder nicht oder nur mit großen Schwierigkeiten gelangen kann, nämlich zu unerforschten Küsten und Ländern, und zwar in direktem Kurs über Meere hin, für die es kaum Schiffe gibt. Ein Luftschiff welches von einer Marinestation oder Armee zu andern Personen oder Meldungen bringen kann und das sich zwar zur Beobachtung feindlicher Flotten und Truppen eignet, aber nicht aktiv am Kriegsgeschehen teilnehmen kann. Mein Ballon muß mehrere Tage lang unterwegs sein können, ohne Vorräte, Gas oder Brennstoff erneuern zu müssen. Seine Geschwindigkeit muß groß genug sein, um ein bestimmtes Ziel in einer bestimmten Zeit zu erreichen. Er muß fest genug gebaut und das Entzündungsrisiko muß klein genug

Modell des Luftschiffes Nr. 10 von Santos Dumont aus dem Jahre 1901, das sehr ähnlich gebaut ist wie die Nr. 6, mit dem er 1901 seinen berühmten Flug rund um den Eiffelturm ausführte.

sein, um den Start, den Flug und die Landung zu einer Routineangelegenheit zu machen.»

Dieses Vorhaben löste in der breiten Öffentlichkeit einiges Kopfschütteln und sogar Spott aus, denn man traute einem Kavalleriefachmann ein so gewagtes, neuartiges Unterfangen einfach nicht zu. Zeppelins Projekt war für die damalige Zeit auch gewaltig. Um es finanzieren zu können, verkaufte er seinen Grundbesitz und sein Eigentum, was eine Summe von umgerechnet 30000 englischen Pfund ergab. Eine Gesellschaft unter dem Patronat des Kaisers wurde gegründet, so daß man schließlich über ein Kapital von 40000 Pfund verfügte. Da das neue Luftschiff größer als alle seine Vorgänger werden sollte, wurde eine riesige schwimmende Werkhalle am Bodensee errichtet, wo man 1898 mit dem Bau des Luftschiffs begann.

Als es fertiggestellt war, hatte es eine Länge von 118 m und einen Durchmesser von 9 m. Der Aufbau bestand aus einem Aluminiumgerüst, das aus 17 hintereinander angeordneten, kugelförmigen Einzelelementen zusammengesetzt war, dessen Innendurchmesser 7,3 m betrug. Die Abstände zwischen den einzelnen Kugeln waren so berechnet, daß sich das Gas – zum Beispiel bei hohen Lufttemperaturen – genügend ausdehnen konnte. Diese Volumenverteilung hatte den großen Vorteil, daß, wenn ein Ballon sich entleerte, der Gasverlust sich kaum bemerkbar machte und die Stabilität erhalten blieb. Das Fassungsvermögen der 16 Ballone zusammen betrug über 9000 m^3 Wasserstoff. Eine Einzige Füllung kostete etwa 500 engl. Pfund. An der Unterseite des Rumpfes waren zwei Gondeln befestigt, welche je einen 16-PS-Daimler-Motor enthielten, der zwei darüberliegende Propeller antrieb. Ein Benzinvorrat für 10 Stunden konnte mitgeführt werden. Die beiden Gondeln waren durch einen Stahlkiel verbunden. Zur Höhensteuerung diente ein durch Seile in der Längsachse verschiebbares Gewicht, das den Schwerpunkt verlagerte, womit man die Problematik des Ballastens und Ablassens von Gas umging. Nachdem man den ersten Testflug zweimal hatte verschieben müssen, war es am 2. Juli 1900 endlich so weit. Das Lenkluftschiff stieg auf und legte etwa 5 km zurück. Doch es gab Schwierigkeiten mit den Motoren, die sich überdies als zu schwach erwiesen, und es zeigten sich noch andere Mängel, so daß das Schiff bei der Landung leicht beschädigt wurde. Der zweite Versuch einige Wochen später verlief erfolgreicher. Doch jetzt wurde das Geld knapp, und Zeppelin sah sich gezwungen, seine Versuche vorerst einzustellen. Zahlreiche Spenden privater Gönner aber ermöglichten es ihm ein größeres, verbessertes Modell im Sommer 1903 fertigzustellen. Außer vielen anderen Neuerungen besaß dieses stärkere Motoren. Seine Totallänge war 126 m, der gesamte Gasinhalt betrug 10300 m^3.

Das Starrluftschiff R. 23 der Britischen Marine bei einem «fliegenden» Versuchsstart einer Sopwith «Camel»

Auch diesem Erstflug war ein Mißgeschick beschieden. Nachdem er, gezogen von einem Motorboot, die Montagehalle verlassen hatte, wurde der Luftriese von starkem Rückenwind erfaßt und ging mit der Nase voran aufs Wasser nieder. Die Bilanz dieses Ausflugs war ein sechswöchiger Reparaturaufenthalt in der Werkhalle. Am 17. Juni 1904 startete das jetzt allgemein als «Zeppelin» bekannte Luftschiff erneut, diesmal ohne Zwischenfall. Bei diesem Flug wurde erstmals eine Höhe von 450 m erreicht. In der drauffolgenden Nacht wurde es jedoch an seinem Ankerplatz durch einen Sturm so schwer beschädigt, daß es demontiert werden mußte.

Doch die Entwicklung ging weiter. Immer größere und stärkere Modelle wurden gebaut. Immer deutlicher zeigte sich die Anwendbarkeit und Zuverlässigkeit von Zeppelins ursprünglichem Konzept, so daß Deutschland die unbestrittene Führungsrolle auf diesem Gebiet übernehmen konnte. Noch vor dem Ersten Weltkrieg wurden dort fahrplanmäßige Zeppelinflüge eingeführt.

Anfänglich hatte Zeppelin nur zivile Versionen seines Luftschiffes gebaut. Später kamen militärische Aufträge hinzu. Als Beispiel sei hier sein Marineluftschiff L1 aus dem Jahre 1911 erwähnt. Es hatte eine Länge von 156 m, einen Durchmesser von 14 m und ein Gesamtgasvolumen von 21730 m³. Drei Maybach-Motoren ergaben eine Gesamtleistung von 540 PS, womit sich unter günstigen Wetterbedingungen eine Geschwindigkeit von 80 km/h erzielen ließ. Die alte Schwerpunkt-Höhensteuerung wurde beim L1 durch zwei Flächenpaare ersetzt, was dem Prinzip des Tiefensteuers bei Unterseebooten entsprach. In der vorderen Kabine waren der Führerstand mit den Instrumenten sowie zwei Motoren untergebracht. Die hintere Kabine, die mit der anderen durch einen Laufsteg verbunden war, enthielt den dritten Motor. Außerdem waren Geschützstände oben auf dem Rumpf und in den Gondeln vorhanden.

Die Zeppelinmodelle waren tonangebend für den Luftschiffbau, und man übernahm immer mehr ihre Starrluftschiff-Bauweise bei der

Der Zeppelin L 12 aus dem Ersten Weltkrieg wurde im August 1915 über der Nordsee abgeschossen.

Verwirklichung neuer Projekte. Aber auch die nichtstarre Ausführung, wie sie zum Beispiel Santos-Dumont benutzte, wurde weiterverwendet, vor allem bei kleineren Luftfahrzeugen. Der Zeppelin bedeutete nicht nur den Höhepunkt in der Geschichte des Luftschiffes, sondern er bildete auch den Abschluß einer Entwicklung, die ihr endgültiges Konzept gefunden hatte und keine neuen Ideen mehr hervorbrachte. Die starren Lenkluftschiffe wurden größer und größer und machten viele Prophezeiungen ihrer Erbauer wahr. So wurden zum Beispiel im Ersten Weltkrieg erstmals Nachtbombardierungen von London durch deutsche Luftschiffe durchgeführt, bis es den englischen Jägern gelang, eine Taktik zur Bekämpfung dieser nächtlichen Ungeheuer zu entwikkeln. Nach dem Krieg wetteiferten die drei Hauptvertreter Deutschland, die USA und England miteinander im Luftschiffbau und machten diesen zu einer Prestigeangelegenheit. Namen wie «R-100», «R-101», «Hindenburg», «Graf von Zeppelin», «Macon», «Akron» sind in die Fluggeschichte eingegangen. Aber eine Reihe von spektakulären und tragischen Unfällen, besonders die schrecklichen Katastrophen der «R-101» und der «Hindenburg», setzten der zivilen Luftschiffahrt Ende der dreißiger Jahre ein abruptes Ende.

Die Geburtsstunde des Motorfluges

Zu Beginn des 20. Jahrhunderts waren sämtliche Voraussetzungen des Motorfluges bereits bekannt. Man wußte die aerodynamischen Theorien anzuwenden, man hatte Lösungen für den Auf- und Antrieb gefunden, und auch die Steuerung klappte einigermaßen. Zu guter Letzt war nun auch der Viertakt-Benzinmotor dazugekommen. Dieser war allen früheren Energiequellen, dem Dampf-, Elektro- und Preßluftmotor, haushoch überlegen.

Allen andern Ländern voran unternahmen die Vereinigten Staaten am meisten Anstrengungen auf diesem Gebiet. Zwei Namen waren es vor allem, die Schlagzeilen machten, nämlich die Gebrüder Wright und S.P. Langley. Letzterer war dazu auch ein bekannter Naturwissen-

L-Typ-Lenkluftschiffe der US-Navy im Formationsflug über Kalifornien, im Jahre 1944

schaftler. Er war unter anderem Direktionsmitglied des «Smithosonian Institute» in Washington und somit an der Spitze des damaligen Forschungsstandes. 1896 hatte er bereits ein sehr erfolgreiches Flugmodell gebaut. Es war ein Eindecker mit 4,2 m Flügelspannweite, Seitenruder und einem zweiten Paar kleinerer Flügel als Höhensteuer. Ein 2-PS-Dampfmotor trieb zwei Druckpropeller mittels Riemenübertragung an. Dieses Modell wies schon alle charakteristischen Merkmale der später gebauten, flugtüchtigen Maschinen auf und war damit seiner Zeit weit voraus. Gestartet wurde es von einem Katapult aus und absolvierte Flüge von über 120 m Länge. Die Geschwindigkeit des «Aerodrome», wie es genannt wurde, lag bei etwa 40 km/h.

1898 brach der Spanisch-Amerikanische Krieg aus, und die US-Regierung beauftragte Langley, seinen «Aerodrome» weiterzuentwikkeln und unterstützte ihn mit 50000 $ (Dollar). Sie hoffte nämlich auf eine militärische Verwendbarkeit des Flugapparates. Die nun folgende Version in Originalgröße hatte als wichtigste Änderung einen leichtgebauten 50-PS-Benzinmotor. Die Konstruktionsarbeiten waren 1903 abgeschlossen, und am 7. Oktober des gleichen Jahres erfolgte der Erstflug. Aus Sicherheitsgründen entschloß sich Langley für einen Katapultstart vom Dach eines Wohnbootes auf dem Potomac-Fluß. Doch beim Start streifte das Flugzeug einen Pfosten der Rampe und platschte in den Fluß. Der Apparat wurde geborgen und Langley flickte ihn wieder zusammen, so daß er im Dezember zu seinem zweiten Testflug starten konnte. Aber wieder passierte das gleiche Mißgeschick, wieder plumpste die Maschine unrühmlich ins Wasser. Alle weiteren Versuche wurden nun eingestellt, auch deshalb, weil dieses Modell inzwischen von anderen Flugmaschinen technisch überholt worden war. Es muß aber noch erwähnt werden, daß Langleys Entwurf im Jahre 1914 nochmals gebaut, mit einem neuen Motor versehen und von Glenn Curtiss, auf den wir noch zurückkommen werden, erfolgreich getestet wurde.

So kam es, daß nicht Langley, sondern seinen «Konkurrenten», den Gebrüdern Wright, die Ehre zufiel, den ersten bemannten, durch Motorkraft angetriebenen Flug auszuführen. Das denkwürdige Datum dieses Versuchs, dessen Erfolg eine neue Aera in der Geschichte des Passagiertransportes einleitete, war der 17. Dezember 1903. Zweifellos waren die Wrights die eigentlichen Pioniere des modernen Flugwesens. Während man ihre große Leistung allgemein auf ihren Erfindergeist und ihre Ausdauer zurückführte, lag das eigentliche Erfolgsgeheimnis in dem völlig neuartigen Steuersystem, das die Maschine zum erstenmal richtig lenkbar machte. Die meisten Vorgänger – seien es Gleiter, Ballone oder Luftschiffe – hatten noch die alte Methode des Ballastens oder höchstens ein primitives Seitenruder benützt. Bei den sogenannten Hängegleitern, wie sie Lilienthal und Chanute verwendeten, erfolgte die Steuerung einzig durch Verlagerung des Körpergewichtes, was nur durch entsprechende, turnartige Bewegungen zum Erfolg führte und einigen Mut von Seiten des Piloten erforderte.

Die Gebrüder Wright machten es anders. Sie waren erstmals 1896 auf die in der Presse erscheinenden Berichte über Flugversuche aufmerksam geworden und begannen sich sogleich mit diesem Problem zu beschäftigen. Schon 1899 bauten die beiden Fahrradhersteller aus Dayton, Ohio, ihr erstes Gleitermodell mit 1,5 m Flügelspannweite. Sie machten die Entdeckung, daß durch Verwinden der Flügelspitzen während des Fluges sich eine Richtungsänderung ergab. Sie ließen ihr Modell nicht frei, sondern mittels Fernbedienung durch Steuerdrähte fliegen, wandten also schon damals die heute noch für Flugmodelle gebrauchte Methode des ferngesteuerten Fesselfluges an. Der Erfolg blieb nicht aus, so daß sie sich an ein größeres Modell machen konnten, das 5 m Spannweite aufwies. Sie transportierten es zu den Kill Devil Hills bei der Ortschaft Kitty Hawk in North Carolina, wo sie einen Schuppen mieteten. Die dortige Dünenlandschaft eignete sich besonders gut für Flugversuche, da der Sand die Schäden am Modell auf ein Minimum reduzierte. Der erste Gleiter, den sie dort bauten, machte seine ersten Flüge noch «an der Leine», mit einem der beiden Konstrukteure an Bord. Das war im Jahr 1900. In den nächsten zwei Jahren bauten die beiden Brüder weitere Fluggleiter, mit denen sie bei Kitty Hawk zahllose Flüge unternahmen.

Die Wrights machten ihre Sache gründlich. In ihrer Werkstatt konstruierten sie einen einfachen Windkanal, in welchem sie anhand von Modellen die günstigsten aerodynamischen Faktoren zur Durchführung längerer Flüge bestimmten. Schon bei ihrem dritten Fluggleiter konnte der Pilot die Seitensteuerung selber betätigen. Dieser lag beim Flug auf dem Bauch mit dem Gesicht nach vorn. Seine Unterlage war auf Gleitschienen montiert und seitlich verschiebbar und zudem mit den Steuerseilen der Tragflächenverwindung gekoppelt. So konnte der Pilot durch Verschiebung seiner Hüften die Seitensteuerung des Apparates bedienen. Die Windkanalversuche hatten auch gezeigt, wie man das Flugzeug zum Steigen und Sinken bringen konnte. Dies erfolgte durch ein Höhenruder in der Form eines kleinen Flügels, welcher an Auslegern vor den Haupttragflächen montiert wurde. Seine Bedienung erfolgte ebenfalls über Steuerseile. Ein Seitenruder, das an einem Gestänge hinter den Flügeln befestigt war, sorgte unter anderem dafür, daß sich der Apparat beim Kurven nicht zu stark neigte.

Nachdem die Wrights mit ihrem dritten Gleiter Hunderte von erfolgreichen Flügen absolviert hatten, besaßen sie genug Flugerfahrung und Selbstvertrauen, sich dem Motorflug zuzuwenden. Zu diesem Zweck bauten sie einen Doppeldecker von 12,25 m Spannweite und 6,12 m Länge. Obwohl der Benzinmotor im Automobilbau bereits Einzug gehalten hatte, war es schwierig, ein für ihre Zwecke geeignetes Aggregat von relativ leichtem Gewicht zu finden. So entwarfen sie eben einen eigenen. Der Motor leistete 12 PS und wog 62,7 kg. Diese Leistung sollte genügen, um Maschine und Pilot - zusammen etwas mehr als 200 kg - in die Lüfte zu erheben. Der Motor wurde auf der unteren Tragfläche montiert und trieb zwei dahinterliegende Druckpropeller mittels Kettenübertragung an. Die Windkanalversuche hatten den Wrights gezeigt, daß sie sogar mit den Propellern noch Auftrieb erzeugen konnten, indem sie ihnen einen entsprechenden aerodynamischen Querschnitt gaben.

Am Morgen des 17. Dezember 1903 - nach zahlreichen Pannen und Defekten - war es endlich so weit. Der «Flyer», wie die Wrights ihre Maschine getauft hatten, schnellte über die Startschiene, und hob ab. 12 Sekunden lang hielt sich das Flugzeug in der Luft, und seine Erbauer frohlockten. An diesem denkwürdigen Tag machten sie noch drei weitere Flüge, wovon der letzte 59 Sekunden dauerte und über eine

Langleys in voller Größe gebauter «Aerodrome», bereit zum Start auf dem Potomac, am 7. Oktober 1903

oben
Horatio Phillips' «Multiplane»-Konstruktion. Diese Version aus dem Jahre 1904 konnte nicht zum Fliegen gebracht werden.

ganz oben
Der historische Flug der Gebrüder Wright am 17. Dezember 1903

Strecke von 260 m ging. Bereits im Jahr darauf gelangen den beiden Brüdern die ersten Kreisflüge. Ihrem ersten – und berühmtesten – «Flyer» ließen sie bald die Nr. 2 und 1905 den «Flyer Nr. 3» folgen. Mit diesem Apparat waren sie in der Lage, Flüge über Strecken bis zu 39 km mit Flugzeiten bis zu 38 Minuten durchzuführen. Die Wrights boten ihre Dienste auch der Armee an, welche ihnen jedoch keinen Glauben schenkte und dankend ablehnte. Erst Jahre später erkannten die Behörden und die Öffentlichkeit in den USA die Bedeutung der beiden «fliegenden Brüder» und zollte ihren Pionierleistungen den gebührenden Tribut.

Der Siegeszug des Motorfluges

Aber auch in andern Ländern wurden zur gleichen Zeit Anstrengungen unternommen, den Traum des Fliegens endlich Wirklichkeit werden zu lassen. Europa kam durch einen bereits wohlbekannten Luftschiffpionier, den Brasilianer Santos-Dumont, zu Ehren. Mit dem gleichen Enthusiasmus stürzte er sich nun in dieses neue Flugabenteuer. Von Gabriel Voisin ließ er sich eine Flugmaschine bauen, die sich zum Teil auf das von Hargrave entwickelte Kastendrachenkonzept stützte. Sie wurde unter dem Namen «14 bis» bekannt und bot dem Betrachter einen äußerst seltsamen Anblick. Auch der mit Flugzeugen Unvertraute mußte das Gefühl haben, das Ding fliege rückwärts. An einem vom vorderen Rumpf ausgehenden Gestänge befand sich ein großes Höhen- und Seitenruder. Der Propeller war am Heck des Apparates angebracht und wurde von einem 50-PS-Motor angetrieben. Der Pilot manövrierte den Doppeldecker, indem er zwischen den Tragflächen stand – Santos-Dumont war nämlich ein kleiner Mann. Das Flugzeug hatte zwar einige interessante Neuerungen, so zum Beispiel ein Räderfahrwerk – ein Fortschritt gegenüber dem bisherigen Katapultstart – und weniger komplizierte Verbindungen zwischen Motor und Luftschraube einerseits und zwischen Steuerteilen und Pilotenstand anderseits. Im großen und ganzen aber war es eine schwerfällige Konstruktion, wenn man es mit dem «Flyer» der Gebrüder Wright vergleicht. Am 23. Oktober 1906 machte der «14 bis» seinen Erstflug über eine Strecke von 60 m, was Santos-Dumont einen Geldpreis für den ersten 25-m-Flug in Europa einbrachte. Der Brasilianer steigerte am 12. November des gleichen Jahres seine Leistungen auf 220 m Flugstrecke und 40 km/h Geschwindigkeit. Die grosse Publizitätswelle, die seine Flüge in Europa auslösten, führten vor allem in Frankreich und England zu einer fast hektischen Betriebsamkeit auf dem Gebiete des Flugwesens. Im Gegensatz zu den fast jede Reklame vermeidenden Wrights verstand es Santos-Dumont vortrefflich, zu seinen Flugversuchen die wirksamste publizistische Begleitmusik zu liefern.

Wie bereits erwähnt, stammte die Konstruktion des «14 bis» von den Gebrüdern Voisin. Den Anstoß zu ihren fliegerischen Unternehmungen hatten diese von Clément Ader bekommen, den sie um 1890 herum kennengelernt hatten. Sie schufen sich rasch einen Namen als Luftschiff-, Gleiter- und Flugzeugbauer, wobei Santos-Dumont einer ihrer besten Kunden wurde. Die Voisins konzentrierten sich unter anderem – ähnlich wie die Wrights in Amerika – auf das Studium bestimmter Flugeigenschaften, vor allem in der Zeitspanne von 1900–1905. Auch die von ihnen stammenden Gleitermodelle, mit denen sie erfolgreiche Tests durchführten, glichen mit Ausnahme der Flügel den Schöpfungen der

Die klassische Blériot XI, die endgültige Blériot-Konstruktion

oben
Die «14 Bis» von Santos-Dumont

oben rechts
Das Kastendrachenflugzeug von Voisin, beim Wettbewerb um den Deutsch-Archdeacon-Preis, geflogen von Henry Farman.

unten
Die «Demoiselle» von Santos-Dumont. Es war die 19. Maschine, die im Jahre 1907 fertiggestellt wurde.

beiden Amerikaner. Am meisten Schlagzeilen machte der am 6. Juni 1905 mit Hilfe eines Motorbootes als «Zugpferd» unternommene Start eines Voisin-Gleiters vom Wasser aus – übrigens der erste bekannte Versuch seiner Art.

Durch Verfeinerung der rudimentären Bauweise des «14 bis» entwarf Santos-Dumont 1907 eine eigene Konstruktion. Diesen kleinen, leichten Apparat gedachte er als Selbstbaumodell für Fluginteressenten auf den Markt zu bringen. Das «Demoiselle» getaufte, eher zerbrechlich anmutende Gerät – ein mit Tuch bespanntes Bambusgestänge – war somit das erste für die Serienherstellung geplante Flugzeug. Die Tatsache, daß er bereits 1907 ein «Flugzeug für jedermann» anstrebte, wirft ein weiteres Schlaglicht auf den Optimismus und Weitblick des Brasilianers. Sein Produkt war seiner Zeit auch mehr als eine Nasenlänge voraus. Es war ein Hochdecker, bei dem der Pilotensitz vorne zwischen dem Fahrgestell lag. Ein Darracq-Automobilmotor von 25 PS verlieh ihm eine Geschwindigkeit von etwa 95 km/h. Der einzige Nachteil bestand darin, daß es auf das Körpergewicht seines kleinwüchsigen Erbauers zugeschnitten war. Das zeigte sich übrigens auch noch im Jahre 1964, als man einen Nachbau der «Demoiselle» für den Film *Die tollkühnen Männer in ihren fliegenden Kisten* anfertigte. Obwohl man die sonst originalgetreue Kopie mit einem stärkeren Motor ausrüstete, mußte man für die damit gedrehten Flugszenen einen besonders kleinen und leichten weiblichen Piloten finden.

In diesen Jahren entwickelte sich Frankreich zur führenden Nation im Flugzeugbau. Viele unbekannte Konstrukteure und Piloten kamen im Gefolge von Santos-Dumonts Flügen zu Namen und Ansehen. Dabei ist ein weiteres Produkt der Gebrüder Voisin aus dem Jahre 1907 erwähnenswert, nämlich der Doppeldecker «Henry Farman Nr. 1», der auf den Namen des Bestellers, Henry Farman, getauft war. Hier befanden sich Motor und Pilotensitz zwischen den Haupttragflächen; der Schwanzteil des Apparates in Kastendrachen-Bauweise diente nur zur Richtungsstabilität, während das Höhenruder vorne an der Rumpfspitze montiert war.

Dieses von Farman geflogene Voisin-Modell wurde bald eines der begehrtesten und erfolgreichsten Flugzeuge seiner Zeit. Ähnlich wie beim «Flyer» der Gebrüder Wright wurde die Seitensteuerung auch hier durch Verwinden der Tragflächen bewirkt, nur erfolgte die Betätigung von Höhen- und Seitenlenkung jetzt nicht mehr getrennt, sondern war in einem einzigen, mit nur einer Hand zu bedienenden Steuerelement vereinigt, dem bis heute verwendeten «Steuerknüppel».

Am 13. Januar 1908 gewann Farman mit dieser Maschine einen von Deutsch und Archdeacon gestifteten Preis von 50000 Francs für die erstmalige Zurücklegung einer kreisförmigen Flugstrecke von 1 km Länge. Zu diesem Zweck wurde erstmals ein nur für Flugveranstaltungen gedachter, sogenannter «Aerodrome» gebaut, und zwar auf einem ehemaligen Exerziergelände der französischen Armee bei Issy-le-Moulineaux in Paris. Durch die mit dem Voisin-Doppeldecker gewonnene Flugerfahrung konnte Farman diesen Typ weiterentwickeln und stellte 1909 seine Eigenkonstruktion vor. Die beiden vertikalen Teile der starren, kastenförmigen Heckflächen ersetzte er durch zwei nach den Seiten hin beweg- und steuerbare Ruder. Diese Methode der Richtungslenkung machte nämlich Flugmanöver nach links oder rechts viel wirksamer als die alleinige Verwendung von Querrudern und soll vom Amerikaner A.G. Bell erfunden worden sein. Ein Fahrwerk aus vier leichten Speichenrädern und Holzkufen wurde an Stelle der bisherigen, relativ schweren «Kinderwagenräder» montiert. Den anfänglich noch verwendeten Automobilmotor ersetzte Farman bald durch einen neuartigen Motortyp, der noch Geschichte machen sollte: den luftgekühlten «Gnôme»-Rotationsmotor. Diesem Motor kann ohne Übertreibung eine bahnbrechende Rolle in der Geschichte des Flugwesens zugeschrieben werden, denn damit hatte man endlich das langgesuchte Gewicht-/Leistungs-Verhältnis gefunden, welches einen sicheren Dauerflug nach dem «Schwerer-als-Luft-Prinzip» ermöglichte. Der Rotationsmotor stellte eine völlig neue Variante des Verbrennungsmotors dar. Anstatt die Zylinder wie bisher fixiert anzuordnen, plazierte man sie kreisförmig um die Kurbelwelle herum, wobei die Kraftübertragung nicht mehr via Pleuelstangen, sondern durch die Eigenbewegung der rotierenden Kolben auf die Kurbelwelle übertragen und entsprechend Gewicht gespart wurde. Zudem eignete sich keine Bauweise wie diese so gut für Luftkühlung – die denkbar einfachste Methode. Die technischen Schwierigkeiten, die dabei auftauchten, konnten alle gelöst werden.

Diese für damalige Begriffe «technischen Raffinessen», mit denen Farmans Flugzeug ausgestattet war, machten es zum populärsten und erfolgreichsten Entwurf seiner Zeit. Neben Henry Farman versuchte sich auch sein Bruder Maurice im Flugzeugbau. Sein Modell glich zwar dem von Henry, hatte aber das Höhenruder nicht vorne, sondern am Fahrwerk befestigt. Außerdem war der Pilot durch eine geschlossene Leinwandkabine geschützt.

Aber noch ein anderer Franzose sorgte für Schlagzeilen. Am 25. Juli 1909 erfolgte der aufsehenerregende Flug von Louis Blériot über den

Einer der berühmtesten ersten Flugzeugmotoren war der Gnome, bei dem die Kurbelwelle fest mit der Struktur des Flugzeuges verbunden war und die Zylinder rotierten. Dieser Sieben-Zylinder-Gnom aus dem Jahre 1908 rotierte mit 1200 Touren, entwickelt 50 PS und wog 75 kg.

Ärmelkanal. Wie schon Farman, hatte auch Blériot sich zum eigenen Flugzeugbauer entwickelt und einen eleganten Eindecker entworfen. Nachdem er damit mehrere Abstürze erlitten und überlebt hatte, war ihm mit seinem Modell «Blériot XI» endlich der ersehnte Erfolg beschieden. Eines schönen Tages hörte der Franzose, daß die Londoner Zeitung *«Daily Mail»* einen Preis von 1000 Pfund Sterling für die erste Überfliegung des Ärmelkanals ausgesetzt habe, und er entschloß sich, zu handeln. Er startete bei Calais morgens um halb fünf und landete 38 Minuten später wohlbehalten auf einer Wiese bei Dover – nur das Fahrwerk war beim etwas zu brüsken Aufsetzen zu Bruch gegangen ... Seine Leistung fand in ganz Europa ein ungeheures Echo, und man empfing den Fliegerhelden überall mit großen Ehren.

Unter all den vielen interessanten Konstruktionen, die um diese Zeit herum ihr Debüt gaben, verdient vor allem eine hervorgehoben zu werden. Es war der in Ganzmetallbauweise gehaltene Eindecker «REP» von Robert Esnault-Pelterie, ein für das Jahr 1908 erstaunlich moderner Entwurf. Die Maschine besaß einen sogenannten Sternmotor (kreisförmig um Kurbelwelle herum liegende Zylinder, jedoch nicht beweglich wie beim Rotationsmotor, sondern starr montiert), das Fahrgestell war an den Flügelenden abgestützt, die Lenkung erfolgte mittels Steuerknüppel. Doch Pelterie stürzte bei einem der ersten Flugversuche ab und verletzte sich so stark, daß er alle seine Pläne begraben mußte. Eine weitere Berühmtheit war die von Levavasseur gebaute «Antoinette», ein eleganter Eindecker mit einem dampfgekühlten 50-PS-Reihenmotor. Dieses Modell war bereits so solide gebaut, daß es auch sturmartigen Böen trotzte. Der Engländer Latham, der eine «Antoinette» flog, war denn auch Blériots Hauptrivale bei der Ärmelkanal-Überquerung gewesen und hätte dessen Triumph beinahe verhindert, wenn sein Motor nicht mitten über dem Wasser ausgesetzt hätte... Unter den wichtigsten Pionieren Englands ist vor allem Alliott Verdon-Roe zu nennen, dessen «AVRO»-Dreidecker ihm große Erfolge eintrug. Weitere erwähnenswerte Namen sind De Havilland und Blackburn. Viele der englischen Pionierflieger aber verwendeten ebenfalls die berühmten, bereits genannten Voisin- und Farman-Konstruktionen.

Der Zeitraum zwischen 1908 und 1909 stellt eine Wende in der Entwicklung der Aviatik dar. Der Motorflug hatte sich endgültig, allen Zweiflern zum Trotz, als praktisch lösbar erwiesen. Frankreich ging mit 12 oder mehr Flugzeugherstellern allen andern Nationen voran. In England, den USA und besonders in Deutschland begann sich jetzt eine neue Generation von Flugpionieren bemerkbar zu machen, die sich nicht mehr auf den rein fliegerischen Aspekt der Sache beschränkten,

ganz unten
Eine moderne, flugfähige Nachbildung der Bristol «Boxkite» des Jahres 1910

unten
Die Ankunft Blériots in Dover, nach seiner historischen Erst-Überquerung des Ärmel-Kanals.

sondern schon die nächsten Schritte in Richtung Nutzbarmachung der gewonnenen Möglichkeiten unternahmen.

Das im Jahre 1909 abgehaltene große Flugmeeting von Reims bildete einen vorläufigen Höhepunkt in der Luftfahrtsgeschichte: 38 verschiedene Flugzeugtypen zeigten eine Woche lang ihre Leistungen und führten Kunststücke vor. Die beiden wichtigsten Rekordflüge stammten – wen wundert's – von Farman und Blériot. Der erstere schaffte eine Flugstrecke von 180 km Länge, während letzterer 77 km/h Geschwindigkeit erreichte. Ein weiterer erfolgreicher Teilnehmer, der das 20- und das 30-km-Rennen gewann, kam aus den USA und hieß G. H. Curtiss. Bereits ein Jahr zuvor hatte der Amerikaner einen von der Zeitschrift *Scientific American* offerierten Preis für den ersten, amtlich beglaubigten Motorflug in den USA gewonnen. Sein Name wird im nächsten Kapitel über die Militärluftfahrt noch eine wichtige Rolle spielen.

Das erste internationale Luftrennen-Meeting in Hendon, England, im Jahre 1913. Alle Flugmaschinen waren französischen Ursprungs: der Gewinner, Claude Graham-White auf einer Maurice Farman, fliegt hier über eine Blériot und zwei Morane-Saulnier-Eindecker.

Der Luftkrieg

Um das Jahr 1908 herum begannen sich militärische Stellen wieder stärker für das Flugwesen zu interessieren. So wurde zum Beispiel der Amerikaner Wilburg Wright gebeten, nach Frankreich zu kommen und seinen berühmt gewordenen «Flyer» der französischen Armee vorzuführen. Auch in den USA hatten die Gebrüder Wright jetzt das Interesse der Militärs gewonnen und mit der US-Army einen Vertrag zur Lieferung einer Maschine nach dem Prinzip «schwerer als Luft» abschließen können. Orville Wright absolvierte damit am 9. September 1908 einen Test von über einer Stunde Flugzeit. Am gleichen Tag nahm er auch erstmals einen Armeeangehörigen als Passagier mit, und alles verlief ohne Zwischenfall. Eine Woche später jedoch ging das Flugzeug bei einem ähnlichen Versuch zu Bruch, wobei der mitfliegende Offizier als eines der ersten Opfer des jungen Flugwesens getötet wurde. Im drauffolgenden Jahr betätigten sich die Wrights unter anderm als Fluglehrer, indem sie zwei Armeeoffizieren das Fliegen beibrachten. Nach Abschluß des Testprogrammes erhielten die Gebrüder von der amerikanischen Armee nicht nur die vertraglich vereinbarten 25000 $ für ihren «Flyer», sondern darüber hinaus noch eine stattliche Summe, weil die Maschine die geforderten Flugleistungen überboten hatte.

Doch auch die Wrights hatten inzwischen ihre Konkurrenten bekommen, unter ihnen der bereits erwähnte Glenn H. Curtiss. Sein Modell war mit einem Räderfahrwerk und mit einem 50-PS-Flugmotor ausgerüstet, somit also dem «Flyer», der noch den älteren Katapultstart benützte, technisch überlegen. Curtiss' Apparat stand denn auch als nächster auf der Interessenliste der Armee. Bei den drauffolgenden Tests wurde der Apparat auch schon für Bombenabwurfversuche verwendet.

Auch die französische Armee erwarb im Jahre 1910 einige Flugzeuge und bildete rund 60 Piloten aus. Eine der für ihre Zwecke umgebauten Maschinen, ein Nieuport-Eindecker, wurde als erstes Flugzeug mit einem Maschinengewehr bewaffnet. 1911 führten die Franzosen ihre erste militärische Luftübung durch. Das gleiche Jahr erlebte auch den erstmalig kriegsmäßigen Einsatz der Gattung Flugzeug, nämlich im Balkankrieg, als eine italienische Maschine in Tripolis Bomben auf die Türken hinunterwarf. Außerdem benutzten die Italiener das Flugzeug für Aufklärungszwecke.

In der Zeit zwischen 1909 und 1912 erlebten Fluginteresse und -begeisterung allenthalben einen gewaltigen Aufschwung. Mehr und mehr Menschen wurden vom Flugfieber gepackt, und zahllose Veranstaltungen wie internationale Flugwochen, Luftrallies, Flugrennen und Demonstrationsflüge zogen das Publikum wie Magnete an. Zeitungen setzten Geldpreise für alle möglichen Erstflüge und Rekorde aus. So machte beispielsweise C. Graham-White anläßlich des Luftrennens London–Manchester von 1910 den ersten Nachtflug. Obwohl diese zahlreichen Pionierleistungen noch nichts mit militärischen Interessen zu tun hatten, kann ihnen doch insofern eine Wegbereiter-Funktion zugeschrieben werden, als sie erstmals die Aufmerksamkeit auf die ungeahnten Möglichkeiten der Aviatik lenkten, und die damals gewonnenen Erfahrungen waren zweifellos die Grundlage der rasanten Entwicklung, die das Militärflugwesen während des Krieges zeigte.

Die ersten Anstrengungen auf militärischem Gebiet wurden in England von einem amerikanischen Oberst namens S. F. Cody unternommen. Bisher hatte sich die britische Militärfliegerei auf den Einsatz von Beobachtungsballons beschränkt. Von Codys Reißbrett stammten eine Anzahl interessanter Kastendrachen, die groß genug waren, um einen Menschen zu tragen. 1906 wurde er zum «Drachenflug-Inspektor» der Britischen Armee ernannt. Nachdem der Amerikaner

Eine Wright Militärmaschine im Flug in Fort Myer im Jahre 1908

unten
Colonel S. F. Codys Flugmaschine aus dem Jahre 1908

zuerst versucht hatte, einen seiner «Vögel» mit Motorkraft auszurüsten, erhielt er 1907 von den Militärbehörden ein Darlehen für den Bau eines Flugzeugs. Am 16. Oktober 1908 absolvierte dieses seinen ersten «offiziellen» Versuchsflug bei Farnborough. Dieser Name sollte sich im In- und Ausland zu einer Art Symbol für den britischen Beitrag zur Luftfahrtsgeschichte entwickeln.

Die Marineluftfahrt

Schon zu Zeiten der ersten Pionierflüge der Gebrüder Wright gab es Leute, die auf die potentielle Verwendung des neuen Fluggerätes auf hoher See hinwiesen. Doch erst im September 1910 begannen offizielle Stellen die Angelegenheit ernst zu nehmen. Dann nämlich ernannte die Führung der amerikanischen Kriegsmarine einen Hauptmann namens Chambers zum «Beauftragten Offizier für Luftfahrt». Zwei Jahre zuvor hatte er der Offiziersdelegation angehört, welche den Demonstrationsflügen der Wrights beigewohnt hatte, und sein positiver Bericht darüber war sicher an seiner Ernennung nicht unschuldig. Vorläufig beschränkte man sich darauf, dem auf hoher See verwendbaren Flugzeug die Rolle eines Kundschafters zuzuweisen: Indem es der Flotte vorausfliegen und die feindlichen Bewegungen zurückmelden konnte, würde sich der taktische Gesichtskreis eines Flottenkommandanten, der jahrhundertelang auf den unmittelbaren Horizont beschränkt gewesen war, um ein Vielfaches erweitern lassen.

Das zu jener Zeit erfolgreichste Flugzeug in den USA war zweifellos der von Curtiss gebaute «Pusher», welcher einen V-8-Motor von 75 PS hatte, 96 km/h erreichte und dessen Gewicht und Länge etwa eine halbe Tonne bzw. 8,6 m betrugen. Chambers konnte die Mitarbeit von Curtiss gewinnen und arrangierte einen Demonstrationsflug seiner Maschine von einem Kriegsschiff aus.

Eugene Ely führt die erste Landung auf einem Kriegsschiff, der US Pennsylvania, am 18. Januar 1911 aus.

Ironischerweise aber fiel einem Zivilisten die «Ehre» zu, den ersten Flugzeugstart vom Deck eines auf offener See befindlichen Kriegsschiffes auszuführen. Für diese Demonstration, welche als Anschauungsunterricht für hohe Militärs gedacht war, wurde eigens eine hölzerne Startrampe auf dem Vorderdeck des 3750-Tonnen-Kreuzers *U.S.S. Birmingham* errichtet. Am 14. November 1910 erfolgte der historische Start von der nur 15 m langen Rampe aus. Das Flugzeug verlor zuerst an Höhe und kam dem Wasser gefährlich nahe, konnte jedoch vom Piloten aufgefangen und zum Steigen gebracht werden.

Die nächste von Chambers inszenierte Vorführung dieser Art sollte aber viel eindrücklicher und überzeugender ausfallen. Ein größeres Schiff, der Panzerkreuzer *U.S.S. Pennsylvania,* wurde mit einer rechteckigen, 12 × 40 m großen Holzplattform versehen, diesmal auf dem Hinterdeck, denn man wollte von dieser schwimmenden Fläche aus nicht nur den Start, sondern auch die Landung versuchen. Das Schiff ging am 18. Januar 1911 zusammen mit anderen Flotteneinheiten in der Bucht von San Franzisko vor Anker, und noch am gleichen Tag sollte der Versuch stattfinden. Das Programm von Curtiss' Testpilot – sein Name war übrigens Eugene Ely – sah vor, auf dem Festland zu starten und zuerst die Landung auf dem Schiff zu versuchen, nachher von dort aus zu starten und zur Küste zurückzufliegen. Es war ein neblig-trüber Vormittag, als das Flugzeug abhob und Kurs auf die 20 km entfernten Schiffe nahm. Wegen der schlechten Sichtverhältnisse mußte Ely ziemlich tief fliegen, um die Schiffe zu erkennen, und die *Pennsylvania* half mit ihrer Schiffssirene emsig nach. Als der Pilot auf der Höhe seines künstlichen Landeplatzes angekommen war, reduzierte er die Geschwindigkeit auf ein Minimum und bereitete das Landemanöver

vor, indem er auf der Höhe des Decks mit etwa 100 m Abstand am Schiff entlang flog, dann im Steigflug wendete und sich genau in Anflugrichtung befand. Mit außerordentlichem Geschick balancierte der Pilot seinen Apparat an die Plattform heran, stellte den Motor ab und setzte auf.

Für das Problem, wie man die Maschine auf der äußerst kurzen Landestrecke rechtzeitig zum Stillstand bringen konnte, hatte man eine ebenso raffinierte wie einfache Lösung gefunden: Man brachte drei Haken an der Achse des Hauptfahrwerks an und spannte einige von Sandsäcken beidseitig beschwerte Seile quer über das Landedeck. Die Haken verfingen sich in einem oder mehreren Seilen, und das Gewicht der Sandsäcke brachte das Flugzeug so zu einem raschen Halt. Das Experiment klappte vorzüglich: die Curtiss-Maschine kam nach knapp 18 m zum Stehen. (Obwohl es technisch ständig verbessert wurde, hat

oben
Die Caudron G.III wurde beim Ausbruch des Ersten Weltkrieges von den Franzosen und den Briten verwendet.

oben
Ein Fokker «Eindecker» leitet einen Angriff auf eine französische Voisin ein.

sich am Prinzip dieses Landesystems bis heute nichts geändert.) Die umliegenden Schiffe applaudierten den Erfolg gebührend mit einem Sirenenkonzert. Nach einem kurzen Mittagessen auf dem Schiff wurde das Programm fortgesetzt: Den Start vom Deck aus und den Rückflug zum Festland meisterte der Pilot ebenfalls ohne Schwierigkeiten. Das englische Magazin *Flight* berichtete: «Nach der Landung auf ‹Selfridge Field› wurde er von den Offizieren des 13. US-Infanterieregimentes, welches dort gerade kampierte, lauthals bejubelt.»

Leider überlebte dieser Bahnbrecher der Marinefliegerei seinen Triumph nicht allzulange. Neun Monate später stürzte Ely bei einer Flugschau in Georgia im Alter von 25 Jahren tödlich ab.

Trotz dieser zukunftsgerichteten Experimente und überzeugenden Demonstrationen ließ sich das Marineministerium nicht sonderlich beeindrucken. Das Hauptargument dagegen sah man in der Einschränkung der Feuerkraft des jeweiligen Schiffes, da diese hölzernen Plattformen zumindest einen der Geschütztürme behinderten und so das Schiff verwundbar machten. Captain Chambers erhielt vom Ministerium den Auftrag, die Konzeption eines Marineflugzeuges zu prüfen, welches «in der Lage sei, auf dem Wasser neben dem Kriegsschiff zu landen und das mittels entsprechender Einrichtungen an Bord gehievt werden könne». Anders gesagt, man gab solchen Marineflugzeugen den Vorzug, welche die Kampfkraft eines Flottenfahrzeuges in keiner Weise reduzierten. Zu diesem Zeitpunkt aber gab es in Amerika noch keine «Wasser-Flugzeuge». Ein Franzose hatte in den Jahren 1909–10 eine flugtüchtige Maschine dieser Gattung gebaut, und das veranlaßte Curtiss, seinen «Pusher» ebenfalls in ein Wasserflugzeug zu verwandeln. Bei der praktischen Erprobung vor der Küste Kaliforniens im Jahre 1910 erwiesen sich die an Stelle des Fahrwerks montierten Schwimmkörper - zusammengesetzt aus Luftschläuchen von Motorradreifen - als zu schwerfällig und primitiv. Curtiss gab dieses Konzept auf und befestigte am Fahrgestell unterhalb des Rumpfes einen Ponton. Diese Version absolvierte am 26. Januar 1911 - eine knappe Woche nach Elys großartiger Landedemonstration - ihren ersten erfolgreichen Testflug. Chambers schickte daraufhin zwei junge Offiziere zugleich als Beobachter und erste Flugschüler zu Curtiss.

Am 17. Februar 1911 saß er persönlich am Steuer seines umgebauten «Wasser-Flugzeuges», welches er anläßlich einer Demonstration hohen Vertretern der Kriegsmarine vorführte. Von der Küste bei San Diego aus flog Curtiss zur weiter draußen liegenden *U.S.S. Pennsylvania,* landete glatt auf dem Wasser und wurde mit Kranen an Bord gehievt. Dann ließ man ihn samt Flugzeug wieder aufs Meer hinunter. Durch einen ebenso reibungslosen Start wie programmgemäßen Rückflug zum Ausgangspunkt stellte Curtiss die «Seetüchtigkeit» seines Apparates endgültig unter Beweis.

Ein Short S-41-Wasserflugzeug der englischen Royal Navy im Jahre 1912

Der Verlauf dieser Vorführung entsprach genau den Vorstellungen des Marineministeriums, und der «Abteilung für Schiffahrt», der damals zuständigen Stelle dieses Ministeriums, wurde ein staatlicher Zuschuß von 25000 Dollar für den Bau von drei Flugzeugen gewährt. Der erste Typ war noch ein Curtiss-«Pusher»-Standardmodell für Trainingszwecke, die zweite Maschine entsprach der von Curtiss entwikkelten Wasserflugzeug-Version, während es sich beim dritten Modell um einen Wright «Flyer» handelte, den man durch Anbringung von Schwimmkörpern umbaute.

Die endgültige, für die US-Navy gebaute Version des Curtiss «Pusher» hatte ein einziehbares Fahrwerk, das sich bis über die Höhe der Wasserlinie des Ponton-Schwimmkörpers verstellen ließ und für «trockene» Landungen wieder ausgefahren werden konnte. Man nannte dieses eigentliche Amphibienflugzeug «Triade», weil es in dreifacher Weise operieren konnte: in der Luft, auf dem Land und zu Wasser. Seine offizielle Marinebezeichnung war A-1. Als die fertiggestellte Maschine am 1. Juli 1911 die Curtiss-Werkstätte in Hammondsport bei New York verließ, wurde die A-1 «Triade» als erstes Flugzeug der US-Navy feierlich einer Marinedelegation übergeben. Am gleichen Tag erhielt einer der beiden Flugschüler von Curtiss den «Marine-Pilotenschein Nr. 1»: Die Navy hatte ihren ersten offiziellen Piloten.

Obwohl die US-Navy als erste Seestreitmacht Flugzeuge von Schiffen aus operieren ließ, hatte man sich in der Britischen Kriegsmarine früher als die Amerikaner mit solchen Einsatzmöglichkeiten beschäftigt. Mit dem sich abzeichnenden Rüstungswettlauf zwischen England, Frankreich und Deutschland wuchs die Überzeugung, daß der Aviatik eine bedeutende Rolle in künftigen Kriegen zukommen werde. Wie wir gesehen haben, hatte Blériot im Jahre 1909 den Ärmelkanal überflogen, was zur Folge hatte, daß Grossbritannien sich nicht mehr wie vorher als eine «Insel» betrachten konnte, da es jetzt ebenfalls potentiellen Angriffen aus der Luft ausgesetzt war. Im gleichen Jahr absolvierte in Deutschland das erste Großluftschiff, der Zeppelin Z 1, seine Testflüge, welche sein militärisches Potential aller Welt vor Augen führten. Um dieser Herausforderung begegnen zu können, stellte die Britische Admiralität der Firma Vickers-Armstrong ein Kapital von 35000 Pfund Sterling für Entwicklung und Konstruktion eines Riesen-Lenkluftschiffes zur Verfügung. Der mit der Leitung beauftragte Offizier war Captain Sueter.

Die Konstruktionsarbeiten am Großluftschiff, welches die Bezeichnung «Marine-Lenkluftschiff Nr. 1» erhielt, erstreckten sich über nahezu zwei Jahre, und die Totalkosten sprengten den vorausberechneten Rahmen und beliefen sich schließlich auf 41000 Pfund Sterling. Mit einer Länge von 128 m war es etwas kürzer als das deutsche Z 1 und seine Nachfolger. Der Antrieb erfolgte durch zwei Wolseley-Motoren, die zusammen eine Leistung von 400 PS abgaben. Sein Gasinhalt betrug 19600 m^3, der Auftrieb 21 Tonnen. Für die Besatzung brachte man unter dem Rumpf zwei Gondeln an, die durch einen Laufsteg verbunden waren. Die beiden Aggregate waren auf der Höhe der vorderen Gondel seitlich an Auslegern montiert. Ein dritter, kleinerer Motor mit Druckpropeller bildete das Heck der hinteren Kabine. Die Schwanzflossen waren mit einem vierfachen Seitenruder und einem dreifachen Höhensteuer bestückt; ein zweites Richtungssteuer war unter dem Rumpf und ein zusätzliches Höhenruder unterhalb der Nase angebracht.

Die Höchstgeschwindigkeit dieses «Leviathans der Lüfte» sollte bei 65 km/h liegen. Außer den erwähnten Höhenrudern besaß das Luftschiff auch eine Einrichtung zur Aufnahme von Wasserballast, womit vor allem bei fehlender Geschwindigkeit das Steigen und Sinken reguliert werden konnte. Man beabsichtigte, es auf einer Art Floß, auf dem

Die Flugzeuge der Caproni Ca-Serie waren die zweiten strategischen Bomber, die in Dienst gestellt wurden. Die ersten waren die Sikorsky-Maschinen. Das italienische Corpo Aeronautica Militare flog damit im Ersten Weltkrieg zahlreiche Einsätze an der Österreichisch-Ungarischen Front.

ein Turm montiert war, zu verankern und ein entsprechend ausgerüstetes Schleppschiff davorzuspannen, so daß es von der Flotte mitgeführt werden konnte. Ein leichter Kreuzer älteren Datums, die *H.M.S. Hermione,* wurde für diese Aufgabe ausgewählt, übrigens das erste Schiff in England, das für spezifisch aeronautische Aufgaben bestimmt war.

Am 22. Mai 1911 fand der «Stapellauf» statt, wobei das auf den Namen *Mayfly* getaufte Luftschiff von rund 300 Matrosen der *Hermione* langsam aus seiner Halle, welche über einer Helling der Vickers-Werke errichtet worden war, gezogen wurde. Durch entsprechende Ballastzuladung hielt sich das Schiff knapp über dem Wasser, und mit Hilfe der Männer und eines Motorbootes verschob man den Riesen bis zum nahegelegenen Ankerturm. Das ganze Manöver dauerte etwa eine Stunde; es sollte der einzig erfolgreiche Versuch bleiben.

Nachdem die Ankerprobe zufriedenstellend verlaufen war, brachte man die *Mayfly* zurück in ihre Halle, wo sie für ihren ersten Flug fertig ausgerüstet wurde. Nach eingehenden Tests der Motoren und des Steuersystems konnte Captain Sueter, der Marinedelegierte, am 23. September 1911 das Luftschiff im Namen der Admiralität formell übernehmen. Am nächsten Morgen versammelten sich die Matrosen der *H.M.S. Hermione* erneut vor der Werkhalle, um die «Riesenzigarre» für ihren Jungfernflug zum Startplatz zu ziehen. Ein Schleppdampfer lag bereit, das Luftschiff zu wenden, welches mit dem Heck voran die Halle verließ. Da passierte es. Während dieses Drehmanövers begann sich der Rumpf plötzlich auf die rechte Seite zu legen, man versuchte, das Gleichgewicht zu korrigieren, doch da folgte ein lautes Reißen und Krachen: die *Mayfly* barst mitten entzwei und ging aufs Wasser nieder, den Schwanz gegen den Himmel gerichtet... Die Mannschaften in den Gondeln schwammen um ihr Leben, doch glücklicherweise gab es keine Toten. Ihr Seemannsstolz aber war empfindlich angeschlagen, und ein Witzbold taufte die havarierte *Mayfly* auf «Won't fly» um.

Dieses Ereignis setzte den Anstrengungen Englands, mit Deutschland auf dem Gebiete des Luftschiffbaus gleichzuziehen, ein Ende. Aber nicht nur der eigene Mißerfolg, auch die Tatsache, daß andere Nationen – darunter auch Deutschland – ähnliche oder noch schlimmere Erfahrungen mit ihren Luftschiffen machen mußten, trug zum Entschluß der Briten bei. In England wandte man sich nun dem Bau kleinerer und beweglicherer Lenkballone zu, so daß die Royal Navy bei Ausbruch des Ersten Weltkrieges bereits über eine stattliche Flotte zweckmäßiger Luftschiffe verfügte.

Eine Short S-27 wird im Januar 1912 zum Start an Bord der H.M.S. Africa genommen.

Die überzeugende Leistung, die der Amerikaner Ely mit seinen Deckstarts und -landungen erbracht hatte, fand auch in England ihren Widerhall. Das Magazin *Flight* kommentierte damals: «Die kürzliche Demonstration von Eugene B. Ely, die zeigen sollte, daß es möglich sei, Flugzeuge in Verbindung mit dem Arm der Seestreitkräfte einzusetzen, hat den (britischen) Behörden rascher, als die ungeduldigsten Befürworter hoffen konnten, die Tatsache vor Augen geführt, daß sich Flugmaschinen für Kundschafterdienste zur See hervorragend eignen.»

Im November 1910 gab der englische Admiral Sir George Neville einer Anzahl Offiziere die Gelegenheit, Vorträge über Aviatik zu besuchen. Diese Veranstaltungen dienten unter anderem auch dazu, freiwillige Kandidaten für die Teilnahme an Flugkursen zu ermitteln. Aufnahmebedingung dafür war, daß der Fluganwärter keiner spezialisierten Waffengattung angehörte und nicht verheiratet war. Aus etwa 200 Anmeldungen wurden von der Britischen Admiralität schließlich vier Offiziere, drei Leutnants und ein Hauptmann für den ersten Flugkurs ausgewählt. Da die Royal Navy in jenen Tagen noch keine eigenen Flugzeuge besaß, schickte man die Flugschüler nach Eastchurch auf der

Insel Sheppey, wo die Gebrüder Short, die Flugzeugbau-Pioniere, ihre Werkstätte hatten und wo sich der Hauptsitz des «Royal Aero Club», Englands ältestem Flugverband, befand. Am geeignetsten für die Schulung erwies sich die Short S-27 (welche auf dem französischen Farman-Modell basierte), und ein Fluginstruktor des dortigen Aero-Clubs erklärte sich spontan bereit, die Ausbildung der vier Pilotenschüler zu übernehmen.

Bereits im Sommer gleichen Jahres schlossen diese ihren Kurs mit Erfolg ab und konnten nun ihrerseits die Schulung weiterer Kandidaten übernehmen. Unterdessen war der erwähnte Admiral Neville durch seinen Nachfolger, Admiral Prince Louis von Battenberg, abgelöst worden, und dieser trat mit Begeisterung für die Sache des Fliegens ein. Er konnte unter anderem die Admiralität dazu bewegen, die Short S-27 aufzukaufen und gleich einige weitere Flugzeugtypen zu bestellen. Auch der elfjährige Sohn von Prinz Louis hatte ab und zu die Gelegenheit, mitzufliegen – was bestimmt die beste Einführung in die Fliegerei für einen Jungen war, der später einmal als der große Flottenadmiral Earl Mountbatten und überzeugter Verfechter der Marinefliegerei in die Geschichte eingehen sollte.

Bisher hatten die frischgebackenen «Marinepiloten» ihre ersten Flugerfahrungen noch vom sicheren Grund und Boden aus machen können. Im September 1911 aber beschritt Commander Oliver Schwann, ein späteres Mitglied einer Gruppe von Elitepiloten, einen neuen Weg. Er rüstete eine neugekaufte Avro-D-Type-Maschine mit Schwimmkörpern eigener Konstruktion aus, ließ sich mit Hilfe des Kreuzers *Hermione* aufs Wasser setzen und führte dort eine Anzahl «Rollversuche» aus. Nach geringfügigen Änderungen und Verbesserungen startete er im Oktober 1911 mit Erfolg zum erstenmal von der Meeresoberfläche aus. Das beteiligte Flottenfahrzeug wurde so zum ersten «Mutterschiff» für Wasserflugzeuge, wenn auch nur vorübergehend.

Dem Einfluß von Prince Louis von Battenburg war es zu verdanken, daß die zuständigen Stellen der Admiralität dem Umbau von zwei ausgedienten Schlachtschiffen und deren Verwendung für Marineflug-Experimente zustimmten. Im November 1911 wurden auf den Vorderdecks der Einheiten *H.M.S. Africa* und *Hibernia* ähnliche Holzbühnen wie ein Jahr zuvor auf der amerikanischen *Birmingham* errichtet. Inzwischen hatten die Gebrüder Short zusammen mit einigen Marinefliegern nach einer brauchbaren Lösung für ein Wasserflugzeug gesucht. Dazu benutzten sie eine Art aufblasbarer Gummibeutel, welche am Fahrwerk einer Trainingsmaschine vom Typ S-27 festgemacht wurden. Der erste Versuchsstart in Eastchurch samt anschließender Landung auf dem Fluß Medway verlief erfolgreich.

In der ersten Januarwoche des Jahres 1912 erhielt die improvisierte Holzplattform über dem Bug der *Africa* ihren letzten Schliff, und ein

Igor Sikorskys *Ilya Mourometz*, der erste schwere Bomber der Welt, konnte in seiner Ye-Ausführung eine Bombenlast von über 1000 kg zuladen. Von diesem riesigen, viermotorigen Flugzeug wurden über 75 Stück gebaut.

oben
Die L.V.G.CVI war ein typischer Aufklärer und leichter Bomber, wie ihn die Deutschen um 1918 benützten. Er konnte über 100 kg Bomben mitführen.

oben rechts
Die klassische Bristol «Fighter», die man 1917 in Dienst stellte, wurde bis 1926 produziert und fand bei der «Royal New Zealand Air Force» bis 1938 Verwendung.

junger Marineleutnant namens Samson erhielt Gelegenheit, den ersten britischen «Trägerstart» der Luftgeschichte auszuführen.

Das Datum der formellen Eingliederung der Militärfliegerei in das Gesamtkonzept der britischen Streitkräfte war der 13. Mai 1912. Dazu löste man die beiden bisherigen Verbände des «Army Air Battalion» und der «Navy Flyers» auf und setzte an deren Stelle das neugeschaffene «Royal Flying Corps». Im Weißbuch der englischen Regierung zum Thema «RFC» stand zu lesen: «Die Bedeutung von Experimenten, die der Entwicklung von Wasserflugzeugen dienen, sowie von Versuchen zur Durchführung sicherer Start- und Landemanöver auf und bei Schiffen unter wechselnden Wetterverhältnissen kann nicht hoch genug eingeschätzt werden. Solange noch keine schlüssigen Ergebnisse solcher Tests vorliegen, aus denen ersichtlich wird, wie weit man diese Vorhaben realisieren kann, ist es unmöglich, vorauszusehen, was für eine Rolle das Flugzeug bei der Kriegsmarine im Ernstfall spielen würde. Die gegenwärtige Organisation (das ‹Royal Flying Corps›) muß daher als eine provisorische Lösung betrachtet werden.»

Die Erfahrung mit dem Luftschiff *Mayfly* hatte ihre Spuren hinterlassen. Im Weißbuch hieß es weiter: «Die Aussichten auf eine praktische Verwendbarkeit des starren Luftschiff-Typs sind nicht günstig genug, um die hohen Kosten zu rechtfertigen, und es muß daher empfohlen werden, die Experimente auf die Entwicklung von Flugzeugen zu beschränken ... Man wird jedoch ausländische Entwicklungen auf dem Gebiet des Luftschiffbaus weiterhin mit größter Aufmerksamkeit verfolgen, und die vorliegende Empfehlung wird einer neuerlichen Erörterung dieser Frage nicht im Wege stehen, falls die Ereignisse dies notwendig machen sollten.»

Gleich zu Beginn ihrer Geschichte machte die Marineflieger-Gruppe des «RFC» von sich reden. Am 9. Mai 1912 war eine Flotteninspektion bei Weymouth durch König Georg V. persönlich vorgesehen. Dabei sollte die genannte Fliegereinheit zum erstenmal an Flottenmanövern teilnehmen. Zu diesem Zweck wurde eine improvisierte Wasserflugzeug-Basis, bestehend aus Zelthangars, errichtet. Als die königliche Jacht sich Weymouth näherte, machten sich vier der erfahrensten Piloten auf, um das Schiff trotz der gerade herrschenden schlechten

Sichtverhältnisse aufzustöbern. Nach kurzer Zeit schon hatten sie es entdeckt und umkreisten das Fahrzeug auf Masthöhe, bevor sie gemeinsam auf Rückflugkurs einschwenkten.

Nachdem diese Maschinen gezeigt hatten, daß sie sich als Späh- und Suchflugzeuge hervorragend eigneten, lieferten sie auch gleich den ersten Beweis ihrer offensiven Verwendbarkeit. Dabei warf eine Maschine aus einer Höhe von etwa 150 m eine Bombenattrappe knapp vor der königlichen Jacht ins Meer. Als weitere Kostprobe mußte ein Pilot ein getauchtes, vom Periskop aus gesteuertes U-Boot ausfindig machen. In einem simulierten Angriff setzte er zum Sturzflug an un «zerstörte» das feindliche Ziel. Doch die Marineflieger hatten noch andere Aufgaben zu erfüllen. So nahm ein Flugzeug an der Küste einen Kurier mit einer Meldung für den König an Bord, wasserte neben der *Victoria and Albert,* der königlichen Jacht, welche den Kurier samt Botschaft per Boot aufnahm, und flog zurück zur Ausgangsbasis. Der Kommandant der Marineflieger-Gruppe, welcher diese eindrucksvolle Demonstration inszeniert hatte, erschien zum Schluß noch mit einem Schwarm seiner Kollegen vom «Royal Aero Club» zusammen in der Luft, so daß man ruhig behaupten konnte, die Piloten mit ihren verblüffenden Kunststücken hätten an diesem Manövertag den fast vergessenen Matrosen die Schau gestohlen.

Zum Abschluß dieses Kapitels muß noch ein Ereignis erwähnt werden, das für die weitere Entwicklung der britischen Marinefliegerei zukunftsweisend war. Der bereits genannte, inzwischen zum Commander beförderte Marinepilot Samson erbrachte nämlich den Beweis, daß es möglich sei, auch von einem in voller Fahrt befindlichen Schiff aus zu starten. Obwohl dieser Versuch noch mehr Mut erforderte als bei den vorausgegangenen Demonstrationen, erwies er sich im Endeffekt als leichter, da sich die Geschwindigkeiten von Schiff und Flugzeug summierten und die Startstrecke entsprechend verkürzt wurde.

All diese Vorführungen zeigten die vielseitige Einsatzfähigkeit des Flugzeuges auf hoher See und beeindruckten die britische Admiralität so stark, daß es fortan an Geldern und Unterstützung für den weiteren Ausbau der Marineflieger-Gruppe nicht mangelte. Für einige Zeit - vor allem wegen der am europäischen Himmel sich auftürmenden Kriegswolken - konnte die British Navy auf dem Sektor Aviatik ihre amerikanische Schwester, die US-Navy, nicht nur einholen, sondern ihrerseits einen Vorsprung gewinnen.

Kunstflüge und Luftrennen

In den Jahren vor dem Ersten Weltkrieg erlebte das junge Flugwesen eine große Zahl von neuen Experimenten und Impulsen. Während bekannte Pionierflieger die Massen mit Luftrennen und Streckenflügen zu begeistern wußten, tauchten auch schon die ersten Ideen auf, wie man das Flugzeug praktisch und nutzbringend verwenden könnte. Einer der ersten Versuche dieser Art sollte zeigen, inwiefern sich das Flugzeug für den Einsatz im Postdienst eigne. In England fand der erste offizielle Postflug im Juni 1911 statt, und zwar auf der Strecke Hendon-Windsor. Trotz der relativ kurzen Flugstrecke hatte dieses Experiment vor allem symbolische Bedeutung, da es mithalf, die Rolle des Flugzeuges neu zu definieren. Im September 1911 wurde der erste Postflug in Amerika ausgeführt, und von da an führten auch andere Länder ihre ersten Postflug-Dienste ein.

In jenen Tagen haftete jeglicher, auch ernstzunehmender, Fliegerei eben noch jener Beigeschmack von Sensation an, der die ersten Flugpioniere zu einer Art Zirkusartisten gestempelt hatte. So führte beispielsweise der Engländer Graham-White 1911 anläßlich einer Flugschau in Hendon, Luftangriffe auf Attrappen von Festungen und Schlachtschiffen aus, wobei er Mehlsäcke als Bomben verwendete. Bei diesen vor allem der Belustigung des Publikums dienenden Vorführungen schwang aber ein todernster Unterton mit. Schon drei oder vier Jahre später sollte mit diesem Spiel ernstgemacht werden, sollten richtige Bomben vom Himmel fallen. Auch die Luftakrobatik, die anfängliche Hauptattraktion bei den Flugmeetings, war eigentlich die Grundlage jener Entwicklung, die das Kampfgeschehen auch auf den Luftraum ausdehnte, indem sie die für die späteren «Luftkämpfe» benötigte Steuertechnik erforschte.

Doch wieder zurück zu den Vorkriegsjahren. Im Jahre 1911 schrieb der Zeitungsmagnat W.R. Hearst in den Vereinigten Staaten einen Preis von 50000 Dollar aus für die erste Traversierung Amerikas innert 30 Tagen. Ein Autorennfahrer namens Calbraith Rogers schaffte den Versuch mit einer Wright-Maschine; doch er benötigte für die 6400 km lange Strecke von New York nach Pasadena sieben Wochen. Trotzdem fehlte es dem kühnen Flieger nicht an Publizität, und er wurde fast über Gebühr gefeiert.

Aber noch andere Zeitungsverleger traten als Anhänger und Förderer des Fluggedankens in Erscheinung. J.G. Bennett, der Herausgeber der *New York Herald,* welcher schon 1909 ein Ballonrennen lanciert hatte, veranstaltete nun eine ganze Serie von Flugrennen, wobei auch der bereits erwähnte Engländer C. Graham-White einen Sieg davontrug.

Beim 1912 in Chicago durchgeführten «Gordon-Bennett-Rennen» war der Franzose Jules Védrines siegreich. Dabei flog er eine von den beiden Franzosen Bécherau und Déperdussin gebaute, äußerst modern konzipierte Maschine. Stromlinienform und ein 160-PS-Motor gaben ihr eine Geschwindigkeit von über 170 km/h. Der Rumpf war erstmals in Holzschalenbauweise ausgeführt, die Steuervorrichtung bestand zum ersten Mal aus der später allgemein übernommenen Kombination von «Lenkrad» und bisherigem Steuerknüppel. Im Jahr darauf stellte dieses Flugzeug mit 203 km/h einen Geschwindigkeits-Weltrekord auf.

Ein weiterer Zeitungsmann, der für die Sache des Fliegens eintrat, war der Engländer Northcliffe, Herausgeber der *Daily Mail* und anderer Publikationen. Auch er machte durch seine Unterstützung eine Anzahl Luftrennen mit verlockenden Geldpreisen möglich. Im Jahre 1913 gewann der Franzose Jacques Schneider eine ganze Reihe von Trophäen bei Wasserflugzeug-Rennen. Eine solche Version der genannten Déperdussin-Bécherau-Konstruktion gewann den ersten Geschwindigkeits-Wettbewerb dieser Kategorie mit 72 km/h.

Etwa um das Jahr 1913 herum begannen die großen Flugveranstaltungen ihren rein sportlichen Charakter zu verlieren. Die Flugzeugkon-

Ein Short 184-Wasserflugzeug bei einem Torpedo-Angriff

Die Sopwith «Pub» (hier fliegt eine Bristol «Fighter» über ihr) war eines der besten Jagdflugzeuge der Briten in den Jahren 1916–18.

strukteure fingen an, Luftmeetings und Flugrennen dazu zu verwenden, um solche Flugzeugtypen praktisch erproben zu können, die entweder direkt für einen militärischen Einsatz geplant oder doch als Ausgangsmodell für Kriegsflugzeuge gedacht waren. Ein typisches Beispiel dafür war die Firma Sopwith in England, die von T.O.M. Sopwith, einem ehemaligen Pionierflieger, gegründet wurde. Sein «Tabloid»-Modell aus dem Jahre 1913 war eine höchst bemerkenswerte Konstruktion, denn es war in Formgebung und Aufbau wegweisend für fast alle Jagdflugzeugtypen des Ersten Weltkrieges – das klassische Doppeldecker-Konzept. Die Sopwith-«Tabloid» hatte man ursprünglich als Wasserflugzeug für die «Schneider-Pokal-Rennen» des Jahres 1914 entworfen, als Landflugzeug sollte sie jedoch eine Vorläuferin jener Flugzeugserie werden, denen die Engländer ihre größten Erfolge im Luftkrieg verdankten. Weitere britische Firmen, welche ähnliche Anstrengungen kurz vor Ausbruch des Ersten Weltkrieges unternahmen, waren die Avro-Werke mit ihrem sehr erfolgreichen Doppeldecker «Bristol», dann die Firma Handley-Page, welche sich auf Eindecker konzentrierte, und schließlich die Gebrüder Short, die unangefochtenen Wasserflugzeug-Spezialisten. Erwähnenswert ist auch noch ein deutscher Entwurf, nämlich der Doppeldecker L.V.G., der im Jahre 1913 mit einem Nonstopflug von 24 Stunden einen Weltrekord aufstellte. In Holland machte um diese Zeit ein junger Flugzeugkonstrukteur namens A. Fokker von sich reden, um dessen Dienste sich unter anderem auch die im Aufbau begriffene deutsche Luftwaffe bemühte.

Die spektakulärste Neuerung der Jahre 1913–14 aber lieferte Igor Sikorsky, ein russischer Konstrukteur, mit seinen viermotorigen Riesenmaschinen. Er war zum Schluß gekommen, daß sich das für eine wirtschaftliche Nutzung eines Flugzeuges benötigte Gewicht-/Leistungs-Verhältnis nur durch den Einbau mehrerer Motoren erzielen ließ. 1913 baute er der Welt erstes viermotoriges Flugzeug, und im darauffolgenden Jahr eine zweite, verbesserte Version mit dem Namen «Ilia Mourametz». Diese Maschine bewältigte unter anderem die Strecke Petrograd–Kiew und zurück, also etwa 2500 km. Auch Höhen- und Nutzlastrekorde wurden mit diesem Doppeldecker aufgestellt. Seiner Konzeption nach kann er als Vorläufer jener großen, mehrmotorigen Bombenflugzeuge bezeichnet werden, die erst während des Krieges in größeren Mengen gebaut wurden.

Europa im Krieg

Als die Ereignisse sich im August 1914 überstürzten, wurden auch England und Frankreich in den Krieg mitgerissen, und 1917 traten die Vereinigten Staaten in den jetzt zum weltweiten Konflikt entbrannten Krieg ein.

In diesem ersten Kriegsmonat waren die Luftwaffen in allen Ländern noch sehr klein und schwach ausgerüstet. Das britische «Royal Flying Corps» zählte beispielsweise nur 105 Offiziere und 63 Flugzeuge. Frankreich war etwas besser dran, es besaß ungefähr 200 Maschinen. Die deutsche Luftwaffe hatte immerhin fast 250 Flugzeuge verschiedener Typen; etwa die Hälfte davon waren Rumpler-«Taube»-Eindecker, das erfolgreichste deutsche Vorkriegsmodell. Die USA besaßen zu dieser Zeit noch keine eigentliche Luftwaffe, die wenigen Maschinen vom Typ Wright, Curtiss und Martin, die vorhanden waren, flogen noch unter dem Kommando des «US-Army Signal Corps».

Offizielle Stellen hatten einer künftigen Rolle des Flugzeuges im Krieg wenig Beachtung geschenkt, und viele Funktionen, die es übernahm, kamen erst als Folge des praktischen Kampfeinsatzes zustande. Die weitaus nützlichsten Dienste leistete es vorerst als Beobachtungsmittel, denn die «Augen» des Flugzeugs waren hier unübertrefflich. In den ersten Kriegswochen konnten solche Maschinen beider Parteien ungehindert Aufklärungsflüge an der Westfront unternehmen und die feindlichen Stellungen zurückmelden. Damals gab es natürlich noch keine Funkanlagen; der Pilot schrieb seine Meldung auf einen Zettel, steckte ihn in eine Kapsel und warf diese aus dem Flugzeug. Man war also noch auf solche oder ähnliche Übermittlungsmethoden angewiesen. Wie bereits erwähnt, fand auch der Fesselballon Verwendung für die militärische Beobachtung, wozu man auch bereits das Telephon benützte; wegen seiner Unbeweglichkeit war er jedoch viel verwundbarer als das flinke Flugzeug.

Doch schon nach wenigen Kriegswochen fielen auch in der Luft die ersten Schüsse. Bisher hatten die gegnerischen Flugzeuge einander kaum behelligt, da sie noch unbewaffnet flogen. Es fing damit an, daß der Pilot oder der Beobachter seine Pistole zückte und auf das feindliche Flugzeug schoß. Obwohl bei dieser Methode der Erfolg meistens ausblieb, so konnte doch der britische Oberbefehlshaber im September 1914, als das kleine englische Expeditionskorps den Vormarsch der Deutschen nach Belgien zu verlangsamen vermochte, die Meldung weiterleiten, daß es Flugzeugen des «Royal Flying Corps» «gelungen sei, fünf Maschinen des Feindes zu zerstören».

Die meisten Flugzeuge, die in den ersten Kriegsmonaten zum Einsatz kamen, waren umgebaute Zivilversionen aus der Vorkriegszeit. Da gab es Konstruktionen von Henry und Maurice Farman; ein Modell des letzteren, nämlich die Farman «Shorthorn», fand vor allem Verwendung als «gutmütiges» Trainingsflugzeug für die Abertausenden von jungen Engländern, die sich zum Flugdienst meldeten. Ferner standen die Typen Blériot, Bristol «Scout», Nieuport «Scout» und die Avro 504 K im Dienste der Alliierten. Die ebenfalls zum Einsatz gelangenden R.E.8 und B.E.2 hatten dagegen keine zivilen Vorgänger, sondern waren rein militärische Entwicklungen. Auf deutscher Seite setzte man anfänglich den Rumpler-Eindecker, die «Albatros» und die L.V.G. für unbewaffnete Aufklärungsflüge ein.

Weil es ab und zu vorkam, daß sich in der Hitze eines Luftgefechtes Freund und Feind verwechselten und auf eigene Flugzeuge schossen, begann man ab Ende 1914, die Maschinen neu zu kennzeichnen. Die Deutschen übernahmen das Malteserkreuz, die Franzosen kreierten eine

Die vielseitige Farman H.F.20 fand 1914 vor allem als Aufklärer und später als Schulflugzeug Verwendung. Hier ist sie in ihrer Ausführung als Schulflugzeug des englischen Royal Flying Corps abgebildet. Für die Marine wurde dasselbe Modell als Wasserflugzeug gebaut.

Eine F.E.2d in ihrer typischen, schwer bewaffneten Ausführung.

dreifarbene Kokarde und die Engländer verwendeten den «Union Jack». Diese Markierung erwies sich jedoch bald als ungeeignet, da man sie bei schlechten Sichtverhältnissen kaum von den Kennzeichen deutscher Maschinen unterscheiden konnte. Daher führten nun auch die Briten das französische Emblem ein und vertauschten einfach die Farben Blau und Rot, so dass ihre Kokarde innen rot war. Auch andere Nationen der alliierten Streitkräfte folgten dem Beispiel Großbritanniens und führten die Kokarde als Hoheitsabzeichen ein.

Zu Beginn des Krieges unterschieden sich Militärflugzeuge äußerlich praktisch nicht von zivilen Maschinen. Sie besaßen nur den allseits verwendeten, farblosen Lackanstrich. Zuerst begnügte man sich mit der Anbringung von Nationalitätskennzeichen, dann folgten Seriennummern, Erkennungsziffern und Geschwaderbezeichnungen. Endlich ergriffen auch Pilot oder Mechaniker die Initiative und malten mit Hingabe und Kunstverstand Merksprüche oder Phantasiegemälde auf die Maschinen. Flugzeuge, deren Tragflächen keinen weiteren Anstrich auf der hellen Tuchgespannung hatten, waren jedoch aus der Luft sehr leicht zu erkennen, wenn sie zum Beispiel am Rande eines Flugfeldes abgestellt waren. So begann man, die Oberseite der Flügel mit Tarnfarbe zu bemalen, in der Regel braun oder grün. Die deutsche Luftwaffe verwendete anfangs unifarbene Tarnanstriche, ging aber später zu einer wirksameren Tarnung über, indem sie rautenförmig gemusterte, vielfarbene Bemalungen einführte, so daß es gelang, damit die Konturen des Flugzeuges bis zu einem gewissen Grade zu verwischen.

Im Verlaufe des Ersten Weltkrieges wurden viele Piloten, die sich durch besondern Mut und Geschicklichkeit im Luftkampf hervortaten, als «Asse» berühmt. Einige dieser «Fliegerkanonen» bemalten ihre Maschinen mit den grellsten Farben und waren daher schon von weitem erkennbar. Eines der bekanntesten Beispiele dafür war der deutsche Kampfflieger Freiherr von Richthofen, der unter dem Namen «Roter Baron» legendär wurde, da sein ganzes Flugzeug angeblich rot angestrichen war. Kurz gesagt, die Kennzeichen auf den damaligen Maschinen waren so individuell und mannigfaltig, daß sie in der Folge das Interesse von jungen und erwachsenen Luftfahrt-Enthusiasten zu wecken vermochten; auch heute noch ist dieser Aspekt der Fluggeschichte ein weitverbreitetes, interessantes Wissensgebiet - oder, anders gesagt, zu einer Art aeronautischer Wappenkunde geworden. Die Piloten merkten bald einmal, daß die bisherige Bewaffnung, die nur aus Handfeuerwaffen bestand, völlig ungenügend war und zur wirksamen

unten rechts
Die Morane-Saulnier Type-L, oder M.S.3, stellte eine der ausgereiftesten Konstruktionen ihrer Zeit dar und wurde von den Franzosen wie auch von den Briten verwendet. Bei diesem Modell wurden 1915 die Propeller (hier abgebildet) mit stählernen Ablenkungs-Platten versehen, da das auf der Motorhaube montierte Maschinengewehr durch den Drehkreis des Propellers schoß. Roland Garros, ein Kriegsas der französischen Luftwaffe, posiert hier vor seiner Maschine.

unten
Die Sopwith «Triplane». Sie war sehr wendig und inspirierte zahlreiche deutsche Unternehmen zu eigenen Entwicklungen von Dreideckern.

Bekämpfung feindlicher Ziele nicht ausreichte. Es war klar, daß eine fest installierte Feuermöglichkeit nach vorne die geeignetste Lösung darstellte. So brauchte der Pilot einzig die Längsachse der Maschine aufs Ziel zu richten, um präzise schießen zu können. Daher waren solche Flugzeuge mit MG-Bewaffnung, die nur nach rückwärts schießen konnten, den nach vorne feuernden Maschinen taktisch weit unterlegen. Bei Flugzeugen mit hinten liegendem Motor und Druckpropeller konnte der Beobachtersitz vor dem Piloten angebracht und mit einem schwenkbaren Maschinengewehr ausgerüstet werden, so daß der Schütze sein Ziel nach Bedarf auswählen konnte. England entwickelte mehrere solche Zweisitzer, nämlich die Vickers «Gunbus», die De Havilland D.H.1 und D.H.2, sowie die F.E.8. Einer der Nachteile dieser von Druckluftschrauben angetriebenen Flugzeuge war der stark begrenzte Feuerbereich des vorne montierten MGs, auch waren diese Typen eher schwerfällig gegenüber den wendigen Jagdeinsitzern. Immerhin waren diese Doppelsitzer bei den Besatzungen nicht unbeliebt; einer davon schoß übrigens das deutsche Fliegeras Immelmann ab.

Am geeignetsten für den Einbau starrer Waffen erwiesen sich die genannten kleineren Einsitzer mit Bugmotor. Das erste Flugzeug, das mit einem fest montierten Maschinengewehr ausgerüstet wurde, welches durch den Drehkreis des Propellers schoß, war ein französisches Morane-Saulnier-Jagdflugzeug, das im April 1915 zum Einsatz gelangte.

Dieser Jäger war von Roland Garros, einem bekannten französischen Rennpiloten der Vorkriegszeit, entwickelt worden. Es war ein Hochdecker mit einem über der Motorhaube montierten MG. Auf diese Weise wäre der davor liegende Propeller unweigerlich durchlöchert worden. Man überwand diese Schwierigkeit, indem man an den entsprechenden Stellen der Luftschraube Metallplatten anbrachte, welche die Kugeln ablenken sollten. Diese Lösung bewährte sich recht gut, so daß

der Morane-Jäger in den ersten Einsatzwochen große Erfolge erzielte. Die deutschen Piloten lernten aber bald einmal, sich der neuen Angriffstaktik zu entziehen, und Ende April 1915 mußte eine solche Maschine auf deutschem Gebiet notlanden, womit das Rätsel gelöst war.

Die Deutschen blieben ihrerseits nicht untätig. Sie beauftragten den holländischen Flugzeugkonstrukteur Fokker, eine ähnliche oder bessere Lösung für im Bereich der Luftschraube liegende Waffen zu entwickeln. Der Holländer erfand auch gleich die geeignetste Vorrichtung: die Synchronisierung der Propellerdrehzahl mit der Schußauslösung. Diese umwälzende Neuerung fand erstmals beim Fokker-E. III-Eindecker Verwendung. Vom Beginn ihres Einsatzes im Oktober 1915 weg beherrschte diese Maschine den Luftraum. Ihre Feuerkraft war denen aller Feindmaschinen deutlich überlegen. So dominierte Fokker die Luftkampfszene bis ungefähr im Mai 1916, als eine neue Generation britischer Jäger am Himmel erschien, darunter die S.E.5 und S.E.5a, die Sopwith «Camel» und «Pup». Diese englischen Jäger verwendeten das von Constantinescu entwickelte Synchronisations-System, welches jenem von Fokker überlegen war.

Jetzt, da man die wirksamste Bewaffnung gefunden und einsatzreif gemacht hatte, gaben andere Kriterien den Ausschlag, nämlich Geschwindigkeit, Wendigkeit und Steigvermögen. Die Jäger eigneten sich für ganz verschiedenartige Aufgaben, so konnten sie zum Beispiel einem Aufklärungs- oder Bombergeschwader Geleitschutz geben oder auch selber Kampfeinsätze fliegen. Da die gegnerischen Luftwaffen etwa auf dem gleichen technischen Stand und somit einander ebenbürtig waren, kam es jeweils zu verbissenen Luftkämpfen, wenn sich feindliche Flugzeuge in der Luft trafen. Die Jahre 1916–18 waren die Zeit der legendären, klassischen Jagdeinsitzer des Ersten Weltkrieges. Für viele Piloten bedeutete diese Epoche das Ende eines jungen Lebens, für andere war sie der Beginn einer nationalen Heldenverehrung. Namen wie MacCudden, Ball, Bishop, von Richthofen, Udet und Immelmann sind nur die bekanntesten Beispiele einer großen Zahl hochdekorierter Fliegerasse. Ihr Erfolgsgeheimnis lag in ihrem fliegerischen Können und der Fähigkeit, den Gegner «auszukurven». Berühmtheit erlangte dabei die sogenannte «Immelmann-Wende», ein halber Looping aufwärts mit anschließender halber Rolle auf dem Scheitelpunkt. Dieses Manöver konnte einem Piloten aus der gefürchteten Schußlinie des Gegners heraushelfen und ihm unter Umständen das Leben retten.

Ein weiteres Resultat der frappanten technischen Entwicklung im Ersten Weltkrieg war der Langstreckenbomber. Die taktische Version des Bombers war schon früher entstanden; eine Anzahl der größeren zu Beginn des Krieges eingesetzten Mehrzweckflugzeuge waren ebenfalls für Bombenabwürfe ausgerüstet. Anfangs wurden die Bomben von Hand über Bord geworfen, dann ging man dazu über, leichte Kaliber unter den Flügeln zu befestigen. Wie bereits erwähnt, hatte der Russe Sikorsky schon vor dem Krieg einen großen, mehrmotorigen Flugzeugtyp entworfen und gebaut. 1915 setzte Rußland eine verbesserte, für den Bombenabwurf ausgerüstete Serieversion der Sikorsky-Maschine

oben
Die Sopwith «Camel», die aus der «Pub» entwickelt wurde, war der erfolgreichste Jagdeinsitzer des Jahres 1918

oben links
Eine A.B.E.2c des englischen Royal Flying Corps aus dem Jahre 1915

2
S 245

oben
Eine Spad XIII mit der Bemalung, die Eddie Rinkenbacker gebrauchte. Die Maschine war von Curtiss in den USA gebaut worden.

links
Eine Fokker Dn 1, ähnlich wie sie das Geschwader von Richthofens an der Westfront 1917 flog.

gegenüber
Die Spad VII der berühmten Escadrille SPA3 «Les Cicognes». Dieses bewährte Kampfflugzeug wurde von den meisten alliierten Streitkräften eingesetzt.

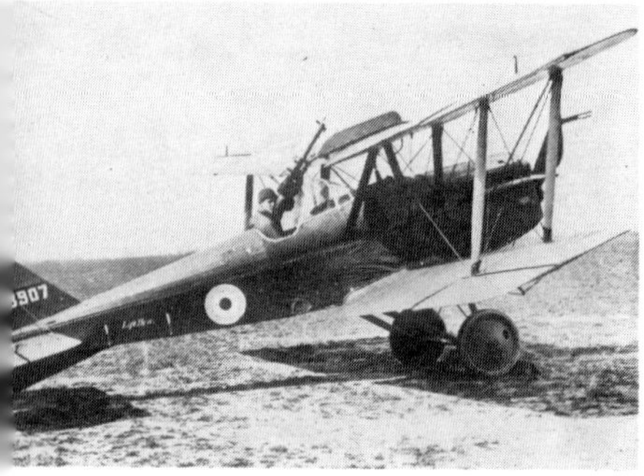

oben
Eines der ersten Jagd-Flugzeuge, die S.E.5, hier mit seinen Lewis-MGs.

ganz oben
Einer der berühmtesten Kampfpiloten des Ersten Weltkrieges Captain «Billy» Bishop (VC) mit seiner Nieuport «Scout» im Jahre 1917

ein. Ihre Spannweite betrug über 30 m und eine Bombenlast von mehr als 900 kg konnte mitgeführt werden. Außerdem war eine Heckschützenkanzel vorhanden, kurzum, das Konzept dieser Maschine diente den meisten andern Konstrukteuren von damals als Vorbild. Die Größenordnung und Mehrzahl der Motoren ergaben sich zwangsläufig aus der Notwendigkeit, möglichst weit in feindliches Gebiet eindringen zu können.

Bald fingen auch andere Nationen an, schwere Langstreckenbomber zu bauen. In England stellte die Firma Handley-Page im Dezember 1915 den Prototyp ihres aufsehenerregenden Bombers 0/100 erstmals der Öffentlichkeit vor. Es zeigten sich jedoch Schwierigkeiten mit den Motoren, die nicht genügend Leistung abgaben und deren große Kühleröffnungen beträchtlichen Luftwiderstand verursachten. Indem man diese abänderte und die Steuerflächen vergrößerte, konnten die Flugleistungen verbessert werden. Doch bei den höchsten Stellen gab es immer noch Skeptiker, die eine so große und schwerfällige Maschine für nicht einsatzfähig hielten. Der Persönlichkeit und Überzeugungskraft des schon früher genannten Commodore Sueter war es zu verdanken, daß man eine große Zahl schwieriger Probleme lösen konnte, und zwar auf Grund verschiedener durchgreifender Änderungen. So entstand schließlich die 0/400, eine vergrößerte Version des Prototyps. Diese Maschine erfüllte die vom Luftfahrts-Ministerium aufgestellte Norm von 1360 kg Bombenzuladung. Damit waren vor allem nächtliche Bombenangriffe auf Deutschland geplant. Ein noch größeres Modell dieser Baureihe war die viermotorige V/1500, welche sämtliche deutschen Konkurrenten übertrumpfen sollte, jedoch bis Kriegsende nicht mehr zur Einsatzreife kam.

Der 0/400-Bomber hingegen gelangte häufig und mit Erfolg zum Einsatz. Die Verwendung von Langstreckenbombern ging in England eigentlich auf die Initiative des «Royal Naval Air Service» (RNAS) zurück, dessen Führung den 0/100-Bomber bei Handley-Page in Auftrag gegeben hatte. Im Oktober 1914 hatten nämlich eine Anzahl kleiner Sopwith-Jäger des RNAS von Frankreich aus die Zeppelin-Basen bei Düsseldorf mit Erfolg bombardiert und damit die Wirksamkeit solcher Angriffe bewiesen. Außerdem warfen deutsche Zeppeline, und später auch schwere Bomber, im Sommer 1917 über London Bomben ab. Um dieser Bedrohung wirksamer begegnen zu können, wurden in England der «Royal Naval Air Service» und das «Royal Flying Corps» zu einer einzigen Abteilung zusammengezogen, nämlich der «Royal Air Force». Der neue Oberbefehlshaber war Generalmajor Hugh Trenchard, der ehemalige Kommandant des RFC in Frankreich. Bevor man jedoch Bombardierungsflüge größeren Stils nach Deutschland in Szene setzen konnte, boten die Deutschen im November 1918 einen Waffenstillstand an, womit der Krieg zu Ende war.

Die Handley-Page 0/400 ist auch noch in anderer Hinsicht erwähnenswert. Auf Grund ihrer Größe und Nutzlast ließ sich diese Maschine nach dem Krieg ohne allzuviel Aufwand in ein Verkehrsflugzeug umwandeln, wie wir später noch sehen werden. Außerdem war dieser Typ als erstes Flugzeug mit dem neuen Rolls-Royce-«Eagle»-Motor ausgerüstet. Mit diesem Motor – einer wassergekühlten V-6-Konstruktion von 360 PS – gelang den Briten ein entscheidender Durchbruch im Flugmotorenbau. Er bildete den Anfang einer berühmten Serie von Rolls-Royce-Produkten, die anderen Konstrukteuren den Weg wiesen.

Nochmals kurz zurück zum Kriegsgeschehen. Die ersten strategischen Bombereinsätze wurden bekanntlich von deutscher Seite aus geflogen. Die riesigen Zeppeline ihrer Kriegsmarine begannen, wie gesagt, London zu bombardieren – viel verheerender als die taktischen Erfolge der Deutschen war dabei die psychologische Schockwirkung solcher Aktionen auf die englische Zivilbevölkerung. Den britischen Jagdpiloten gelang es jedoch nach und nach, wirksame Abwehrmethoden zu entwickeln und die Zeppelinplage in den Griff zu bekommen. Von da an wurden die deutschen Verluste immer größer. Daher ersetzte die deutsche Luftwaffe ihre Luftschiffe bald einmal durch ein weniger verwundbares Angriffsmittel – nämlich das Flugzeug, oder, genauer gesagt, durch den berühmten «Gotha»-Bomber. Die meistverwendeten Typen dieser legendären Serie waren die G-IV und die G-V, welche an der Westfront eingesetzt wurden und von 1917 weg Bombenangriffe auf Paris und London flogen. Diese Maschine besaß unter anderem einen

Der mächtige Handley Page 0/400-Bomber hatte aufklappbare Flügel, damit er besser in Hangars untergebracht werden konnte.

Fok D VII

Heckschützen, welcher seine Waffe um volle 360° drehen konnte. Das Flugzeug war in Holzschalenbauweise konstruiert und erwies sich als sehr robust. Der Antrieb erfolgte durch Mercedes-Motoren von je 260 PS. Die Spannweite betrug 23,5 m, die Länge 11,8 m. Dank ihrer großen Einsatzhöhe (4500 m) waren diese Maschinen zu Beginn ihrer Bombenoffensive gegen England im Sommer 1917 sehr erfolgreich. Die britischen Jagdflugzeuge brauchten derart lange, um auf diese Höhe zu steigen, daß sich die Deutschen ihrer Bomben ungehindert entledigen konnten und sich beim Eintreffen der Engländer schon auf dem Rückflug befanden. Erst mit der Einführung der Sopwith «Camel» und des Bristol-Jägers konnte England seine Luftunterlegenheit wieder wettmachen, so daß sich die deutsche Luftwaffe auf Nachtbombardierungen beschränken mußte. Eine deutsche Parallelentwicklung des «Gotha»-Bombers war die G-III «Friedrichshafen» und kam ebenfalls zu erfolgreichem Einsatz.

Die USA traten relativ spät, nämlich im April 1917 in den Krieg ein. Das damals für die Heeresfliegerei zuständige US Signal Corps besaß ganze 55 Maschinen, die US-Navy deren 54. Die Amerikaner starteten nun ein riesiges Aufbauprogramm, an dessen Anfang man den Nachbau englischer und französischer Flugzeuge stellte. Vor allem französische Nieuport- und Spad-Modelle verschiedener Art bestückten die amerikanischen Jagdgeschwader. Als Standardflugzeug ihrer Luftwaffe wählten die Amerikaner jedoch einen englischen Jagdbomber, die D.H.4 und rüsteten diesen mit einem neuen Motor, dem in Amerika entwickelten, wassergekühlten V-8-«Liberty»-Triebwerk von 400 PS aus. Eine bedeutende amerikanische Eigenentwicklung war das Curtiss-JN-2-«Jenny»-Schulflugzeug, das zu Tausenden gebaut wurde. Die USA brachten noch einige weitere Modelle heraus, diese gelangten aber nicht mehr zum Kriegseinsatz. Davon sind besonders die elegante Thomas-Morse «Scout», das amerikanische Gegenstück zur englischen Sopwith «Camel», sowie der schwere Bomber Martin MB-1 zu erwähnen.

In den beiden letzten Kriegsjahren 1917–18 kam der technische Fortschritt im Flugzeugbau nicht so sehr in den verbesserten Flugleistungen, als vielmehr in den neuartigen Konstruktionsmethoden zum Ausdruck. Frappanteste Beispiele dafür waren die genannte englische Sopwith-Baureihe, wo bei jedem neuen Modell die bei seinem Vorgänger gewonnenen Erkenntnisse zur Anwendung kamen, auf der Gegenseite die hervorragenden Fokker-Jäger sowie auch der klassische deutsche «Albatros». Gegen Ende des Krieges leisteten deutsche Konstrukteure mit den neuen Ganzmetall-Jagdflugzeugen vom Typ Junkers J.10 und J.11 Pionierarbeit, doch diese überlegenen Eindeckermaschinen erlebten den Krieg nicht mehr. Nur das Vorgängermodell J.4, ein Doppeldecker, kam noch zum Kampfeinsatz. Es war das erste, eigens zu diesem Zweck konzipierte Erdkampfflugzeug, erster Exponent einer Flugzeuggattung, welche erst drei Jahrzehnte später, im Zweiten Weltkrieg, ihre entscheidende Rolle spielen sollte.

gegenüber oben
Flight Commander Dunning landet im August 1917 erfolgreich eine Sopwith «Pub» auf dem Vordeck der H.M.S. *Furious.* Die H.M.S. Furious wurde später zu einem Flugzeugträger mit einem über die ganze Länge reichenden Flugdeck ausgebaut.

gegenüber unten
Die Focker DVII war das beste deutsche Kampfflugzeug, das 1918 im Dienst stand.

unten
Die französische Hanriot HD-1 war von den englischen Sopwiths beeinflußt. Diese Maschine stand 1918 bei der italienischen Luftwaffe im Dienst.

Die ersten Fluglinien

Die frühesten Luftfahrzeuge, die in fahrplanmäßigen Flügen regelmäßig Personen transportierten, waren Luftschiffe. Der Gedanke, Passagiere in größerem Umfang zu befördern, geht – wie bereits angedeutet – auf den englischen Luftfahrtpionier Henson und andere Zeitgenossen des 19. Jahrhunderts zurück. Die wahrscheinlich erste Linienroute überhaupt war die Strecke zwischen Bodensee und Berlin, welche von März 1911 an von Zeppelinen bedient wurde und deren Betrieb erst durch den Kriegsausbruch eingestellt werden mußte, nachdem man auf dieser Fluglinie total 19000 Personen befördert hatte.

Den Anfang dieser Passagier-Luftschiffe hatten die «Schwaben» mit einer Sitzkapazität von 32 Plätzen gemacht. Wenn man die kleineren Routen ebenfalls berücksichtigt, so konnte die Zeppelin-Transport-Gesellschaft bis zum August 1914 sogar über 35000 beförderte Fluggäste verbuchen.

Die ersten Aviatiker, die sich dem Prinzip «schwerer als Luft» verschrieben hatten, fingen bald einmal an, das Beispiel Zeppelins nachzuahmen. Zunächst geschah das im Rahmen der populären Flugveranstaltungen, auf deren Programmen sogenannte «Vergnügungsflüge» für Leute mit genügend Mut oder Tollkühnheit figurierten. Im Jahre 1911 machte einer der ersten vom Franzosen Bréguet gebauten Doppeldecker einen Probeflug mit zehn Passagieren an Bord, sicher ein flughistorisches Ereignis, auch wenn man berücksichtigt, daß diese Maschine nicht speziell für den Personentransport entworfen war.

1912 brachte England die Avro «Tandem» heraus, welche eigentlich ein Leichtflugzeug war, jedoch erstmals über eine geschlossene Kabine für Pilot und Fahrgast verfügte und in ihrer Auslegung somit Vorläuferin einer Kategorie von Passagierflugzeugen war, wie sie erst Jahre später gebaut wurden. Eine andere englische Konstruktion aus dieser Zeit, die «Charabanc», eine Schöpfung des unermüdlichen C. Graham-White, konnte bereits bis zu zehn Personen mitnehmen und stand von 1913 an auch schon in kommerziellem Einsatz, und zwar in Form der erwähnten «Vergnügungsflüge» von Hendon aus.

Es waren die Vereinigten Staaten, welche das Flugzeug als erste Nation fahrplanmäßig einsetzten, nämlich auf der Strecke St. Petersburg–Tampa, quer über die Bucht von Tampa in Florida. Die Maschine, ein Flugboot, konnte jedoch pro Mal nur einen einzigen Fluggast an Bord nehmen.

Erst der Krieg mit seinem flugtechnischen Wettlauf machte den Schritt von der Wunschvorstellung eines Passagier-Lufttransportes zur praktischen Ausführbarkeit möglich. Die wichtigsten Neuerungen, über die man nach dem Krieg verfügte, waren: Flugzeuge, die über längere Strecken fliegen konnten als bisher (ausgediente Bomber) und entsprechend zuverlässig waren; das Vorhandensein größerer Mengen solcher Flugzeuge; drittens waren auch genügend Mannschaftbestände von Flug- und Bodenpersonal zum Unterhalt einer Passagierflugzeug-Flotte erhältlich. Ein weiterer wichtiger Faktor war das schon angedeutete

gegenüber unten
Aus den frühen Tagen der französischen Zivilfliegerei: Potez 9-Maschinen in Le Bourget im Jahre 1921

Aufkommen des Ganzmetall-Flugzeuges (vor allem durch die deutschen Junkers-Modelle), eine Entwicklung, die noch Ende des Ersten Weltkrieges einsetzte und die Holz- und Stoffkonstruktionen der ersten Flugzeuggeneration immer mehr ablöste.

Etwa im dritten Kriegsjahr hatte man mit sogenannten «Kurierflügen» für höhere Offiziere und Beamte zwischen London und Paris begonnen, was nach Kriegsende die Aufnahme ziviler Pendelflüge auf dieser Strecke nahelegte. Der erste Versuch dieser Art fand am 8. Februar 1919 statt und führte von Paris aus zunächst nach Kenley in der Grafschaft Surrey. Die Passagiere setzten sich noch aus Vertretern der englischen Militärbehörden zusammen, da die damaligen Waffen-

unten links
Passagiere steigen im Jahre 1919 an Bord einer Sablatnig P111 der Lloyd Sablatnig Luftverkehrs-Gesellschaft.

unten rechts
Die Breguet 14 war ein französischer Bomber, der zu einem der ersten zivilen Linienflugzeuge umgebaut wurde.

Die Farman «Goliath», die im Februar 1919 den ersten Flug Paris–London ausführte.

stillstandsbestimmungen noch keine Zivilflüge erlaubten. Man verwendete dazu eine Maschine vom Typ Farman «Goliath» und zwei Tage später eine Caudron C.23 für einen Testflug zwischen Paris und Brüssel – damit legte man den Grundstein einer Flugtätigkeit, die sich in ganz Europa schnell ausbreitete und sich schließlich zu einem dichtgewobenen Streckennetz entfaltete.

Als im Verlaufe des Jahres 1919 die Flugbeschränkungen wieder gelockert wurden, schossen kleinere «Fluggesellschaften» fast wie Pilze aus dem Boden. Meist waren es ehemalige Kampfpiloten, die ein bis zwei ausgediente Militärmaschinen erwarben und irgendeine Fluglinie eröffneten. Viele dieser Firmen führten ein abenteuerliches Dasein, Konkurse und Geschäftsübernahmen waren an der Tagesordnung. Anfangs der 20er Jahre waren die vier größten Flugunternehmen Großbritanniens die «Instone Air Lines», «Daimler Hire», «British Marine Air Navigation» und «Handley Page Air Transport». Die letztere Gesellschaft hatte unter anderem eine Anzahl ihrer schweren Langstrekkenbomber zu Linienflugzeugen umgebaut. Kleinere, mehr regional operierende Flugfirmen setzten kleinere Flugzeugtypen ein, so zum Beispiel die früheren leichten Bomber D.H.4 und D.H.9.

Im Jahre 1924 wurden die Wettbewerbsbedingungen im englischen Luftverkehr auch für die vier erwähnten Hauptfirmen zu drastisch, um noch erfolgreich weiterbestehen zu können. Auf Anraten eines Arbeitsausschusses unter Winston Churchill, dem damaligen Luftfahrtsminister, wurden die vier Fluggesellschaften zu einer einzigen Fluglinie, der «Imperial Airways», zusammengeschmolzen. Aber auch in anderen Ländern fanden zu dieser Zeit solche Zusammenschlüsse von Einzelunternehmen statt, mit Ausnahme der Niederlande, deren «KLM» von Anfang an (1919) als nationale Fluglinie ins Leben gerufen worden war, während die französische «Air France» erst 1933 gegründet wurde. Deutschland hatte den Krieg verloren und mußte in den ersten Nachkriegsjahren auf eine eigene Fluggesellschaft verzichten; das war auch der Grund, warum sich die Hauptanstrengungen der deutschen Flugzeugkonstrukteure zunächst auf den Bau von Segelflugzeugen konzentrierten und auf diesem Gebiet beträchtliche Fortschritte erzielten. Daraus erklärt sich auch die Tatsache, daß die Pilotenanwärter der aufkeimenden deutschen Luftwaffe für die Anfangsschulung fast ausschließlich mit Segelflugzeugen trainiert wurden. Andere deutsche Flugingenieure hielten sich dadurch auf dem neuesten Stand der Entwicklung, daß sie anfänglich bei befreundeten Ausländerfirmen tätig waren. 1925 jedoch erreichten die Deutschen die Aufhebung der strengen Luftfahrtsanktionen der Siegermächte und konnten wieder eine eigene Flugzeugindustrie aufbauen.

In den USA entwickelte sich der zivile Luftverkehr etwas anders. Die Distanzen waren einmal viel größer als jene in Europa, und außerdem verfügten die Amerikaner nach Kriegsende nicht über ein so großes und verlockendes Angebot an ausgemusterten Militärmaschinen wie die Europäer. Aus diesen Gründen erfolgte die Initiative zumeist von Seiten staatlicher Institutionen, wie zum Beispiel dem Postwesen. Im Jahre 1918 eröffnete das US Post Office eine ausschließlich dem Postverkehr dienende Flugroute von New York nach Philadelphia.

Die dafür verwendeten Flugzeuge waren ursprünglich Maschinen vom Typ Curtiss «Jenny». Nach und nach wurden weitere Postrouten mit Ausgangspunkt New York in Betrieb genommen, die ehemaligen Militärpiloten durch zivile ersetzt und der Flugzeugpark auf ausgediente D.H.4-Maschinen der US-Army umgestellt. Eine weitere Etappe in dieser Entwicklung stellte das neugeschaffene, eigens zu diesem Zweck konzipierte Postflugzeug dar, welches anfänglich nur für den Frachttransport ausgelegt war, dann aber mit einer geschlossenen, mehrplät-

ganz oben
Eine D.H.4a der Royal Air Force, die 1919 für Kurierflüge zwischen Paris und Kenley eingesetzt wurde.

oben
Die offizielle Zeremonie, mit der die Gründung der Air France im Oktober 1933 durch den Zusammenschluß von mehreren kleinen Luftfahrtsgesellschaften besiegelt wurde. Die Flugzeuge von links nach rechts: Wibauld 282 T12, Farman F. 303, Latécoère Laté-28 und Loiré et Olivier Leo 213.

zigen Passagierkabine ausgestattet wurde. Eines der ersten Modelle dieser Art war die Boeing B-1 «Mail Boat», ein kleines, mit einem «Liberty»-Motor versehenes Doppeldecker-Flugboot – wie schon der Name sagt –, welches nur im Postverkehr eingesetzt wurde. 1921 erschien eine Weiterentwicklung des Martin-MB-1-Bombers mit der Bezeichnung NBS-1, welche für die US-Army entworfen worden war, in einer abgeänderten Parallelversion aber auch zu zivilem Einsatz kam, und zwar als kombiniertes Post- und 12plätziges Passagierflugzeug. Die beiden jetzt genannten Beispiele sind nur zwei typische Vertreter einer ganzen Reihe ähnlicher Modelle, die damals gebaut wurden. Die Piloten, die solche Maschinen flogen, mußten vor allem den Nacht- und den «Blind»-Flug beherrschen – die dafür erforderlichen Instrumente gab es anfangs der 20er Jahre noch nicht –, das Postwesen der Vereinigten Staaten genoß nämlich einen ausgezeichneten Ruf für Zuver-

Eine Handley Page 0/400 der Handley Page Air Transport startet im Jahre 1921 zum Flug nach Paris.

lässigkeit und Pünktlichkeit. So verbesserte man die Postfluglinien ständig, unter anderem durch Anbringen von Leuchtfeuern entlang der Flugstrecken, um den Piloten die Orientierung bei Nacht zu erleichtern. Das war eigentlich der Anfang der später allgemein eingeführten, verschiedenen Systeme von Bodennavigationshilfen.

Die ersten von Post- und Passagierflugzeugen bedienten Routen, wie zum Beispiel Brüssel–Paris, London–Paris oder New York–Philadelphia, scheinen nach heutigen Begriffen fast läppisch kurz zu sein. Damals aber bedeutete eine solche Flugreise für alle Beteiligten ohne Zweifel noch ein großes Abenteuer. So betrug die Flugzeit um 1920 herum theoretisch weniger als drei Stunden, doch in der Praxis konnte das unter Umständen bis zu 24 Stunden dauern. Die Besatzung eines solchen Linienflugzeuges mußte für jedwede Eventualität gewappnet und daher eine Art «Mädchen für alles» sein. Die Flugmotoren waren nach damaligen Begriffen zwar ganz zuverlässig, konnten aber durchaus ihre Launen und Tücken haben. Notlandungen waren daher keine Ausnahme, sondern ein fest einkalkuliertes, oft auftauchendes Betriebsphänomen. Die englische Fluggesellschaft «Imperial Airways» war zum Beispiel umsichtig genug, ihre Piloten mit Eisenbahnfahrplänen samt Streckenverzeichnis zu den nächstgelegenen Kanalhäfen auszurüsten, damit Passagiere sowie Post ihre Reise - wo auch immer sie notlanden mußten - per Eisenbahn und Schiff fortsetzen konnten. Dazu ist noch zu erwähnen, daß man der pünktlichen Beförderung der Post mehr Bedeutung beimaß als jener der Passagiere, da erstere in der Regel mit dem Staat vertraglich vereinbart und somit für die Fluglinie lebenswichtiger war als der Personentransport; so jedenfalls lauteten die Betriebsbestimmungen damaliger Gesellschaften. Es gibt mehrere nachgewiesene Beispiele dafür, was sich Piloten alles einfallen ließen, um die Post doch noch rechtzeitig abliefern zu können. So mußte einmal eine englische Maschine vom Typ 0/400 in Frankreich, kurz vor Paris, notlanden. Der Pilot mietete vom Bauern, auf dessen Feld das defekte Flugzeug stand, kurzentschlossen ein Pferd und ritt ohne Sattel acht Kilometer bis zur nächsten Bahnstation, wo er seine Post einem nach Paris fahrenden Zug mitgab. Die Flugzeugführer von «Imperial Airways» trugen daher ständig einen «Notgroschen» von fünf Pfund auf sich, um das für solche Überraschungen nötige Kleingeld zu haben.

Eine «Argosy» der englischen Imperial Airways im Jahre 1926

Die Navigation von damals war nach heutigen Begriffen noch äußerst primitiv. So bestand eine Methode darin, bei Nebel oder schlechtem Flugwetter über dem Ärmelkanal die Funkantenne an einem etwa 15 m langen Kabel unter dem Flugzeug baumeln zu lassen – sobald die Antenne das Wasser berührte, wußte der Pilot, daß er mit Minimalhöhe flog. Die Besatzung einer «Imperial Airways»-Maschine folgte beispielsweise nach dem Start auf dem Flugfeld von Hounslow Heath bei London vorerst dem Lauf der Themse bis zur Kanalmündung und drehte anschließend nach Süden in Richtung Frankreich. Wenn die Wetterverhältnisse so schlecht waren, daß man den Flußlauf nicht sehen konnte, so bestand eine andere Orientierungsmöglichkeit darin, der Eisenbahnlinie zu folgen, wobei es nicht selten vorkam, dass Piloten, die es genau wissen wollten, sich von Zeit zu Zeit am Namensschild eines Bahnhofs orientierten ... Kurz gesagt, die Navigation der frühen 20er Jahre hatte seit den Tagen der Wrights, von Santos-Dumont und Farman keine nennenswerten Fortschritte verzeichnet, ganz zu schweigen von irgendeiner Art von Flugsicherung, wie wir sie heute kennen.

Die ersten Flugpassagiere waren noch dünn gesät. Auch mußten sie über gewisse Finanzen verfügen, denn ein Flug von London nach Paris kostete beispielsweise mehr als 15 Pfund, eine für jene Zeit nicht unerhebliche Summe. Kabinenpersonal gab es noch keines, und wenn den Fluggästen unterwegs irgendetwas mitgeteilt werden musste, so lag es am Bordmechaniker, aus seinem offenen Führerstand nach hinten zu kriechen und die Meldung zu erstatten. Die Reisenden – ihre Zahl schwankte je nach Flugzeugtyp zwischen zwei und zwölf – saßen auf Korbstühlen oder gar Holzbänken.

Auch nach dem Krieg erwies sich die Distanz als der schwache Punkt der Verkehrsfliegerei. Die englische Zeitung «Daily Mail» hatte schon 1913 einen Preis von 10000 Pfund für die erste Atlantiküberquerung per Flugzeug ausgeschrieben. Am besten hätten sich dafür noch die umgebauten Langstreckenbomber des Ersten Weltkrieges geeignet, doch schafften diese im Maximum 1000 km Flugstrecke, also knapp einen Drittel der absolut notwendigen 3200 km. Trotzdem machte sich eine Reihe von Bewerbern gleich nach dem Waffenstillstand von 1918 daran, den Versuch zu wagen.

Die erste Atlantiküberquerung eines Wasserflugzeuges. Eine Curtiss NC4 setzt zur Landung am 29. Mai 1919 an.

Der erste Anlauf wurde von amerikanischer Seite aus unternommen, und zwar von der US-Navy. Dafür wurden eigens vier viermotorige Flugboote vom Typ Curtiss mit den Bezeichnungen NC-1 bis 4 bestellt. Eines davon war als Reserveflugzeug vorgesehen. Die andern drei Maschinen verließen Long Island in Neufundland am 8. Mai 1919 mit Kurs auf die Azoren. Davon schaffte nur eine einzige, nämlich die NC-4, die gesamte Strecke. Von den beiden ausgefallenen Flugbooten mußte das eine 300 km vor dem Ziel notwassern und die restliche Strecke schwimmend zurücklegen, während das dritte gänzlich ausfiel.

So denkwürdig dieses Unternehmen auch war, so wurde es doch bald von einer andern Leistung in den Schatten gestellt, die man bisher schlichtweg für unmöglich gehalten hatte: Die Traversierung des Nordatlantiks von Küste zu Küste im Landflugzeug. Am 14. Juni 1919 starteten die beiden Engländer Alcock und Brown von St. John's auf Neufundland aus zu ihrem legendären Flug über den Atlantischen Ozean. Die beiden Briten – sie waren übrigens Testpiloten bei den Vickers-Werken – hatten zu diesem Zweck einen entsprechend umgebauten Vickers-«Vimy»-Bomber nach Amerika geschafft. Man sparte Gewicht, wo es nur irgendwie ging und verzichtete daher auch auf einen Farbanstrich. Der Flug forderte ein Höchstmaß an Ausdauer und Nervenkraft von Seiten der Besatzung, denn die Wetterbedingungen waren teilweise so schlecht, daß die Tragflächen zu vereisen begannen und die Maschine dem Meer wiederholt gefährlich nahe kam ... Doch die Piloten hielten durch, und nach 16 Stunden und 20 Minuten Flugzeit kam das Flugzeug in einem irischen Sumpfgelände mit der Nase vornüber gekippt zum Stehen. Alcock und Brown wurden gefeiert, vom englischen König in den Adelsstand erhoben und erhielten nicht zuletzt auch den begehrten Zeitungspreis für ihre fliegerische Glanzleistung.

Der Pionierflug der beiden Briten gab den Anstoß zur Erschließung einer Vielzahl von neuen Routen und Luftverbindungen zwischen fernen Ländern und Kontinenten. Die Leistungen, welche in dieser Zeit erbracht wurden, waren wirklich staunenswert und zeigten, daß das Flugzeug in der Tat eine Revolution auf dem Gebiete des Verkehrswesens herbeiführen konnte. Aus Platzgründen können hier nur wenige Beispiele aus jener bewegten Epoche angeführt werden. So offerierte die australische Regierung einen Geldpreis von 10000 Pfund dem ersten einheimischen Flieger, der innerhalb von 30 Tagen die Strecke von

England nach Port Darwin an der Nordspitze Australiens bezwingen konnte. Die Gebrüder Ross und Keith Smith, zwei ehemalige Militärpiloten, nahmen die Herausforderung an und verließen am 12. November 1919 England mit einer umgebauten Vickers-Maschine. Ihr Flug führte in dichtaufeinanderfolgenden Etappen über Ägypten, Bagdad, den Persischen Golf, Vorder- und Hinterindien, Singapur zunächst bis nach Surabaja auf der Insel Java. Dort hätte das Schicksal beinahe zugeschlagen. Die Piste des dortigen Flugplatzes, welche man künstlich über ein Sumpfgebiet angelegt hatte, erwies sich nämlich als zu schwach für das australische Flugzeug, so daß dieses mit seinen Rädern im Morast versank. Eingeborene halfen mit, eine feste Bambusunterlage zu erstellen, worauf die vollgetankte Maschine den Start mit knapper Not schaffte. Nach 28 Tagen, 135 Flugstunden und 18000 km Flugstrecke betraten die beiden jungen Australier den heimatlichen Boden und wurden von ihren Landsleuten stürmisch gefeiert.

Daneben gab es aber auch Flugpioniere, die ebenfalls fliegerische Meisterleistungen vollbrachten, deren Anerkennung durch die Öffentlichkeit aber bescheidener war und weniger Staub aufwirbelte. Ein typisches Beispiel dafür waren der Australier Parer und der Schotte McIntosh. Auch diese beiden hatten sich entschlosen, die von den australischen Behörden aufgestellten Wettbewerbsbedingungen zu erfüllen, waren aber hinter ihren bereits erwähnten Konkurrenten zeitlich im Rückstand. Mit deren erfolgreichen Landung in Australien war ihre Chance auf den Geldpreis dahin, doch sie brachen deshalb ihren Flug nicht ab. Dieser war insofern bemerkenswert, als er mit einer kleinen, einmotorigen Maschine vom Typ D.H.9 bewältigt wurde, während die vorgenannten Gebrüder Smith noch ein größeres, zweimotoriges Langstreckenflugzeug benutzt hatten. Parer und McIntosh konnten daher auf ihrer Expedition eine ganze Reihe beachtlicher Erstflüge für sich verbuchen: Sie überquerten erstmals mit einer einmotorigen Maschine das Mittelmeer, erreichten damit als erste Ägypten und schafften auch die Erstüberquerung des ungastlichen syrischen Wüstengebietes zwischen Palästina und Bagdad. In Penang auf Malaysia hatten sie eine Panne, mußten den Motor ausbauen und an einem Baum aufhängen, um ihn zu reparieren. Danach folgte ihre bisher längste

Alcock und Brown starten in Neufundland mit einer Vickers «Vimy» im Jahre 1919 zu ihrem epochalen Transatlantik-Flug.

Meerestraversierung von Timor nach Port Darwin, den sie praktisch mit dem letzten Tropfen Brennstoff erreichten.

Auch die Amerikaner leisteten in dieser Zeit ihren Beitrag auf dem Sektor Fernflüge. 1923 bewältigten zwei Piloten der US-Army, McCready und Kelly, die ganze Ausdehnung des amerikanischen Kontinents mit einem Nonstopflug von New York nach San Diego in Kalifornien.

Während diese Bahnbrecher des modernen Luftverkehrs überall auf der Welt neue Dimensionen erschlossen, lebten die Flugzeughersteller und neugegründeten Fluglinien das weit weniger spektakuläre Dasein des täglichen Brotverdienens. Anfänglich hatte man sich mit den aus dem Kriege stammenden Verkehrsmaschinen und den auf diese zugeschnittenen Leistungen begnügt. Diese jedoch waren nicht primär nach den Bedürfnissen des Personentransportes konzipiert worden, und man hatte bei ihrem Bau keine Rücksicht auf anfallende Kosten nehmen müssen. Außerdem erwiesen sich diese Militärflugzeuge auch im Unterhalt und in der Wartung sehr kostspielig. All diese Erfahrungen trugen dazu bei, daß sich im zivilen Flugzeugbau jetzt ein Umbruch anbahnte: Die Geburtsstunde des Passagier-Verkehrsflugzeuges hatte geschlagen.

Hauptexponenten der neuen Flugzeuggeneration waren die anfangs der 20er Jahre eingeführten Ganzmetall-Konstruktionen. In gewissen Ländern, darunter auch in England, verwendete und produzierte man jedoch weiterhin die traditionell entworfenen, zum größtenteil aus Holz und Stoff gebauten Passagierflugzeuge, in einigen Fällen gar bis um 1940 herum.

Das erste, speziell als Personentransporter gebaute Ganzmetallflugzeug war die Junkers J.13 (die geläufigere, erst später eingeführte Bezeichnung lautet F.13). Dieses Modell war seinen Zeitgenossen um Jahre voraus. Es war ein einmotoriger Tiefdecker mit komfortabler, hermetisch abgeschlossener Passagierkabine, die vier Personen Platz bot. Bei den Tragflächen hatte man auf Verstrebungen verzichtet, und die gesamte Außenverkleidung bestand aus Leichtmetall-Wellblech, was zu erhöhter Festigkeit beitrug. Wie bereits erwähnt, hatte Junkers

Die Junkers F.13 war ein Ganzmetall-Eindecker für vier Passagiere. Sie bildete das Rückgrat der Lufthansa-Flotte zwischen 1926 und 1932 und stand auch bei zahlreichen andern Luftfahrtsgesellschaften im Dienst.

schon während des Ersten Weltkrieges mit dem Bau von Ganzmetall-Militärmaschinen begonnen – den Anfang machte die genannte J.4 –, so daß die J.13 nur einen Abschnitt in einer konsequent weitergeführten Entwicklungslinie darstellt. Mit diesem Modell errangen die Junkers-Werke einen durchschlagenden, weltweiten Erfolg. So flogen beispielsweise J.13-Maschinen in den USA als Postflugzeuge, wurden aber auch in vielen andern Ländern eingesetzt, in erster Linie natürlich von der Lufthansa, der deutschen Fluggesellschaft.

Der holländische Flugzeugkonstrukteur Fokker, der mit seinem bewährten Jagdflugzeug-Programm Deutschland während des Ersten Weltkrieges große Dienste erwiesen hatte, kehrte nach Friedensschluß in seine Heimat zurück, wo er eine neue ebenso erfolgreiche Tätigkeit entfaltete. Seine Antwort auf die von der holländischen Gesellschaft KLM aufgestellte «Wunschliste» für ein Verkehrsflugzeug war die Fokker F.II, ein Hochdecker mit einem BMW-Motor von 185 PS. Bei diesem Entwurf kam noch die Gemischtbauweise (Flügel aus Sperrholz, Rumpf aus Stahlrohr) zur Anwendung. Dieses Flugzeug sowie dessen Weiterentwicklung F.III erfreuten sich fast ein Jahrzehnt lang in vielen Ländern großer Beliebtheit.

Der große Wurf aber gelang Fokker mit seiner F.VII, welche im Jahre 1926 fertiggestellt wurde. Dieses Modell wartete mit einer ganzen Anzahl von Neuerungen auf. Es war ein Zehnsitzer, bei dessen Sternmotor man bereits die Möglichkeit eingeplant hatte, daß bei einem allfälligen Lizenzbau im Ausland auch eigene Motoren zum Einbau gelangen konnten. Der F.VII folgte die F.VII B–3m, die erste dreimotorige Version. Mit einer solchen Maschine unternahm übrigens der Engländer Kingsford-Smith seine weltbekannten Afrika- und Australienflüge. Fokker hatte mit seinen Konstruktionen in Europa solchen Erfolg, daß er die Produktion zum Teil ins Ausland verlegte und im amerikanischen New Jersey ein Tochterunternehmen gründete. Das veranlaßte den Amerikaner William B. Stout, seinerseits eine leicht abgeänderte Variante der dreimotorigen Fokkermaschine auf den Markt zu bringen. Etwas später wurde dann Stouts Firma von Henry Ford, dem Automagnaten, aufgekauft, womit wir die Entstehungsgeschichte der nun folgenden, in Amerika zu fast legendärer Berühmtheit gekommenen Ford «Trimotor» kurz angedeutet haben. Solche Maschinen wurden in den USA nämlich – mit nur geringfügigen Änderungen – noch während der 60er Jahre hergestellt und standen dort noch zu Beginn unseres Jahrzehnts in kommerziellem Einsatz! Einer der

Eine Focker F.III, die in Holland nach den spezifischen Bedürfnissen der holländischen Fluggesellschaft KLM entwickelt worden war.

oben
Die dreimotorige Fokker F-10 «Super Trimotor» wurde in den USA von der amerikanischen Tochtergesellschaft Fokkers gebaut.

Die Ford «Trimotor» (hier beim Auftanken) wurde bis in die 60er Jahre regelmäßig auf inneramerikanischen Routen eingesetzt.

Gründe für diese außerordentliche Langlebigkeit war die beim amerikanischen Muster verwendete Ganzmetallbauweise, die dem großen Verschleiß von Starts und Landungen auf unpräparierten Pisten besser standhielt.

Die meisten Flugzeughersteller Englands hielten auch in dieser Zeit noch am alten Konzept der drahtverspannten Großdoppeldecker fest, obwohl diese Maschinen in ihrer Ausstattung schon weitgehend auf die Bedürfnisse des modernen Linienverkehrs zugeschnitten waren. Als Beispiele seien hier die D.H.54 und D.H.66 erwähnt, zwei wohlgelungene, imposante Konstruktionen, sowie die Ende der 20er Jahre gebaute, elegante Armstrong Whitworth «Argosy». Zusammen mit dieser Maschine führte die britische Fluggesellschaft «Imperial Airways» auch erstmals eine «Kabinenbesatzung» ein, die aus einem Steward bestand, welcher während der Flüge Mahlzeiten servierte.

Einer der Gründe, warum sich der Großteil der englischen Zivilflugzeug-Konstrukteure die Vorteile der auf dem Kontinent längst gebräuchlichen Metallbauweise nicht zunutze machte, war der Umstand, daß sich das Streckennetz der «Imperial Airways» – wie schon der Name sagt – auf Gebiete innerhalb des Britischen Weltreiches konzentrierte und in Europa außerhalb Englands keine große Rolle spielte. So entstand anfangs der 30er Jahre eine neue Generation englischer Verkehrs-Luftriesen, die zwar in ihrer Größe beeindruckten und an Komfort ihren europäischen «Kollegen» ebenbürtig waren, doch in technologischer Hinsicht kaum einen sichtbaren Fortschritt gegenüber ihren Vorgängermustern darstellten. Die bestbekannten Vertreter aus dieser Zeit sind die von Handley-Page gebauten H.P.42 und H.P.45, zwei Doppeldecker. Der erstere konnte 24 Personen befördern und wurde auf außereuropäischen Routen eingesetzt, während letzterer 38 Passagiere aufnahm und vor allem Europa beflog. Diese beiden Typen verfügten erstmals über ein geschlossenes Cockpit und waren im übrigen einander sehr ähnlich. Die Spannweite maß 39,5 m, die Länge 27 m. Die vier Bristol-«Jupiter»-Sternmotoren ermöglichten eine Geschwindigkeit von etwa 160 km/h. Weitere von den «Imperial Airways» in dieser Zeit verwendete Flugzeuge sind die Short «Scylla» und die Armstrong Whitworth «Atlanta», ein Hochdecker.

Auf dem europäischen Kontinent waren damals Fokker und Junkers die führenden Flugzeughersteller. Allen voran schritt Junkers mit seinen wegweisenden, zum Teil schon erwähnten Ganzmetallkonstruktionen. 1929 erschien die Junkers G.31, ein schnittiger, dreimotoriger, freitragender Tiefdecker, der in seiner äußeren Form bereits an die 1932 vollendete größere Junkers 52/3 erinnert. Letztere sollte als eines der meistgebauten, vielseitigsten und zuverlässigsten Transportflugzeuge aller Zeiten in die Geschichte der Militär- und Zivilluftfahrt eingehen. Vor dem Zweiten Weltkrieg stellte diese Maschine das Rückgrat der deutschen Lufthansaflotte dar, und während des Krieges war sie einer der meistverwendeten Truppen- und Nachschubtransporter. In einigen Ländern blieb die Ju-52 bis in die allerjüngste Zeit im Einsatz: So standen zum Beispiel bei der schweizerischen Flugwaffe drei Exemplare dieses Typs bis vor wenigen Jahren im Dienst. Die technischen Daten dieses Flugzeugs waren: drei BMW-Sternmotoren von je 575 PS (spätere Version: 660 PS); Spannweite 29,3 m, Länge 18,9 m; 17 Passagiere; mittlere Reisegeschwindigkeit 245 km/h. Was den technischen Vorsprung der erwähnten Junkers-Modelle gegenüber andern europäischen Flugzeugfirmen betrifft, so dauerte dieser auch nicht allzulange, denn der Wettbewerb auf dem Gebiete der Flugzeugherstellung lief jetzt in vielen Ländern der Welt, darunter auch in den USA, auf Hochtouren. Die von Junkers verwendete Wellblechverkleidung hatte nämlich zwei entschie-

unten links
Die dreimotorige Fokker «Southern Cross» des Engländers Kingsford-Smith in Croydon (1930).

unten
Eine Fokker F.XII im Dienste einer dänischen Luftfahrtsgesellschaft.

links
Die Fokker F.XX war mit Wright «Cyclone»-Motoren ausgerüstet und erschien 1933. Sie war die am weitesten entwickelte dreimotorige Maschine und besaß zum Beispiel ein einziehbares Fahrwerk. Sie konnte 12 Passagiere transportieren.

oben
Die majestätische H.P.42 der Imperial Airways.

rechts
Das Short «Scylla»-Linienflugzeug, das 1932 in Dienst gestellt wurde.

dene Nachteile: Großer Luftwiderstand und geringe Belastbarkeit, vor allem der Tragflächen. Schon 1920 hatte die englische Firma Short mit ihrem «Silver Streak» gezeigt, daß die glatte Metall-Schalenbauweise die beste Lösung darstellte. Auch die 1930 gebaute amerikanische Boeing «Monomail» war eine Bahnbrecherin dieser Konstruktionsart. Sie besteht im wesentlichen darin, daß die Außenverkleidung des Flugzeuges aus vorgefertigten, widerstandsfähigen Leichtmetall-Einzelelementen zusammengesetzt wird, welche man auf ein Leichtmetallgerippe aufnietet. Auf diese Weise kann die Außenhaut einen Teil der auftretenden Belastung übernehmen; auf die althergebrachte Verstrebung und Drahtverspannung konnte man verzichten. Auch Junkers führte noch während des Ju-52-Bauprogramms diese überlegene Konstruktionsmethode bei seinen weiteren Modellen ein.

Es ist erstaunlich, daß die Vereinigten Staaten, die seit Jahrzehnten führende Nation im Zivilluftverkehr, als eines der letzten Länder der Welt den fahrplanmäßigen Passagiertransport einführten. Während Europa schon ab 1920 daran ging, ein weitverzweigtes Streckennetz aufzubauen, verfügten die USA in dieser Zeit lediglich über kurzstrekkige Postflugrouten. Grund dafür war wahrscheinlich der Umstand, daß – wie zuvor schon angedeutet – den Amerikanern auch dem Krieg weniger geeignete Flugzeuge zur Verfügung standen als den Europäern, und zudem sind die Distanzen zwischen den größeren Städten dort bekanntlich viel größer als bei uns. Weiterhin besaß Amerika damals bereits ein gut ausgebautes Eisenbahn- und Straßennetz. Bis zum Jahre 1926 war die Luftbeförderung der Post ausschließlich Sache des US Post Office, welches ein Monopol auf dem Postflugverkehr innehatte. In jenem Jahr aber übernahm die Regierung Einrichtungen und Personal des Luftpostdienstes und reorganisierte das Ganze, wobei sie die

Abwicklung des Flugbetriebes privater Initiative überließ. Das gab endlich den Anstoß zur Einführung von Passagierflügen. Im April 1927 eröffneten die «Colonial Airlines» ihre erste Fluglinie zwischen New York und Boston.

Diese ersten amerikanischen Passagierflugzeuge waren aber noch umgebaute ehemalige Postmaschinen, die normalerweise vier Personen aufnehmen konnten. Ein klassischer Vertreter dieser frühen Generation war der Doppeldecker Stinson «Detroiter», welchen die «North West Airlines» ab 1927 bis weit in die 30er Jahre hinein einsetzten.

Tatsächlich fingen die meisten der großen, jedermann geläufigen amerikanischen Fluggesellschaften um diese Zeit herum mit «Briefträger»-Flügen an. Die Eröffnung neuer Linien wickelte sich jeweils so ab, daß sich private Transportgesellschaften oder Flugzeugfirmen bei den betreffenden Behörden um die Übernahme bewerben konnten, wobei meistens die billigste Offerte den Vorzug erhielt. Am 1. Juli 1927 wurde auf der ersten transkontinentalen Strecke, nämlich zwischen Chicago und San Francisco, der Flugbetrieb aufgenommen, und zwar von der Boeing Aircraft Company. Für dieses Unternehmen war das natürlich ein Riesenerfolg, nicht zuletzt deshalb, weil es soeben eine für solche Aufgaben geeignete Langstreckenmaschine, die Boeing 40A, fertiggestellt hatte. Bei diesem Flugzeug saß der Flugzeugführer hinter der geschlossenen, zweiplätzigen Passagierkabine. Allen pessimistischen Prophezeiungen zum Trotz bewährte sich die eigenwillige Konstruktion bestens, wozu der zuverlässige Sternmotor vom Typ Pratt and Whitney «Wasp» (420 PS) seinen guten Teil beisteuerte. Die neue Route der inzwischen ins Leben gerufenen «Boeing Air Transport» hatte einen über Erwarten großen Erfolg, was 1930 die Indienstnahme eines größeren Flugzeuges, der Boeing 80A, nötig machte. Dieser Doppeldecker hatte drei Pratt-and-Whitney-«Hornet»-Motoren von je 525 PS und bot zwölf Personen Platz. Die Reisegeschwindigkeit betrug 185 km/h. Zusammen mit dieser neuen Maschine setzte Boeing übrigens als erste Luftverkehrsgesellschaft der Welt Stewardessen ein.

In den frühen 30er Jahren leistete Boeing den wohl wichtigsten Beitrag an die Entwicklung des amerikanischen Zivilluftverkehrs. 1930 kam, wie schon gesagt, der Boeing-«Monomail»-Eindecker heraus. Seine oben beschriebene, revolutionäre Ganzmetallbauweise gab diesem Modell einen weiten Vorsprung auf seine traditionellen Zeitgenossen. Auch das Einzieh-Fahrwerk war hier bereits vorhanden. Aus dieser Maschine leitete Boeing 1931 den zweimotorigen Ganzmetallbomber B-9, einen Tiefdecker, ab. Obwohl dieser Entwurf die Serieproduktion nicht erreichte, diente er doch als Prototyp eines Flugzeugs, das eine neue Aera im gesamten Werdegang des Passagierflugwesens einleiten sollte: die Boeing 247.

Aufgrund der ausgezeichneten Erfahrungen, die man mit der B-9 gesammelt hatte, konnte die «Boeing Air Transport» die «247» erstmals «vom Reißbrett weg» bestellen. Eine erste Serie von 60 Stück wurde in Angriff genommen und im Februar 1933 die ersten Einheiten ausgelie-

unten links
Die Junkers Ju-52 wurde von der Lufthansa im Jahre 1933 in Dienst genommen und sollte eines der berühmtesten Flugzeuge der Luftfahrtsgeschichte werden.

unten
Eine Curtiss «Condor» der American Airlines, 1934. Es war dies der letzte Doppeldecker, der in Amerika als Linienflugzeug eingesetzt wurde.

fert. Nur einige ihrer umwälzenden Neuerungen seien hier angeführt: Ganzmetallkonstruktion, Schalenbauweise, Horizontal- und Steigflug mit einem Motor, hermetisch abgeschlossene Kabinen für Besatzung und Fluggäste, Enteisungsanlage, Verstellpropeller (in der zweiten Serieausführung), Trimmvorrichtung, stromlinienförmige, ganz in die Flügel eingebettete Motorenverkleidung, automatischer Pilot sowie Einziehfahrwerk.

Die Serieausführung der Boeing 247 bot zehn Passagieren Platz und konnte 180 kg Post befördern. Die weiteren technischen Daten lauten (die Zahlen in Klammern beziehen sich auf das spätere, verbesserte Modell 247D): Spannweite 22,5 m; Länge 15,6 m; Höchstgeschwindigkeit 292 km/h (320 km/h); Reisegeschwindigkeit 248 km/h (303 km/h.). Die Flugzeit Chicago–San Franzisko konnte damit auf weniger als 20 Stunden reduziert werden. Zwei Exemplare dieser Maschine erhielt die deutsche Flugverkehrsgesellschaft «Lufthansa», der Rest ging an die «Boeing Air Transport» oder, genauer gesagt, an die «United Air Lines», welche man 1934 durch Fusion der Boeing-Gesellschaft mit zwei anderen Lufttransportfirmen gegründet hatte und die damals Amerikas größtes Unternehmen dieser Art war.

Die Boeing 247 war ein Musterbeispiel für den umfassenden technologischen Fortschritt des Flugwesens um die Mitte der 30er Jahre. Hand in Hand mit der oben beschriebenen Ablösung der Materialien Holz und Stoff durch das viel solidere Leichtmetall verlief auch die Entwicklung im Motorenbau. Die amerikanische Firma Wright Aeronautical Corp. brachte um diese Zeit den bekannten «Whirlwind»-Sternmotor von 220 PS heraus. Dann machten sich zwei bis dahin unbekannte Ingenieure von Wright, Pratt und Whitney selbstständig und konstruierten unter anderem ihren «Wasp»-Motor von anfänglich 400 PS, welcher sich als einer der meistgebauten und vielseitigsten Flugmotoren erweisen sollte. Es war zu einem guten Teil das Verdienst dieser starken, neunzylindrigen Sternmotoren, das Flugzeug in ein wirtschaftliches Verkehrsmittel hinsichtlich Nutzlast und Reichweite verwandelt zu haben, da sie effizienter und weniger kompliziert funktionierten als die bislang üblichen, flüssigkeitsgekühlten Reihenmotoren. So rechnete man zum Beispiel aus, daß die Gewichteinsparung bei einem «Whirlwind»-Sternmotor gegenüber einem gleichstarken Reihenmotor es erlaubte, zusätzlichen Treibstoff für rund 320 km Flugstrecke mitzuführen. Außerdem war die Zuverlässigkeit der Sternmotoren sprichwörtlich, und Wartung und Unterhalt waren hier einfacher als bei anderen Motortypen. Kein Wunder, daß andere Nationen bald an der Lizenzherstellung dieser amerikanischen Produkte interessiert waren oder sie anderweitig kopierten, wie zum Beispiel Rußland und Japan. Die frühen Sternmotoren der Firmen Wright sowie Pratt and Whitney leiteten die Entwicklung ganzer «Motorfamilien» ein, die über Jahrzehnte hinweg bei unzähligen Flugzeugen verwendet wurden und die auch heute noch zur Anwendung kommen, zum Beispiel im Helikopterbau. Um die Motorleistung optimal ausnutzen zu können, führte man um diese Zeit herum auch den sogenannten Verstellpropeller ein. Die Blätter der Luftschraube konnten jetzt erstmals den verschiedenen Flugphasen angepaßt werden, da beispielsweise die größere Motorendrehzahl beim Start eine andere Propellereinstellung verlangte als die reduzierte Leistung im Reiseflug.

Unter den Ganzmetallflugzeugen gab man den Eindeckern immer mehr den Vorzug. Anfänglich waren Hoch- und Tiefdecker etwa gleich stark verbreitet, doch mit der Zeit erwies sich der Tiefdecker als überlegen, besonders im Bereich der aerodynamischen Formgebung und des Einziehfahrwerks.

40 Jahre nach ihrem Erstflug stand die DC-3 noch immer im Dienst. Diese Maschine flog bis in die 70er Jahre für die private britische Gesellschaft Air Anglia.

Ein weiteres Gebiet, in welchem man in den 30er Jahren erhebliche Fortschritte machte, war das der Fluganzeige-Geräte. In den 20er Jahren waren die Flugzeuge höchstens mit einem Geschwindigkeitsmesser und einem magnetischen Kompaß ausgerüstet. Zusammen mit der Einführung von fahrplanmäßigen Flugrouten drängte sich aber die Notwendigkeit auf, solche Flüge möglichst bei jedem Wetter unternehmen zu können. Der Amerikaner Elmer Sperry führte den in der Schiffahrt bereits verwendeten Kreiselkompass sowie den «automatischen Piloten», einen Selbststeuerungsmechanismus, im Jahre 1932 erstmals bei Flugzeugen ein. Andere Erfindungen dieser Zeit waren der Erdinduktionskompass, der künstliche Horizont, der Fluglagenanzeiger und ein genauerer Höhenmesser. Die amerikanische «Guggenheim-Stiftung» unterstützte 1928 die Erforschung eines Blindflugsystems, nach deren Abschluß im Jahre 1929 der Fliegerleutnant James Doolittle bei dichtem Nebel und mit verdeckten Cockpitscheiben den ersten Test-Blindflug in den USA erfolgreich beendete. Auch England führte um diese Zeit ähnliche Versuche durch. Neuartige, am Boden installierte Funkfeueranlagen, mit deren Hilfe der Pilot jederzeit seine Position feststellen konnte, machten zusammen mit den zuverlässigen Bordinstrumenten die Navigation bald zu einer Routineangelegenheit. Auch bei der erwähnten Boeing 247 gehörte diese Blindflug-Instrumentierung schon zur Standardausrüstung.

Obwohl die «247», zeitlich gesehen, den Anfang der modernen Verkehrsflugzeuge bildete, so war sie doch keineswegs Alleinherrscherin auf ihrem Gebiet, denn namhafte Konkurrenten folgten ihr dicht auf den Fersen. Neben der genannten United Air Lines hatte sich 1930 in den USA eine weitere große Fluggesellschaft, die TWA (damals Transcontinental and Western Air, heute Trans-World Airlines) durch den Zusammenschluß von vier kleineren Unternehmen gebildet. Diese Gesellschaft verwendete neben einer Anzahl kleinerer Typen hauptsächlich Fokker- und Ford-«Trimotor»-Verkehrsmaschinen. Um ihre Luftflotte zu rationalisieren, ersuchte die TWA den Flugzeughersteller Douglas, einen für ihre Zwecke geeigneten, dreimotorigen Flugzeugtyp zu entwerfen. Der mit der Planung beauftragte Ingenieur hielt jedoch den Einbau eines dritten Motors in der Rumpfspitze wegen des damit verbundenen Lärm- und Vibrationseffektes für überholt. Man entschloß sich daher für eine zweimotorige Ausführung und wählte zwei besonders starke Wright-Motoren von je 710 PS Leistung. Die allerneueste Technologie und Erfahrung wurde in dieses Projekt gesteckt, wie Ganzmetall- und Schalenbauweise, Spreizklappen, hydraulisch einzieh- und bremsbares Fahrwerk, schallisolierte Passagierkabine und – last, but not least – Leselampen für die Fluggäste. Im Juli 1933, rund fünf Monate nach Erscheinen der Boeing 247, verließ der neue Prototyp mit der

oben
Eine Boeing 247 der United Airlines.

oben links
Die revolutionäre DC-2, hier als Frachtflugzeug der Panam-Grace in Südamerika, im Jahre 1940.

oben rechts
Die DC-3; sie ersetzte den Doppeldecker «Condor» bei American Airlines und eroberte sich einen ebenso bleibenden Platz in der Luftfahrtsgeschichte wie die Junkers Ju-52.

Bezeichnung DC-1 die Werkhalle. Mit 14 Sitzplätzen und einer Reisegeschwindigkeit von 260 km/h konnte er die von der TWA gewünschten Spezifikationen (12 Passagiere; 230 km/h) noch überbieten. Die Serieausführung erhielt die Bezeichnung DC-2 und wurde von der TWA gleich in 20 Exemplaren bestellt. Diesem Auftrag folgte kurze Zeit später eine weitere Bestellung von 20 Flugzeugen. Die Douglas DC-2 verwies schon kurz nach ihrem Debut, aufgrund ihrer Überlegenheit in Flugleistungen und Passagierkomfort, die Boeing 247 auf den zweiten Platz. Eine Anzahl DC-2 wurde auch an europäische Fluggesellschaften geliefert, darunter an die Swissair und die KLM. Im ganzen wurden etwa 200 Stück davon gebaut. 1934 gaben die Amerikaner der übrigen Welt eine Kostprobe des Entwicklungstandes ihrer Flugzeugindustrie, als eine DC-2 der KLM und eine Boeing 247D sich am Luftrennen London–Melbourne beteiligten. Die meisten Konkurrenten flogen auf speziell geeigneten Rennmaschinen, während die beiden amerikanischen Passagierflugzeuge Normalausführungen waren und erst noch eine Zuladung trugen. Sie wurden nur von einem einzigen Gegner, einem englischen Rennflugzeug, der de Havilland D.H.88 «Comet», geschlagen und belegten Platz zwei und drei. Das Publikum und die Fachwelt staunten.

Die Douglas-Werke aber ruhten auf ihren Loorbeeren nicht aus, sondern warteten mit weiteren Erfolgen auf. Der erste davon hieß DC-3 und war eine größere und verbesserte Version ihrer Vorgängerin. Mit der Serieproduktion dieses Flugzeugs lief ein Programm an, das in seinem Umfang und seiner Vielseitigkeit alles bisher Dagewesene in den Schatten stellte.

Die Douglas-Maschine entsprach auch den Bedürfnissen einer weiteren großen Lufttransportgesellschaft der USA, nämlich der American Airlines. Dieses Unternehmen hatte sich bisher hauptsächlich auf den letzten großen Passagier-Doppeldecker Amerikas, die Curtiss «Condor», abgestützt, welcher die Transkontinentalroute der Gesellschaft von der Atlantik- zur Pazifikküste und umgekehrt beflog und unter anderem mit einer immer gut belegten Schlafkabine ausgestattet war. Die von den Konkurrenzfirmen verwendeten Boeing 247 und Douglas DC-2 wären auch für die American Airlines von Interesse gewesen, doch waren diese für den Einbau von Schlafkojen nicht breit genug. Auf die Anregung von American Airlines hin entwarf Douglas eine Version mit breiterem Rumpf, welche in der Lage war, 14 Schlafkojen aufzunehmen. Diesem Flugzeug gab man ursprünglich die Bezeichnung DST (Douglas Sleeper Transport), in der Normalausführung mit 21 Sitzplätzen aber hieß dieses Flugzeug DC-3. Damit konnte American Airlines jetzt einen neuen Transkontinentalflugplan einführen, der in der Westrichtung 17 Stunden 45 Minuten, in der Gegenrichtung 16 Stunden Flugzeit vorsah. Bei der DC-3 kamen ursprünglich zwei Wright-«Cyclone»-Motoren von je 1000 PS zum Einbau, die spätere Standardausführung hatte jedoch 1200-PS-Motoren vom Typ Pratt and Whitney «Twin Wasp». Hier noch die weiteren technischen Daten der DC-3 (zum Vergleich sind jene der DC-2 in Klammern gesetzt): Spannweite 28,9 m (25,8 m); Länge 19,7 m (18,9 m); Fluggewicht 11450 kg; Reisegeschwindigkeit etwa 290 km/h; Reichweite 2400 km (1900 km). Schon an der Reichweite läßt sich ermessen, wie sehr die Boeing 247 (780 km) den beiden Douglas-Maschinen unterlegen war.

Eine Lockheed «Orion» im Dienste der Swissair, im Jahre 1932

Von der DC-3 wurden bis zum Dezember 1941, dem Eintritt der Vereinigten Staaten in den Krieg, über 800 Exemplare gebaut. Während des Zweiten Weltkrieges war diese Maschine der wichtigste und vielseitigste Lufttransporter der Alliierten Streitkräfte und flog unter einer Vielzahl von Bezeichnungen; die bekannteste darunter war C-47 «Dakota». Sie erreichte während des Krieges eine militärische Auflage von total 10123 Stück. Auch in der Nachkriegszeit blieb sie eines der meistgeflogenen Transportflugzeuge und wurde übrigens in Rußland unter Lizenz hergestellt, anfänglich unter der Bezeichnung PS-84, später Li-2. Im Jahre 1976, 40 Jahre nach ihrem Erstflug, standen insgesamt noch einige hundert Maschinen dieses Typs im Einsatz! Die außerordentliche Langlebigkeit der DC-3 kam nicht von ungefähr. Zwar hatte man Konstruktionsmethode und Material nicht speziell nach dem Gesichtspunkt einer besonders langen Lebensdauer ausgewählt, vor allem durch die neuartige, vielzellige Tragflächenbauweise aber einen Grad an Robustheit und Resistenz erreicht, welcher jahrzehntelangen, härtesten Anforderungen trotzte. So konnte die DC-3 eine Materiallebensdauer von über 60000 Flugstunden erzielen, was verglichen mit der sonst üblichen 10000-Stunden-Limite bedeutet, daß diese Maschine noch immer die Himmel durchkreuzte, als ihre Altersgenossen längst auf dem Schrotthaufen lagen.

Es gab aber noch einen weiteren berühmten Namen, der die Geschichte des amerikanischen Zivilflugverkehrs der 30er Jahre entscheidend mitprägte: die Lockheed Aircraft Corporation. Dieses Unternehmen brachte zuerst einige kleinere Maschinen heraus, die bekannteste davon war die Lockheed «Orion» (Baujahr 1930). Dieser einmotorige Tiefdecker besaß unter anderem das erste voll einziehbare Fahrwerk und war für kleinere Flugstrecken bestimmt. Die «Orion» wurde auch an europäische Kunden geliefert, so zum Beispiel an die Swissair, die 1932 zwei Einheiten erwarb und auf der Strecke Zürich–München–Wien einsetzte.

Eine andere bedeutende Entwicklung war die Lockheed «Electra», ein zweimotoriges Verkehrsflugzeug aus dem Jahre 1934. Der Form und Auslegung nach entsprach sie weitgehend der Boeing 247, besaß jedoch ein Doppelleitwerk. Sie konnte zehn Passagiere befördern, erreichte eine Höchstgeschwindigkeit von 325 km/h und eine Reisegeschwindigkeit von 290 km/h. Die Spannweite maß 16,7 m, die Länge 11,7 m, das Abfluggewicht betrug 4760 kg. Der Antrieb erfolgte durch zwei Pratt-and-Whitney-«Wasp-Junior»-Motoren von je 420 PS. Dieses Flugzeug wurde nicht nur an amerikanische, sondern auch an viele ausländische Luftfahrtunternehmen verkauft, darunter an die British Airways, eine

Zwei der ersten Ganzmetall-Passagierflugzeuge der späten 30er Jahre – die Beech 18 (links) und die Lockheed «Electra» – die noch heute in einigen Ländern im Dienst stehen.

1935 gegründete Gesellschaft mit europäischem Streckennetz. Eine dieser Maschinen wurde übrigens auch vom damaligen englischen Premierminister Chamberlain für sein Zusammentreffen mit Hitler benützt, das im Oktober 1938 in München stattfand.

Das erfolgreichste Modell dieser Verkehrsflugzeug-Serie aber war die Lockheed 14, die ihren Erstflug 1937 absolvierte und mit einer technischen Neuerung aufwartete, den sogenannten «Fowler-Klappen», die für das Startmanöver an der Hinterkante der Tragflächen ausgefahren werden konnten und die Steigfähigkeit erhöhten. Beim Landeanflug vermehrten diese den Luftwiderstand und reduzierten damit die Geschwindigkeit, ohne die Lenkbarkeit zu beeinträchtigen. Eine hier bei Zivilmaschinen erstmals eingebaute Erfindung war die automatische Verstellung der Propellerblätter nach der Drehzahl des Triebwerks. Diese technisch ausgereifte Maschine, die 14 Passagieren Platz bot und 305 km/h Reisegeschwindigkeit erreichte, fand denn auch entsprechend großen Absatz sowohl als Zivilversion in den Vorkriegsjahren wie auch als Militärmaschine unter der Bezeichnung Lockheed «Hudson» während des Zweiten Weltkrieges.

Unter dem Diktat des rapiden technischen Vormarsches der Amerikaner machten sich auch europäische Flugzeughersteller daran, modernere, konkurrenzfähige Verkehrsmaschinen zu entwickeln. Die zweimotorige Fiat G.18 aus dem Jahre 1935 war ein Ergebnis solcher Anstrengungen und ließ sich punkto Reichweite, Flugleistungen und Größe durchaus mit der amerikanischen DC-2 vergleichen. Nur neun Maschinen dieses Typs wurden jedoch gebaut und alle an die italienische Luftverkehrsgesellschaft Alitalia geliefert. Ein französischer Parallelentwurf dieser Zeit war die dreimotorige Dewoitine 332. Deren Prototyp stürzte 1933 bei der Flugerprobung ab, doch die beiden Weiterentwicklungen D.333 und D.338 erlangten die Produktionsreife und standen bei der Air France noch bis in die Nachkriegszeit hinein im Einsatz. Eine andere französische Konstruktion, die Bloch 220, erinnerte stark an amerikanische Modelle der «Neuen Generation». Für die Strecke Paris–London benötigte dieser 16plätzige Tiefdecker nur etwas über eine Stunde. Die Führungsrolle im europäischen Luftverkehr aber hatte damals die deutsche Lufthansa inne, die neben andern bekannten Flugzeugen wie der zuvor genannten Junkers Ju-52 auch modernere Maschinen unterhielt, so zum Beispiel die schnelle, zweimotorige Heinkel He-111 für zehn Fluggäste, die einmotorige, sehr elegante He-70 für kleinere Flugstrecken sowie die Junkers Ju-86.

Die Aera des Sportflugzeuges

In den frühen 20er Jahren gab es flugbegeisterte Schwärmer, für die das künftige «Flugzeug für jedermann» eine durchaus realistische Annahme war. Einige sahen diese Privatflugzeuge der Zukunft nicht nur als ernsthafte Konkurrenz für das Automobil, sondern glaubten, daß dieses eines Tages vom Flugzeug verdrängt würde, da man ja einfach irgendwohin fliegen könne, anstatt dorthinzufahren. Obwohl dieser Traum bis heute eine Wunschvorstellung blieb, so zeigt doch das Beispiel der Vereinigten Staaten, wo das Privatflugwesen sich am stärksten entwickelte, daß er doch nicht so wirklichkeitsfremd war. Ein weiterer Krieg aber unterbrach die Entwicklung dieser Flugzeugkategorie gerade zu der Zeit, als sie populär zu werden begann, und danach haben vor allem wirtschaftliche Faktoren wie auch veränderte Umweltbedingungen der ungehinderten Ausbreitung des Sportflugzeuges entgegengewirkt.

Schon vor 1914 gab es unter den Flugpionieren solche, die kleine Flugmaschinen serienmäßig anfertigten und privaten Kunden mit den nötigen Finanzen zum Kauf anboten. Die zuvor beschriebene, französische «Demoiselle» von Santos-Dumont war ein solches Beispiel, während auch andere bekannte Konstrukteure, wie Blériot, Voisin, die Gebrüder Farman usw., ihre Käuferschaft hatten.

Der Erste Weltkrieg gab, wie schon der Entwicklung des Verkehrsflugzeuges, auch dem Bau von Privatflugzeugen enormen Auftrieb.

D.H.51

Die Avro 504N, die aus der 504K entwickelt wurde, war eine beliebte Sportmaschine für sogenannte «Vergnügungsflüge».

Dafür gab es einen gemeinsamen Grund: Tausende von jungen Männern hatten während der Kriegsjahre fliegen gelernt, und viele von ihnen wollten auch im Zivilleben eine fliegerische Tätigkeit beibehalten, sei es als Beruf oder einfach als Freizeitbeschäftigung. Flugzeuge gab es nach Kriegsende im Überfluß, die meisten davon ausgediente einmotorige Jagd- und Schulflugzeuge, die als Materialüberschuß zu Spottpreisen abgegeben wurden; so erhielt man beispielsweise eine amerikanische Curtiss «Jenny» für ganze 300 Dollar. Doch die Kehrseite der Medaille war, daß sich diese ausrangierten Militärmaschinen kaum für Flugsportler eigneten. Die meisten Typen waren eben nach rein militärischen Gesichtspunkten entworfen, hatten einen enormen Treibstoffverbrauch und benötigten kostspielige Wartung. Daher gingen die meisten der verkauften ehemaligen Jagdflugzeuge an Handelsfirmen, welche sie zu Reklamezwecken verwendeten. Entweder «zauberte» man mittels Rauchschrift Werbeslogans an den Himmel, oder man schrieb solche Reklamesprüche auf eine große Tuchfläche und zog diese im Schleppflug durch die Luft. Ironischerweise hat gerade diese «Degradierung» altgedienter Kampfflugzeuge für einige davon einen sicheren Museumsplatz bedeutet, denn rund zehn Jahre vergingen nach dem Krieg, bis man ihren historischen Wert erkannte und entsprechend honorierte.

Andere Militärmaschinen jedoch spielten in den Nachkriegsjahren eine würdigere Rolle, vor allem die ehemaligen Schulflugzeuge. Diese flogen langsamer und wirtschaftlicher als die Jagdmaschinen, waren einfacher im Aufbau und viel «gutmütiger» in den Flugeigenschaften. Der bekannteste Vertreter dieser Gattung war in England der ehemalige Standardtrainer des «Royal Flying Corps», die Avro 504K. Diese Maschine, die noch zum Teil mit dem «Gnome»-Rotationsmotor flog, war voll kunstflugtauglich und sehr einfach zu handhaben. Ihr amerikanisches Gegenstück war die Curtiss JN-4 «Jenny», das Standardschulflugzeug des «US-Army Air Corps», und – ähnlich wie ihr englisches Parallelmuster – fast problemlos zu fliegen. Maschinen dieser Art gingen nach dem Krieg vor allem an private Käufer.

Die frühen 20er Jahre waren zu beiden Seiten des Atlantiks, vor allem aber in den Vereinigten Staaten, die goldene Zeit der Flugakrobaten, die mit ihrem «fliegenden Zirkus» im ganzen Land herumzogen. Junge, verwegene Piloten schlossen sich dazu einfach einem fahrenden Jahrmarkt oder einer Artistentruppe an oder taten sich zusammen und mieteten bei einem Farmer irgendwo ein Feld. Dort führten sie dann ihre Kunststücke vor, waghalsige Flugakrobatik, Luftrennen sowie Publikumsflüge. Vor allem die akrobatischen Kunststücke zogen die Zuschauer an, so zum Beispiel Flüge, bei denen ein Artist auf den Flügeln herumspazierte oder Flugvorführungen von miteinander zusammengekoppelten Maschinen, Kunstflugfiguren, Artistinnen, die hoch in der Luft auf oder unter den Tragflächen herumturnten, simulierte Bombenangriffe wie auch Fallschirmspringen. Um den Besuchern, die bisher meistens von der Fliegerei nur gehört oder gelesen hatten, ein Höchstmaß an Abwechslung zu bieten, hatten diese jeweils am Schluß Gelegenheit, Rundflüge zu unternehmen, deren Preise je nach Größe und Niveau der Truppe stark schwankten. Diese Epoche des Schaufliegens leistete zwar wenig an die technische Entwicklung des Kleinflugzeuges, brachte aber eine große Zahl erstklassiger Kunstflugpiloten hervor und machte vor allem das Fliegen populär.

Doch jetzt zurück zur eigenständigen Entwicklung des Privat- oder Sportflugzeuges. Die englischen Avro-Werke brachten im Jahre 1919 einen Prototyp mit der Bezeichnung Avro «Baby» heraus, der speziell für den Privatflugzeugmarkt vorgesehen war. Das war ein sehr kleiner, einmotoriger Einsitzer mit einem 35-PS-Motor. Die etwas größere, zweisitzige Version hatte einen 60-PS-«Cirrus»-Motor. Diese Maschine wurde vor allem durch eine Anzahl bemerkenswerter Fernflüge bekannt. Die nachfolgenden Modelle von Avro und anderen englischen Flugzeugfirmen wiesen schon zahlreiche Verbesserungen auf, obwohl nicht alle Prototypen zur Seriereife gelangten. Ein bekanntes Beispiel aus dieser Zeit ist die Parnall «Pixie» (1923), ein als Ein- oder Doppelsitzer gebauter Eindecker. Dieses Sportflugzeug wurde von einem Bristol-«Cherub»-Motor von 32 PS angetrieben und benötigte dank seinen aufklappbaren Flügeln nur wenig Abstellfläche. Ähnliche Konstruktionen waren die Beardmore «Wee-ke», die Hawker «Cygnet» und die Avro 506. Die kleinste Maschine von allen war die de Havilland D.H.53.

Die genannten Typen waren alles Vertreter der «ultraleichten» Klasse, deren Entwicklung in England besonders durch eine Reihe von Flugsport-Wettbewerben, den «Light Aeroplane Competitions», von 1923 und 1924 Auftrieb bekam. Diese Flugkonkurrenzen, die von der englischen Regierung, der Zeitung «Daily Mail» und führenden Industriellen unterstützt wurden, hatten die Förderung der Entwicklung von kleinen, wirtschaftlichen Privatflugzeugen zum Ziel. Neben dieser Konzeption (möglichst einfacher Aufbau, wenig Gewicht, kleine Motorleistung, daher größte Wirtschaftlichkeit), die vor allem offizielle Stellen begünstigten und populär machen wollten, gab es aber noch eine andere «Denkrichtung», welche der Ansicht war, daß der künftige private Flugzeugbesitzer mehr Gewicht auf Ausstattung, Platz für Insassen und Gepäck sowie auch eine gewisse Motorleistung und Reichweite legen würde.

Diese Meinung vertrat auch der englische Flugzeugbauer Geoffrey de Havilland, dessen Beitrag an die genannten Flugwettbewerbe von 1923, die ebenfalls schon kurz erwähnte D.H.53, gewesen war. Obwohl dieser 6-PS-Einsitzer ganz gut abgeschnitten hatte, gab sich de Havilland nicht zufrieden. So entschloß er sich, für die Flugkonkurrenzen des Jahres 1924 einen Typ nach eigenem Geschmack zu entwerfen. Das Ergebnis war ein Doppeldecker mit neun Meter Spannweite und einem Gewicht von 340 kg (doppelt soviel wie bei der D.H.53), und zwar die de Havilland D.H. 60 «Moth», ein Name, der in die Fluggeschichte eingehen sollte.

Der Engländer Sir Henry Seagrave schickt sich an, mit seiner D.H. «Moth» von Lympne in Kent aus zu starten (1929).

ganz oben
D.H.60 «Moth»

oben
D.H.82A «Tiger Moth»

Ein «Cirrus»-Reihenmotor von 60 PS ermöglichte eine Höchstgeschwindigkeit von rund 145 km/h. Der Prototyp der «Moth» machte im Februar 1925 seinen Erstflug und hatte einen durchschlagenden Erfolg. Aber auch an Konkurrenzmodellen fehlte es nicht, so gab es beispielsweise die billigere, sehr beliebte Avro «Avilan», außerdem die Avro «Club Cadet», die Blackbury «Bluebird», die Spartan «Arrow» und die Westland «Widgeon III», ein gestielter Hochdecker.

Die D.H.60 war nur das Ausgangsmodell einer berühmten «Dynastie» von Sportflugzeugen dieses Herstellers in der Zeit der späten 20er und frühen 30er Jahre, also während der «goldenen Epoche» des englischen Sportflugwesens. Unter den zahlreichen Varianten dieses Typs verdienen vor allem die 1928 gebaute »Gipsy Moth» (98-PS-Motor) und die D.H.60M (1929) hervorgehoben zu werden, wovon letztere an Stelle der Stoffbespannung einen metallverkleideten Rumpf besaß. Danach folgten die D.H.60T, ein Trainer, der im Auftrag der Royal Air Force gebaut wurde, und daraus leitete man die D.H.82 «Tiger Moth» ab, welche sowohl an die RAF wie auch an Flugsportler verkauft wurde. Diese Version, die 1931 herauskam, wurde zum militärischen Standardtrainer Englands und bis 1945 in mehreren tausend Exemplaren hergestellt.

Auch heute noch, in den 70er Jahren, trifft man diese Maschine ab und zu an, ein beredtes Zeugnis für den technischen Weitblick ihres Erbauers. Wie gesagt, gab es noch eine Menge weiterer Varianten, darunter die D.H.80 «Puss Moth» (1930), ein Kabinenhochdecker, ferner die D.H.83 «Fox Moth» (1932), ein Doppeldecker mit vorneliegender Passagierkabine (ähnlich wie bei einigen amerikanischen Postflugzeugen), dann auch die D.H.85 «Leopard Moth» (1933), ein vergrößertes Modell der «Puss Moth», und die D.H.87 «Hornet Moth», ein Kabinendoppeldecker aus dem Jahre 1934. Aus dem Basismodell der «Moth» entwickelten die de Havilland-Werke im Jahre 1927 außerdem eine Rennmaschine, die auch den Namen D.H.71 «Tiger Moth» führte und eine Höchstgeschwindigkeit von 300 km/h erreichte. Schließlich erschien 1938 die D.H.94 «Moth Minor», ein Schuleindecker, der vor allem in Australien, zum Teil aber auch in Europa, zum Einsatz kam.

Aber eine weitere Baureihe von Leichtflugzeugen aus de Havillands Werkstatt verdient hier Erwähnung. Das waren seine sechs- bis achtsitzigen, grazilen Nahverkehrs-Doppeldecker wie zum Beispiel die D.H.84 «Dragon» aus dem Jahre 1932 und deren Nachfolger, die D.H.89 «Dragon Rapide» von 1934. Letztere diente auch in einer Militärversion bei der Royal Air Force und wurden von einzelnen Fluggesellschaften bis in die 60er Jahre hinein eingesetzt. Weniger Erfolg hatte die vier- bis fünfsitzige, zweimotorige D.H.90 «Dragonfly» (1935). Diese fand kaum private Käufer, wurde aber von einigen Transportfirmen als eine Art «Lufttaxi» sowie als Chartermaschine verwendet.

Auch ein anderer Name wurde in England im Zusammenhang mit der Leichtflugzeug-Industrie ein Begriff: derjenige der Gebrüder Miles. Der eine der beiden, F.G. Miles, hatte schon in jungen Jahren den Entschluß gefaßt, sich der Aviatik zuzuwenden und für die 1923 abgehaltenen «Light Aeroplane Trials» einen eigenen Aeroplan, die «Gnat» (650-ccm-Zweirad-Motor), entworfen und gebaut. Da er selber nicht fliegen konnte, ging er zu einem Flugveteranen aus der Zeit der Vorkriegs-Luftrennen und nahm bei ihm einige Flugstunden. Da dieser – sein Name war übrigens Pashley – eine ehemalige RAF-Maschine vom Typ Avro 504K besaß, machte ihm Miles den Vorschlag, zusammen öffentliche Flugvorführungen und Rundflüge zu veranstalten, worauf die beiden auf einem unbenützten Flugfeld aus der Vorkriegszeit ihr neues Unternehmen starteten. Dazu schafften sie mit der Zeit ein paar weitere Flugzeuge an, darunter eine Avro-«Baby»-Maschine aus dem

Die D.H.89 «Rapid» wurde noch in den 60er Jahren von der englischen BEA auf den Zubringerlinien zu den britischen Küsteninseln eingesetzt.

G-BBHX
G-BBLM

G-BBJT

Jahre 1920. Um sie zu modernisieren, baute Miles einen stärkeren Motor ein und vergrößerte das Leitwerk. Dieser Umbau war 1929 fertig und erhielt die Bezeichnung Miles «Southern Martlet». Neun Stück wurden davon hergestellt. Im Jahre 1932 kam die Miles «Hawk» heraus, ein formschöner Eindecker und eine ernsthafte Konkurrenz für die genannten «Moth» - und «Avilan»-Doppeldecker. Er war mit einem «Cirrus»-Motor von 95 PS ausgestattet und erreichte im Reiseflug über 160 km/h; im ganzen wurden 55 Maschinen dieses Typs verkauft, und damit hatte sich die Firma als Flugzeughersteller etabliert.

Im Verlauf der 30er Jahre brachte Miles eine ganze Kollektion verschiedenster Varianten hervor, darunter die «Hawk Major», den «Hawk Trainer» und die «Hawk Speed Six», alles Eindecker, welche die ursprüngliche Tandem-Anordnung beibehielten. Nur die «Speed Six» war eine einsitzige Rennversion mit einem 200-PS-«Gipsy»-Motor und einer Höchstgeschwindigkeit von 315 km/h.

Nicht eigentlich in die Kategorie der Sport- und Touristikflugzeuge gehört die bedeutendste Schöpfung von Miles, das schnelle, für die RAF produzierte «Master»-Schulflugzeug. Es soll hier der Vollständigkeit halber aber trotzdem erwähnt werden. Der Eindecker, welcher auf die persönliche Initiative von Miles zurückging, wurde deshalb für die Royal Air Force so interessant, weil er sich als Ersatz für die in der Fortgeschrittenenschulung bisher verwendeten Doppeldecker hervorragend eignete. Diese Ablösung drängte sich auf, da die Pilotenanwärter im Hinblick auf die Einführung der neuen Jagdeinsitzer von 1939/40 sich mit den Flugeigenschaften von Eindeckern vertraut machen mußten. Von diesem Muster wurden bis 1942 etwa 3000 Stück gebaut.

Edgar Percival war der Name des dritten großen Pioniers des englischen Sportflugzeugbaus der 30er Jahre. Seine Erzeugnisse verdienen es

oben
D.H.83 «Fox Moth»

gegenüber oben
Zwei französische Sportflugzeuge vom Typ «Rallye», die 100S Sport (im Vordergrund) und die 180GT.

gegenüber unten
Ein weiteres französisches Sportflugzeug der Gegenwart ist die «Robin».

unten
Auster «Aiglet» von 1950

durchaus, gleichzeitig mit jenen de Havillands und Miles' genannt zu werden. Die Percival «Gull» aus dem Jahre 1932 war ein schneller (250 km/h), dreiplätziger Kabinentiefdecker, der in Formgebung und Aufbau damals modernste Vertreter seiner Art. Davon abgeleitet wurde 1934 die stärkere «Gull Six» (200 PS), die noch ein starres, jedoch aerodynamisch verkleidetes Fahrgestell und eine größere Kabine hatte. Aus diesem Modell entstand die äußerlich unveränderte «Vega Gull» (1936), und das wiederum führte 1938 zur Percival «Proctor», welche bei der RAF und Royal Navy als leichtes Mehrzweckflugzeug diente. Über 1000 Maschinen dieses Typs wurden während des Zweiten Weltkrieges gebaut, und etliche davon fanden in den Nachkriegsjahren ihren Weg zu privaten Flugsportlern in England. Die interessanteste Konstruktion von Percival war die «Mew Gull» (1936), ein aalglattes, einsitziges Rennflugzeug mit einer Maximalgeschwindigkeit von 370 km/h, ein gewichtiger und erfolgreicher Mitspieler der britischen Luftrennszene bis 1939.

Diesem vielfältigen Angebot größerer und kleinerer Privat- und Sportflugzeugtypen standen auf der anderen Seite die Abenteuerflüge zahlreicher junger, wagemutiger Piloten gegenüber, von denen damals einige so etwas wie Heldenverehrung genossen. Ein Beispiel dafür war Amy Johnson, eine ehemalige Stenotypistin, die 1928 fliegen lernte und schon 1930 als erste Frau von England nach Australien flog, und zwar mit einer de Havilland «Moth».

Die kühne Fliegerin unternahm noch weitere bemerkenswerte Soloflüge und heiratete – nebenbei bemerkt – einen zu dieser Zeit ebenso bekannten Fernflieger, Jim Mollinson, der unter anderem einen Australienflug – gleichfalls mit einer de Havilland «Moth» – erfolgreich beendet hatte. Sein Meisterstück aber war die erste, 1932 im Alleinflug unternommene Atlantiküberquerung von Ost nach West, wozu er eine de Havilland-Maschine vom Typ «Puss Moth» verwendete. (Den ersten Alleinflug von England nach Australien hatte 1928 Bert Hinkler, ein weiterer gefeierter Fernflugpionier, mit einer Avro «Avian» ausgeführt.) Eine andere fliegende Frau, die etwas später berühmt gewordene Jean Batten, stellte 1936 auf einem Soloflug von England nach Neuseeland eine neue Rekordflugzeit auf, wobei sie eine Percival «Gull» pilotierte. Wie auch schon früher gesagt wurde, waren die damaligen Luftrennen sehr beliebte, stark besuchte Sportanlässe, wobei die sogenannten «Kings Cup»-Wettflüge Englands weltweit bekannt wurden.

Vor allem bei jungen Leuten fand die Fliegerei großen Anklang. So erfreute sich zum Beispiel der Modellflugsport während der 30er Jahre großer Beliebtheit, und viele der jungen Enthusiasten lernten auch bei einem der vielen sich bildenden Fliegerclubs das Pilotenhandwerk. Zudem rief das britische Luftfahrtsministerium im Jahre 1936 ein Programm zur vormilitärischen Flugausbildung ins Leben, das der im Aufbau begriffenen Royal Air Force einen genügenden Pilotennachwuchs sichern sollte, was für viele junge Engländer eine willkommene Gelegenheit war, fliegen zu lernen. Für England sollte sich dieses große

Die Percival «Gull 4» aus dem Jahre 1933

Beech Duke

Interesse vor allem der jungen Generation am Flugwesen bald darauf als Glück erweisen, denn bei Kriegsbeginn konnte die stark bedrängte britische Luftwaffe sofort auf einen einsatzbereiten Kern gut ausgebildeter Piloten zurückgreifen.

Auch andere europäische Länder unternahmen auf dem Sektor Sportflugzeuge Anstrengungen ähnlicher Art. Belgien schuf ebenfalls ein klassisches Produkt: die Stampe SV.4, die zum genau gleichen Zeitpunkt erschien wie ihr englisches Vergleichsmuster, die genannte «Tiger Moth», und dieser auch in Formgebung und Leistung glich. Sie war zum Teil mit einem 125-PS-Motor («Gipsy Major»), teils mit einem solchen von 140 PS (Renault 4P) ausgerüstet und diente sowohl als militärisches Schulflugzeug bei den Luftwaffen Frankreichs und Belgiens, wie auch in der Zivilfliegerei. Nach 1945 lief die Produktion der Stampe-Maschine wieder an; sie kam vor allem als hervorragendes Akrobatikflugzeug bei Flugvorführungen der Nachkriegszeit zu Ruhm und Ehren. Eine ansehnliche Zahl dieses Typs flog noch bis in die 70er Jahre hinein in England, Frankreich und Belgien.

Die Franzosen steuerten einen der ausgefallensten Entwürfe bei, die «Pou-du-Ciel» (zu deutsch: «Himmelslaus»). Sie stammte aus dem Jahre 1933 und war eine Konstruktion von Henri Mignet, der bis anhin ganz «normale» Sportflugzeuge produziert hatte. Der Franzose kehrte bei diesem Entwurf zu der etwas in Vergessenheit geratenen Vorstellung des «Flugzeuges für jedermann» zurück. Es war eine wohldurchdachte und praktische Konstruktion, jedoch nicht ganz ungefährlich zu fliegen. Die «Pou-du-Ciel» hatte Tandemflügel, wobei die beiden vorderen

Das Kleinstflugzeug «Pou-du-ciel» (zu deutsch: «Himmelslaus»).

Flügel ein kombiniertes Steuersystem von Höhen- und Querrudern darstellten. Daher besaß es keine separaten Höhen- oder Querruder. Der Pilotensitz befand sich vor den Tragflächen; die Rumpfspitze bildete ein winziger Zweiradmotor. Diese Kombination von Einfachheit und Originalität trug dem Flugzeug ein großes Interesse von seiten der Öffentlichkeit ein. Bis zum Jahre 1936 wurden davon allein in England über 100 Exemplare gebaut. Eine Reihe von dicht aufeinanderfolgenden Abstürzen führte jedoch zum Entzug seiner Lufttüchtigkeits-Bescheinigung. Die «Himmelslaus» war aber nicht der einzige Vertreter der «ultraleichten» Flugzeugklasse seiner Zeit. In Amerika, Großbritannien, Frankreich und anderswo gab es zwischen 1925 und 1939 Dutzende ähnlicher Entwürfe. Die meisten aber gelangten kaum über das Prototyp-Stadium hinaus oder wurden in nur ganz bescheidenen Stückzahlen gebaut. Die noch einigermaßen bekanntgewordenen Serienmaschinen waren die Luton «Buzzard» (GB), die «Drone» (GB), die «Aircamper» (USA), die Heath «Parasol» (USA), der Lippisch «Storch» (D) und die Comper «Swift» (GB). Die meistgebauten der jetzt erwähnten Muster waren die «Parasol» und die «Swift», diese wiesen jedoch keine besonderen Konstruktionsmerkmale auf, sondern waren im Prinzip einfach mit kleineren Motoren versehene «Miniaturausgaben» konventioneller Flugzeuge.

Die französische Regierung führte, wie zuvor die Briten, im Jahre 1931 ein System zur staatlichen Unterstützung privater Flugsport-Clubs ein, das den Namen «Aviation Populaire» erhielt. Das gab denn auch der französischen Privatflugzeug-Industrie neue Impulse, die eine ganze Reihe einschlägiger Typen entwickelte. Am beliebtesten waren die Caudron-Modelle. Ein solches war die Caudron «Luciole», die 1928 auf den Markt kam, äußerlich und in der Größe sich mit der D.H. «Moth» vergleichen ließ und in Frankreich eine ebenso erfolgreiche «Karriere» durchlief wie ihr englisches Gegenstück in anderen Ländern. Die Höchstgeschwindigkeit der «Luciole» betrug rund 170 km/h. Die Caudron «Phalène» war, ähnlich wie die de Havilland «Puss Moth», ein Kabinenhochdecker, dem etwas später die «Pélican» folgte. 1935 brachte den Caudron-«Aiglon»-Eindecker, der ungefähr dem britischen Miles «Hawk Trainer» entsprach. Ein anderer französischer Hersteller, Salmson, baute 1936 die etwas mißförmige, aber leistungsstarke «Cri-Cri», einen Hochdecker, sowie die «Phrygane», einen dreisitzigen Kabineneindecker. Einer der vielseitigsten Konstrukteure Frankreichs für Flugzeuge dieser Gewichtsklasse war die Firma Morane-Saulnier. Aus ihrer Produktion stechen vor allem die M.S.1811 (Baujahr 1931; speziell für die Flugschulen der «Aviation Populaire» gedacht), die M.S.230 (wovon über 1000 Stück gebaut wurden), die M.S.315 sowie die M.S.340 (1933) heraus. Auch noch zu erwähnen sind die französischen Potez-Werke, ein Produzent beliebter Sportmaschinen, wie zum Beispiel des Kabinenhochdeckers Potez 36 aus dem Jahre 1929; der Potez 43, ein verbessertes, 1932 erschienenes Modell; und der Potez 60, ein zweiplätziger, gestielter Hochdecker, der vor allem an die staatlich subventionierten Flugsport-Clubs geliefert wurde.

In den Vereinigten Staaten kam die Privatfliegerei erst einige Jahre später als in England allgemein auf, aber nachdem die amerikanische Sportflugzeug-Industrie einmal in Schwung gekommen war, ging es nicht lange, bis sie den Weltmarkt beherrschte. Die Amerikaner verfügten eben über eine gewaltige Inlandnachfrage, für die man viel größere Serien anlegen konnte als zum Beispiel in Europa, und sie konnten erst noch von ihrem erwähnten technischen Vorsprung auf dem Verkehrsflugzeugsektor profitieren, so beispielsweise von der Ganzmetall-Schalenbauweise und der Einführung neuer, ausgeklügelter Fluginstrumente.

Fast zur gleichen Zeit wie die Briten, nämlich 1924, fingen auch die Amerikaner an, Flugwettbewerbe für Leichtflugzeuge, sogenannte «Light Plane Contests», durchzuführen. Henry Ford, der – wie schon berichtet – nach dem Ersten Weltkrieg auch in die Flugzeugbranche eingestiegen war, brachte zu dieser Zeit sein Kleinflugzeug «Flivver», so etwas wie ein T-Modell der Luft, auf den Markt. Es brauchte jedoch mehr als Flugveranstaltungen solcher Art, um dieser in den USA etwas vernachlässigten Flugzeugkategorie zum Durchbruch zu verhelfen. Erst der sensationelle Alleinflug des Amerikaners Charles Lindbergh, der im Mai 1927 ohne Zwischenlandung von New York nach Paris flog, führte der breiten Öffentlichkeit die Leistungsfähigkeit solcher Kleinflugzeuge vor Augen. Lindbergh, der damit übrigens den mit 25000 Dollar dotierten Orteig-Preis gewann, benützte auf seinem 24 Stunden dauernden Direktflug eine Maschine des Typs Ryan B-1 «Brougham» – von ihm «Spirit of St. Louis» getauft –, welche zu diesem Zweck entsprechend umgebaut worden war. Es war ein vier- bis fünfsitziger Hochdecker mit einem «Wright»-Sternmotor von 200 PS. Ungeachtet des finanziellen Schiffbruches, den die Firma Ryan in den Depressionsjahren erlitt, wurde sie von ihrem Begründer im Jahre 1933 wieder aufgebaut und wartete bald mit einer Reihe wohlgelungener Konstruktionen auf, so zum Beispiel der Ryan ST-A, die von 1939–45 unter der Bezeichnung PT-22 als Standardschulflugzeug bei der amerikanischen Luftwaffe flog.

Ein gewichtiger Konkurrent Ryans war während der 20er Jahre die Firma Stinson, ein Unternehmen, das 1912 von den Geschwistern Stinson gegründet worden war und ursprünglich eine Flugschule nebst einem «fliegenden Zirkus» (artistische Flugvorführungen) betrieb. Ein weiteres Geschwister dieser Familie, der jüngere Bruder Eddie Stinson, der während des Ersten Weltkrieges fliegen gelernt und seither als Fluglehrer und Akrobatikpilot gewirkt hatte, konnte 1925 seine eigenen Vorstellungen eines Privatflugzeuges mit der finanzkräftigen Hilfe

Lindberghs gefeierte «Spirit of St. Louis», mit der er 1927 ohne Zwischenlandung von New York nach Paris flog.

oben
Amerikanische Sportflugzeuge der Nachkriegszeit – die Cessna «Skymaster»

rechts
Die Piper «Super Club» von 1950

gegenüber oben
Piper «Cherokee 6» Baujahr 1976

gegenüber unten
Aeronca «Sedan» aus dem Jahre 1950

N33330

G-ATHK

oben links
Ein Ausschnitt aus dem Alltag der amerikanischen Sportfliegerei der 30er Jahre. Hier eine Stinson «Reliant» auf einem Flugfeld in Daytona Beach.

oben rechts
Eine Aeronca C-3

einiger Detroiter Geschäftsleute realisieren. Das Ergebnis war die Stinson SM-1, ein tadelloser Kabinenhochdecker mit einer weitgehend modernen Ausrüstung, wie zum Beispiel luftabgeschlossener Kabine, Radbremsen und elektrischem Starter. Den Antrieb lieferte ein 220-PS-«Wright»-Sternmotor. Dieser Flugzeugtyp machte Schlagzeilen, als ein Testpilot der Firma, Bill Brock, mit einer solchen, «Stolz von Detroit» getauften Maschine in einem Soloflug eine Strecke von 20000 km, nämlich von den USA nach Japan, bewältigte. Eine vergrößerte Version der SM-1 war das bekannte Stinson-«Detroiter»-Postflugzeug. Daneben führte die Firma aber auch die bisherige Baureihe ihrer klassisch zu nennenden Sportflugzeuge weiter, deren Höhepunkte die Stinson «Reliant», die «Sentinel», die «Voyager» und die «Station Wagon» bildeten. Die «Reliant» hatte als erstes Flugzeug seiner Klasse serienmäßige Landeklappen und wurde in großen Stückzahlen bei den amerikanischen und britischen Streitkräften eingesetzt. Auch die «Sentinel» kam als Beobachtungsflugzeug zu militärischem Einsatz, während die beiden letztgenannten Maschinen zivile Versionen waren, die zusammen eine Auflage von über 2000 Exemplaren erreichten. Im Jahre 1948 wurden die Stinson-Werke von einem anderen Sportflugzeugproduzenten, der Firma Piper, aufgekauft.

Der Name Piper taucht in der Geschichte der amerikanischen Sportfliegerei relativ spät auf. William T. Piper hatte über lange Zeit bei der Firma Taylor Brothers Corp. mitgewirkt, welche 1931 die Taylorcraft «Model A Cub» herausbrachten. Diese erwies sich in der Folge als ein so gelungener und praktischer Entwurf, daß schon bald zahlreiche Nachahmungen erschienen. Es handelte sich um einen zweisitzigen (Tandemanordnung) Kabinenhochdecker von 10,6 m Spannweite und 6,8 m Länge. Die Motorleistung variierte zwischen 37 und 65 PS; die Reisegeschwindigkeit betrug rund 120 km/h (65-PS-«Continental»-Motor). Im Jahre 1936 wurde Piper Alleininhaber des Unternehmens und entwickelte eine eigene Variante der «Cub», die anfänglich die Bezeichnung «New Cub» erhielt, dann jedoch als die Piper J-2 und J-3 in die Serieproduktion ging. Es sollte *der* «Bestseller» der gesamten Sportfluggeschichte werden, wurden doch von diesem Modell allein bis Dezember 1941, dem Eintritt Amerikas in den Krieg, mehr als 10000 Stück gebaut. Der Grund für diesen einmaligen Verkaufserfolg lag eben darin, daß die Piper «Cub» auf die Bedürfnisse einer möglichst breiten Käuferschaft abgestimmt war: kompakt, sprichwörtlich zuverlässig, billig in der Anschaffung und wirtschaftlich im Unterhalt. Während des Zweiten Weltkrieges wurde die «Cub» als militärisches Verbindungs- und Beobachtungsflugzeug hergestellt, lief ab 1945 wieder in verschiedenen Zivilversionen vom Fließband und erhielt schließlich 1950 eine leistungsstärkere Weiterentwicklung, die Piper «Super Cub». Im

ganz oben
Die Piper «Tri-pacer» und die ihr ähnliche «Caribbean» (hier abgebildet) waren direkte Weiterentwicklungen der «Cub».

oben
Die C-37 war ein verbreiteter Cessna-Typ aus dem Jahre 1937

gesamten sollen über 20000 «Cubs» gebaut worden sein, außerdem schätzt man, daß mehr als 200000 Piloten im In- und Ausland darauf fliegen gelernt haben. In den frühen 70er Jahren verwendeten allein die Amerikaner noch etwa 3000 Maschinen dieses Typs, und ihre Beliebtheit läßt sich daran ermessen, daß der Occasionskaufpreis nicht selten das Doppelte des Neupreises ausmachte! Aber auch die weiteren Modelle Pipers waren durchschlagende Erfolge, so die 1940 herausgekommene, dreisitzige «Cruiser» und die 1950 eingeführte, viersitzige «Pacer» (die daraus entwickelte «Tri-pacer» hatte ein Bugradfahrwerk). Heute sind die Piper-Werke einer der drei großen Privatflugzeugproduzenten Amerikas.

Im Jahre 1937 wurde die genannte Flugzeugfirma Taylor umorganisiert und setzte ihrerseits die Weiterentwicklung des oben beschriebenen Basismusters «Model A Cub» fort. Die im Jahre 1939 folgende «Model B» hatte anstelle der vorausgegangenen Tandemsitzanordnung zwei nebeneinanderliegende Sitze; von dieser Version wurden vor und nach dem Krieg mehrere tausend Einheiten verkauft. Die Taylorcraft «Model D» aus dem Jahre 1940 (Tandemsitze) wurde ab 1941 als Schulflugzeug bei den frisch gegründeten zivilen Hilfsfliegerschulen der amerikanischen Luftwaffe verwendet, kam aber auch als Überwachungsflugzeug

Cessna Cardinal

bei der «Civil Air Patrol» zum Einsatz. 1940 etablierte sich eine Tochterfirma von Taylorcraft in England und übernahm dort die Lizenzherstellung der «Model D». Eine englische Verbesserung davon war die «Plus Model D», die im Auftrag des britischen Luftfahrtsministeriums als militärisches Beobachtungsflugzeug gebaut wurde und die Bezeichnung «Auster» erhielt (90-PS-«Cirrus»-Motor). Die in der Folge erscheinenden Varianten waren alles Entwicklungen britischer Provenienz, so daß im Jahre 1946 die Firma Taylorcraft in England zu Auster Aircraft Ldt. umbenannt wurde. Diese Gesellschaft sollte zum erfolgreichsten englischen Privatflugzeughersteller der Nachkriegszeit werden und bot im Verlauf zweier Jahrzehnte ein äußerst vielfältiges Typenprogramm an. Abschließend läßt sich sagen, daß das um 1930 herausgekommene «Cub»-Ausgangsmodell eine ganze Flugzeuggeneration seiner Kategorie auf beiden Seiten des Atlantiks beeinflußt hat.

Das amerikanische Bauprogramm bestand schon vor dem Zweiten Weltkrieg praktisch nur aus Eindeckern. Eine gewichtige Ausnahme machte nur die 1932 gebaute Beechcraft 17R, ebenfalls eine Maschine von klassischem Format. Bei diesem unter dem Namen «Staggerwing» populär gewordenen Doppeldecker war die obere Tragfläche gegenüber der unteren zurückversetzt, um dem Piloten größtmögliche Sichtfreiheit zu bieten. Mit dem 420-PS-«Wright»-Motor ergab sich die für damals beachtliche Höchstgeschwindigkeit von 325 km/h (Spannweite 9,8 m; Länge 7,9 m). Die spätere 17L wies unter anderem ein Einziehfahrwerk auf. Die Beechcraft 17 hatte eine beträchtliche Anzahl von Varianten; allein von der 17s wurden über 780 Stück produziert, wovon einige bis in die allerjüngste Zeit hinein flogen. Den geschäftlichen Haupterfolg aber konnte Beechcraft mit ihrer zweimotorigen D-18 verbuchen, einem achtsitzigen Eindecker, der eigentlich für den kommerziellen Nahstrekkenverkehr konzipiert und 1937 fertiggestellt wurde. Dieses Modell besaß eine Flügelspannweite von 14,3 m, eine Länge von 10,3 m und zwei «Wright»-Sternmotoren von je 350 PS, womit sich eine Reisegeschwindigkeit von 330 km/h erzielen ließ. Die Beech 18 fand nicht nur bei kleineren Fluggesellschaften Verwendung, sondern schuf sich auch als Geschäftsreiseflugzeug bei Handelsfirmen usw. einen Namen. Mehr als 5000 Exemplare wurden davon in zwei Hauptversionen, nämlich als militärisches Schul- und Verbindungsflugzeug, während des Zweiten Weltkrieges geliefert, und bis heute hat dieser Kleintransporter kaum etwas von seiner Beliebtheit eingebüßt.

Es war eine ganz stattliche Zahl von kleineren und größeren Unternehmen, die sich in den USA während der 30er Jahre mit der Herstellung von Sportflugzeugen befaßten. Ein Teil dieser Betriebe sollte jedoch die Depressionsjahre nicht überleben, während andere ihre Produktion noch bis in die Nachkriegsjahre aufrechterhalten konnten. Aber auch diese wurden mit der Zeit von den «großen drei» - Piper, Beech, Cessna - entweder «aufgesogen» oder von der übermächtigen Konkurrenz an die Wand gedrückt. Solch ein inzwischen in Vergessenheit geratener, damals aber wohlbekannter Name war zum Beispiel Aeronca, deren C-3 aus dem Jahre 1931 einen der ersten Verkaufserfolge im amerikanischen Sportflugzeugbau brachte. Ihre Produktion wurde jedoch 1936 eingestellt.

Im Verlauf der 30er Jahre wurde die Privatfliegerei in den Vereinigten Staaten zum alltäglichen Transportmittel. Praktisch jede Ortschaft, die etwas auf sich hielt, besaß eine eigene Landebahn, und für die Flugzeugindustrie war es eine Zeit blühender Geschäfte. Das war vor allem dem Inlandmarkt zu verdanken; aber auch die Exportaufträge blieben nicht aus. Die Distanzen zwischen den wichtigen amerikanischen Handelszentren waren groß genug, um den mit dem Fliegen verbundenen Zeitgewinn auch für Geschäftsleute zu einer wirtschaftlichen Form des Reisens zu machen. Das wiederum gab den Anstoß zur Entstehung von Lufttaxi-Unternehmen und zum Angebot eines neuen, eigenständigen Typus von Privatflugzeug, den Geschäftsreiseflugzeugen, die nicht nur verkauft, sondern von entsprechenden Gesellschaften auch vermietet wurden. Der Staat leistete keinerlei Hilfe an die Entwicklung der amerikanischen Privatfliegerei, diese entfaltete sich ausschließlich nach den Grundsätzen der freien Marktwirtschaft. Neben der beruflichen Verwendung dieser Flugzeugklasse trug natürlich auch der Flugsport zu ihrer rapiden Verbreitung bei, dessen Höhepunkte die jeweils im Sommer veranstalteten «Fly-ins» sowie die regionalen Flugmeetings bildeten.

Eine im Jahre 1920 gestartete Reihe von «Pulitzer Trophy»-Rennen ließ eine Serie von ansprechenden Curtiss-Rennflugzeugen (R-6 für die US-Army, R2C-1 für die US-Navy) entstehen, welche Spitzengeschwindigkeiten von über 370 km/h erreichten. Die berühmte Baureihe der Curtiss-«Hawk»-Doppeldecker wurde unter anderem von diesen schnittigen Rennern abgeleitet. Daneben gab es aber auch die in einem früheren Kapitel schon erwähnten Gordon-Bennett-Pokal-Rennen, wo 1920 erstmals ein mit einem Einziehfahrwerk ausgerüstetes Flugzeug vorgestellt wurde, nämlich die Dayton-Wright RB, eine mit voll abgeschlossenem Cockpit versehener Hochdecker. Weitere jährlich wiederholte Flugrennen waren jene der «Thompson and Bendix Trophy». Hier lenkten zu Beginn der 30er Jahre die von Jimmy Doolittle geflogenen, tonnenförmigen «Gee-Bee Sportster» und «Super Sportster» die Aufmerksamkeit auf sich. Die «Super Sportster Model Z» besaß einen 535-PS-«Wasp»-Motor und gewann das Thompson-Rennen des Jahres 1931 mit einer Bestgeschwindigkeit von 380 km/h. Die «Super Sportster Model R-1» hatte einen stärkeren, 800 PS leistenden Pratt-and-Whitney-Motor und gewann das gleiche Rennen des darauffolgenden Jahres mit rund 405 km/h. Auch die Franzosen beteiligten sich an diesen Rennen und stellten 1936 ihre elegante Caudron C-46 vor, welche den Wettkampf jenes Jahres mit einer Durchschnittsgeschwindigkeit von 425 km/h für sich entschied. Diese Maschine hatte zudem den damaligen Geschwindigkeitsrekord von 505,5 km/h inne (luftgekühlter

Renault-Reihenmotor von 340 PS). Der Amerikaner Howard Hughes produzierte 1935 den Jagdflugzeug-ähnlichen «Hughes Racer», der von einem «Twin Wasp»-Sternmotor von 700 PS angetrieben wurde. Dieses Flugzeug stellte später den Geschwindigkeits-Weltrekord von 567,46 km/h auf. Im Jahre 1937 traversierte Hughes mit der gleichen Maschine den ganzen amerikanischen Kontinent in 7½ Stunden.

Die Entwicklung des Sportflugwesens in Deutschland nahm nach dem Ersten Weltkrieg im Vergleich zu den übrigen Ländern einen ganz eigenen Verlauf. Der dem Waffenstillstand von 1918 folgende Vertrag von Versailles legte den Deutschen strenge Luftfahrtsbeschränkungen auf, nämlich ein Verbot jeglicher Herstellung oder Einfuhr von Motorflugzeugen. Nur das Segelfliegen wurde von dieser Sperre nicht tangiert, so daß Deutschland nun sämtliche Anstrengungen auf den Bau von Segelflugzeugen richtete und bald die Führungsrolle in dieser Sparte übernahm. Die meisten anderen Nationen waren in den Nachkriegsjahren zu sehr mit der Verbesserung des Motorfluges beschäftigt, um sich auch noch eingehend den Problemen des motorlosen Fluges widmen zu können. Die Große Wasserkuppe in der Rhön nordöstlich von Frankfurt - die höchste Erhebung einer idealen, sanft abfallenden Hügellandschaft - wurde zum Zentrum der deutschen Segelfliegerei. Im August 1921 machte ein deutscher Segelflugpilot und ehemaliger Kampfflieger, Wolfgang Klemperer, von sich reden, als es ihm gelang, 13 Minuten lang mit einem von ihm selbst entworfenen Apparat in der Luft zu bleiben. Das bedeutete damals neuen Weltrekord. Dieses Beispiel machte Schule, und schon nach wenigen Tagen überboten andere deutsche Piloten seine Leistung. Ihre Erfolgskette löste in Deutschland eine Welle der Flugbegeisterung aus, denn jetzt wußte man, daß der Segelflug noch eine vielversprechende Zukunft vor sich hatte. Schon ein Jahr später wurden Flugzeiten von einer Stunde erreicht.

Aus dieser Zeit stammen einige richtungsweisende Segelflugkonstruktionen; erwähnenswert sind besonders der für die Anfangsschulung

Arrow Active

Ein deutscher Segelflug-Club in den 30er Jahren.

oben links
Mitglieder des deutschen «Reichsluftsportverbandes» machen ein Segelflugzeug startklar (1938).

verwendete Hanggleiter «Zögling», der von Kegel gebaute «Prüfling» für die Fortgeschrittenenschulung neben einer Anzahl eleganter Hochleistungssegler, die Namen wie «Professor», «Schulz» oder «Espenlaub» trugen. Eine der interessantesten Konstruktionen war die «Schwabe», die im Jahre 1929 den Dauerflugrekord auf 14 Stunden 43 Minuten hinaufschraubte. Ein anderer bekannter Vertreter der Hochleistungsklasse seiner Zeit war die kurz vor dem Krieg gebaute, formvollendete, mit Knickflügeln versehene «Minimoa». Neben der genannten Wasserkuppe bildeten sich in Deutschland noch weitere Segelflugzentren, so beispielsweise in Rossitten an der Ostsee und bei München.

Deutschland wurde bald nach dem Ersten Weltkrieg zum Mekka der europäischen Segelflug-Enthusiasten; und um die Mitte der 20er Jahre hatten sich auch Frankreich, Polen und Rußland vom Segelflugfieber anstecken lassen. Von 1930 an war der neue Flugsport auch in England und Amerika etabliert. So bildete sich der «London Gliding Club» Ende 1929 und bezog im darauffolgenden Sommer sein Übungsgelände auf der Dunstable Down bei London. Dort unternahm das Team mit einer Handvoll deutscher Gleitsegler seine ersten diesbezüglichen Flugversuche. Einer der ungewöhnlichsten englischen Eigenentwürfe war die Heath «Super Soarer», ein Segel-Doppeldecker, mit dem sein Erbauer, Ed Heath, im Jahre 1930 den ersten Looping der motorlosen Flugzeuggattung ausführte.

Als Hitlers Partei sich 1933 in Deutschland durchsetzte, kam das gutorganisierte Segelflugwesen den für den Aufbau der deutschen Luftwaffe Verantwortlichen sehr gelegen. Segelflugunterricht auf den genannten «Zögling»-Maschinen wurde ein fester Bestandteil vieler Sommerlager der Hitlerjugend-Bewegung. Daneben besaßen die Nazis auch eine eigene Motor- und Segelflugorganisation, den sogenannten «Reichsluftsportverband», welcher ebenfalls Motor- und Segelflugpiloten ausbildete. Das war eine hierarchisch aufgebaute Abteilung mit eigenen Rängen und Uniformen, ein Beispiel des komplexen politischen Systems im Dritten Reich.

Angesichts der von den Deutschen erzielten Fortschritte ließ sich die britische Regierung 1935 dazu bewegen, den größeren Segelflugclubs Englands finanziell unter die Arme zu greifen. Mit dieser Maßnahme konnte der englische Staat – ähnlich wie Deutschland – gleichzeitig aber auch sein Ausbildungspotential erhöhen, denn jetzt wurden diese Clubs in das vormilitärische Flugschulungsprogramm einbezogen. Die meisten europäischen Länder haben darauf solche kombinierten Systeme eingeführt, die einerseits der Jugend die Möglichkeit gaben, für

oben
Segelflugsport: Peter Scotts Slingsby «Eagle» wird von einer «Tiger Moth» in die Höhe geschleppt (Segelflugmeisterschaften von Lasham, England; 1957).

rechts
Ein Olympia 460-Segelflugzeug aus dem Jahre 1960.

wenig Geld fliegen zu lernen, und anderseits dem Staat den zivilen und militärischen Pilotennachwuchs sicherstellten.

Heute ist der Segelflug noch immer eine vielbeachtete internationale Sportdisziplin. Auch die Segelflugzeugkonstrukteure sind noch nicht am Ende ihres Lateins angelangt, obwohl gewisse Entwicklungsgrenzen sich aus der Natur dieser Flugsparte ergeben. Immerhin wurden die bestehenden Höhen-, Dauerflug- und Distanzrekorde ständig verbessert und haben inzwischen recht imposante Zahlen erreicht. Anfangs der 60er Jahre lag beispielsweise der Distanzweltrekord bei rund 1000 km, während der Höhenrekord 14000 m betrug.

Die «Whirlibirds»

Schon die Flugtheoretiker der Pionierzeit hatten sich außer dem durch Flügel gewonnenen Auftrieb noch mit einer anderen Möglichkeit des Fliegens beschäftigt. Ebenso alt wie der seit Jahrhunderten bekannte Flugdrachen war die Kenntnis des Windmühlenprinzips. Große, paddelförmige Segel, die um eine drehbare Achse herum angebracht und dem Wind ausgesetzt wurden, begannen sich zu drehen und lieferten so eine Energiequelle. In Europa fand dieses Prinzip vor allem Anwendung, um Mühlsteine zu drehen oder Wasserräder anzutreiben. Es existieren Dokumente solcher Windmühlen aus dem 13. Jahrhundert, bei denen die Flügel in die jeweilige Windrichtung gedreht werden konnten, aber man nimmt an, daß sie schon viel länger bekannt und in Gebrauch waren. Im Nahen Osten gab es einen etwas anderen Typ, bei welchem die Flügel horizontal angeordnet waren – ähnlich wie beim modernen Hubschrauber. Auch als Kinderspielzeug trifft man die Windmühle lange vor dem Flugzeitalter an, und ein solches Spielgerät, das mindestens auf das 14. Jahrhundert zurückgeht, war zum Beispiel jenes Windmühlenmodell, dessen Flügel mittels Ziehens einer um die Achse geschlungenen Schnur in Drehung versetzt werden konnten. Einige hundert Jahre wenigstens, bevor der erste Mensch den Boden verließ, wußte man also bereits, daß durch eine entsprechende Kraftquelle eine Luftschraube in Drehbewegung gebracht werden konnte und gleichzeitig Vor- oder Auftrieb erzeugte, ein Phänomen, das einem sofort auffällt, wenn man beispielsweise eine Spielzeugwindmühle bei einer starken Windströmung in der Hand hält.

Auch Leonardo da Vinci entwarf unter anderem eine Flug- oder vielmehr «Schwebemaschine» mit horizontalen Rotorblättern, welches jedoch – wie die meisten seiner Beiträge zur Flugtechnik – nur ein grob skizziertes Projekt war, das theoretisch veranschaulichen sollte, wie eine auf einer Spiralachse montierte Hubschraube einen Vertikalflug bewirken konnte. Im April 1784 wurde ein von den beiden Franzosen Launoy und Bienvenu gebautes Modell eines rudimentären Helikopters vorgeführt, bei welchem zwei Paar doppelblättrige, paddelartige Propeller in eine gegenläufige Rotation versetzt wurden, und zwar mittels einer aufgewundenen Bogensehne. Im Jahre 1828 stellte der Italiener Vittorio Sarti ein ähnlich konzipiertes, jedoch technisch verfeinertes Modell eines solchen Fluggerätes her. Es besaß zwei vierteilige Rotoren aus schräggestellten, windmühlenähnlichen Segeln. Die beiden Rotoren drehten sich gegeneinander, wobei die eine Achse im innern Hohlraum der andern lag. Ein in der Gondel mitgeführter Dampferzeuger sollte heiße Luft mit hoher Geschwindigkeit gegen die Luftschrauben blasen und diese in Bewegung setzen. Ein großes, dreieckiges Segel war an der Gondel aufgehängt und für die Richtungsstabilität verantwortlich. Die ungelöste Seite dieses Vorhabens war natürlich die Energiequelle. Wie wir schon bei den Anfängen der Flugzeugentwicklung gesehen haben, erwies sich der Mangel eines zugleich leichten und genügend starken Antriebsaggregates auch hier als Haupthindernis auf

oben links
Igor Sikorsky neben seinem zweiten Helikopter-Prototyp im Jahre 1910.

oben rechts
Das zweite von Pescara gebaute Helikoptermodell als Ausstellungsobjekt im Jahre 1924. Bemerkenswert sind die verstrebten, doppeldeckerartigen Rotoren.

dem Weg zur praktischen Realisierung. Der Engländer George Cayley, dessen Beiträge zur Entwicklung des konventionellen Fluges in einem früheren Kapitel schon zur Sprache gekommen sind, war auch auf diesem Gebiet ein Bahnbrecher, stammt doch das erste ganz auf die Praxis ausgelegte Projekt eines Helikopters von ihm, wobei hier alle wesentlichen Teile des modernen Hubschraubers bereits vorhanden waren.

Der Brite hatte bereits früher eine eigene Version des eben genannten Hubschraubermodells von Launoy und Bienvenu entworfen. Den Anstoß dazu soll er jedoch von einem Amerikaner namens Robert Taylor erhalten haben, der ein einfacheres Konzept entwickelt hatte. Was aber den Bau auch von Cayleys Plänen verhinderte, war wiederum das leidige Antriebsproblem. Im April 1843 veröffentlichte die englische Zeitschrift *Mechanics Magazine* Konstruktions- und Ansichtszeichnungen des von Cayley patentierten Luftfahrzeuges. Es besaß eine Gondel mit Dreibeinfahrwerk, welche die Dampfmaschine mitsamt dem Lenker beherbergte. Diese Gondel war ähnlich wie ein Schiffsrumpf vorne mit einem Vogelkopf verziert, während das Heck in einen ebenfalls vogelartigen, horizontalen Schwanz auslief, welcher die Richtungsstabilität gewährleisten sollte. Je zwei gegenläufige Rotoren waren auf einer gemeinsamen Achse zu beiden Seiten der Gondel an Auslegern montiert, der Antrieb erfolgte durch Riemenübertragung. Zwei Druckpropeller waren für den Horizontalflug vorgesehen, zwischen welchen ein als Seitenruder dienendes Segeltuch gespannt war. Obwohl Cayleys Pläne nie ausgeführt wurden, fand das von ihm postulierte Konstruktionsprinzip bei der späteren Verwirklichung des Vertikalfluges allgemein Anwendung.

Ein Jahr vor der Veröffentlichung von Cayleys Entwurf baute sein Landsmann W.H. Phillips ein Arbeitsmodell eines Hubschraubers, dessen Rotorenden Dampfdüsen aufwiesen. Den Dampf erzeugte man durch Verbrennung von Holzkohle und Gips. Der Franzose Vicomte Gustave d'Amecourt stellte um 1865 herum einige Hubschraubermodelle her, und er war es auch, der die Bezeichnung «Helikopter», abgeleitet aus dem griechischen *Helikos* (Spirale) und *Pteron* (Flügel), einführte.

1871 entwarf Pomes de la Pauze – ebenfalls in Frankreich – ein Projekt mit einem großen, zweiblättrigen Rotor und einer vertikalen Stabilisierungsflosse. Hier war auch schon ein Mechanismus zur Veränderung des Anstellwinkels der Rotorblätter während des Fluges – heute allgemein üblich – vorgesehen. Auch die Ausführung dieses Vorhabens scheiterte an der schwierigen Motorenfrage.

Den beiden Franzosen Charles und Louis Bréguet gelang es erstmals, einen flugfähigen Hubschrauber zu bauen. Beim Erstflug im September 1907 wurde die von vier Rotoren angetriebene Maschine von einem Assistenten namens Richet pilotiert. Es war aber kaum mehr als ein symbolischer Flug, wobei der Apparat von vier Männern festgehalten wurde und sich einen kurzen Moment in die Luft erhob. Nur zwei Monate danach, im November 1907, gelang einem weiteren Franzosen mit Namen Cornu der erste freie Helikopterflug. Dazu benützte er eine zweirotorige Maschine mit 24-PS-Motoren und Riementransmission, welcher in einem kinderwagenähnlichen Behälter mitgeführt wurde. Cornu erreichte damit immerhin eine Höhe von 2 m! Im Jahre 1908 konstruierten die Gebrüder Bréguet ein weiteres Fluggerät, das sie «Gyroplane No 2» tauften. Die beiden schwenkbaren Rotoren wiesen einen Durchmesser von 7,8 m auf. Außerdem waren hier Tragflächen vorhanden. Im Juli jenes Jahres gelang damit ein vielversprechender Vertikalflug von 4,5 m und ein Horizontalflug von 18 m. Einige Zeit später jedoch zerstörte ein Sturm diese Konstruktion und setzte so den Experimenten der Bréguets ein vorläufiges Ende.

Im Jahre 1909 machte ein junger russischer Ingenieur aus Kiew, Igor Sikorsky, mit einem kleinen, zweirotorigen Hubschrauber von sich reden. Obwohl daran alles zur Zufriedenheit funktionierte, war der erzeugte Auftrieb zu schwach, um den Apparat vom Boden abzuheben. Ein Jahr später unternahm Sikorsky einen weiteren Versuch, diesmal mit einer größeren und stärkeren Maschine. Mit diesem Modell gelangen zwar ein oder zwei kurze Senkrechtstarts im Fesselflug, es kam aber nur mit größter Mühe vom Boden weg. Daraufhin gab der Russe seine Flugversuche nach dieser Methode einstweilen auf und konzentrierte sich auf konventionelle Flugzeuge. Nach der Machtübernahme der Bolschewiki in den Jahren 1917–22 verließ er Rußland und siedelte sich in den Vereinigten Staaten an, wo er sich bald, wie wir noch sehen werden, zu einem ausgesprochenen Hubschrauberspezialisten entwikkelte und der Welt bedeutendste Industrie auf diesem Sektor aufbaute.

Der Däne Jakob Ellehammer baute im Jahre 1911 ein verkleinertes Helikoptermodell, dessen erfolgreiche Erprobung zu einer Weiterentwicklung in Originalgröße führte. Damit konnten zwischen 1912 und 1916 mehrere geglückte Starts unternommen werden, doch schließlich ging die Konstruktion zu Bruch und mußte abgeschrieben werden.

Einem Spanier namens Marquis Paul Pescara kommt das Verdienst zu, das erste voll funktionstüchtige Drehflügelflugzeug gebaut zu haben. Er wußte, daß es darum ging, möglichst viel Gewicht einzusparen, und wählte daher den relativ leichten, englischen «Gnome»-Rotationsmotor als Antrieb. Das erwies sich als keine schlechte Lösung, hingegen war das Problem der Flugstabilität und Lenkung noch immer ungelöst. Der Durchbruch gelang dem Spanier im Jahre 1923. Sein in jenem Jahre fertiggestelltes Modell besaß als wichtigste Neuerung eine Vorrichtung zur mechanischen Verstellung der Rotorenblätter während des Fluges. Die Rotoren der von Pescara gebauten Maschinen bestanden aus übereinanderliegenden Drehflügelpaaren mit Segeltuchbespannung und Verstrebungen und machten damit den Eindruck von Miniatur-Doppeldeckern. Der Winkel zwischen Rumpflängsachse und Rotorebene konnte ebenfalls verstellt werden. Zudem war eine Kupplung vorhanden, welche die Verbindung zwischen Aggregat und Rotor unterbrechen konnte, falls jenes einmal versagen sollte. Das bewirkte, daß der im Luftstrom sich frei drehende Rotor die Maschine langsamer zur Erde sinken ließ, als wenn diese ohne jegliche Abbremsung nach unten fiele. Diese Erfindung sowie die beiden eben genannten Verstellmöglichkeiten gehören seitdem zu den grundlegenden Konstruktionsmerkmalen im Helikopterbau. Am 1. Juni 1923 fand der erste vor offiziellen Vertretern unternommene Startversuch statt, wobei eine Flughöhe von knapp 2 m und eine Flugstrecke von über 80 m erreicht wurden. Diese Leistungen gehörten schon bald der Vergangenheit an, denn ein halbes Jahr später blieb die Maschine über eine Strecke von 500 m in der Luft, machte kehrt und flog an den Ausgangspunkt zurück.

Ciervas C-5 (1925) war eine verbesserte, äußerlich ähnliche Version seiner C-4 aus dem Jahre 1923.

Inzwischen hatte Pescara einen Konkurrenten in der Person des Franzosen Etienne Oehmichen erhalten. Dem bei Peugeot arbeitenden Automobilingenieur gelang nach einer Reihe von vorausgegangenen Versuchen im Jahre 1922 der große Wurf. Dieses Modell war mit zwei Rotoren und acht Propellern bestückt. Zwei davon lieferten den Antrieb, einer hatte Steuerfunktion, und die restlichen fünf bewirkten die Seitenstabilität. Der Rumpf bestand aus einer Stahlrohrkonstruktion. Nach weiteren Verbesserungen wurde damit im Mai 1924 der erste Kreisflug der Helikoptergeschichte zustandegebracht, nämlich auf einer Strecke von 1690 m und einer Flughöhe von 15 m. Im gleichen Jahr stellte Oehmichen mit seinem Hubschrauber die ersten beiden Rekorde im Gewichtheben auf, und zwar hob er 100 kg respektive 200 kg auf eine Höhe von 1 m. Der vorgenannte Spanier Pescara hielt damals übrigens den Geschwindigkeitsweltrekord im Helikopterfliegen mit 12,5 km/h.

Amerikas erfolgreichster Vertikalflugpionier war Dr. George de Bothezab. Er konstruierte eine Maschine in der Form eines großen X, dessen vier Enden er mit je einem Rotor versah, und erreichte damit eine Flughöhe von rund 2 m. Auch die US-Army interessierte sich für dieses Modell, fand es jedoch nach entsprechenden Tests zu kompliziert. Neben den bis jetzt erwähnten Beispielen darf man natürlich auch die weniger erfolgreichen Pioniere nicht ganz vergessen. So baute der Engländer Louis Brennan 1924 eine Maschine mit über 18 m Rotordurchmesser. Zwei der Drehflügel wurden von je einem darin eingebauten, über eine Antriebswelle getriebenen Propeller in Drehung versetzt. Nach 75 kürzeren Flugversuchen stürzte der Apparat ab.

Etwa zur gleichen Zeit suchte man für die mit dem Senkrechtflug verbundenen Probleme noch andere Lösungen. Eine solche wurde vom Spanier Juan de la Cierva gefunden. Vor dem Ersten Weltkrieg hatte er sich mit dem Bau von Segelflugzeugen beschäftigt, wobei unter anderem die Frage auftauchte, wie man dem in den unteren Geschwindigkeitsbereichen drohenden «Absacken» des Flugzeuges durch zusätzlichen Gewinn von Auftrieb entgegenwirken könne. Cierva behielt den konventionellen Rumpf und Bugmotor bei, brachte aber zusätzlich auf der Rumpfoberseite ein turmartiges Gestänge an, auf dessen Achse ein sich frei drehender, großer Rotor montiert wurde. Den Antrieb der Maschine lieferte also wie bisher der Bugmotor. Je größer beispielsweise die Sinkgeschwindigkeit des Apparates beim Landemanöver wurde, desto schneller drehten sich die Rotorblätter im vertikalen Luftstrom und erzeugten auch im Langsamflug genügend Auftrieb. Die ersten Flüge unternahm der Spanier mit seinem «Windmühlenflugzeug», C-4 benannt, im Januar 1923. Auch eine weitere Schwierigkeit, die den

Hubschrauberforschern bisher arge Mühe bereitet hatte, konnte hier überwunden werden. Diese betraf den Anstellwinkel der Drehflügel während des Fluges. Dann nämlich erzeugen die sich in der Flugrichtung nach vorne drehenden Rotorblätter infolge der sich addierenden Vorwärtsgeschwindigkeit der Maschine mehr Auftrieb als jene, die sich gleichzeitig rückwärts bewegen, was einen unangenehmen Schütteleffekt hervorruft. Cierva fand die Lösung, indem er den Anstellwinkel der Rotorblätter nicht fixiert, sondern frei um die Längsachse beweglich montierte, was den Auftriebsunterschied während des Fluges ausglich. Mit dieser Erfindung, die später auch im eigentlichen Helikopterbau Einzug hielt, war das bislang notorische Stabilitätsproblem gelöst.

Ein Erfolg des Spaniers löste jetzt den andern ab, und seine nächste Schöpfung war die C-6A, die den Rumpf einer englischen Avro 504N verwendete. 1925 wurde sie dem britischen Luftfahrtsministerium vorgeführt und fand denn auch den Beifall dieser Behörde. Danach wurde eine kleine Serie der spanischen Maschine bei Avro in Auftrag gegeben. Cierva gab seinem Fluggerät den Namen «Autogiro», eine Bezeichnung, die inzwischen zum offiziellen Gattungsbegriff für diese Art von Flugmaschinen geworden ist. Der Autogiro brauchte – im Gegensatz zum späteren Helikopter – für das Startmanöver noch eine kurze Anrollstrecke, um die zum Abheben nötige Rotorendrehzahl zu erreichen. Aber auch eigentliche Senkrechtstartversuche fehlten im Testprogramm des erfolgreichen Spaniers nicht. Im Jahre 1933 entwarf er das Modell C-30, bei welchem die Motorleistung vom Vortriebspropeller auf die Rotorachse umgeschaltet werden konnte. Das Startmanöver erfolgte nun, indem der Pilot zuerst die Rotorblätter auf Anstellwinkel Null einstellte und mit Hilfe des Triebwerks auf Touren brachte. Dann wurde der Rotor von der Antriebswelle abgekuppelt und der Anstellwinkel der Rotorblätter erhöht, worauf sich der Apparat in die Luft hob. Jetzt konnte der Motor auf den Bugpropeller umgeschaltet werden, welcher die Maschine horizontal beschleunigte.

Die Autogiros fanden in den 30er Jahren große Verbreitung. Die englische Luftwaffe unterhielt beispielsweise ein solches Geschwader vom Typ Avro «Rota», aber auch zivile Versionen standen im Dienst der Polizei, der Post und wurden zudem von privaten Besitzern geflogen. 1933 führte eine Cierva C-40 einen Lande- und Startversuch auf einem spanischen Frachter aus, worauf auch die Italiener einen ähnlichen Test auf einem Kreuzer ihrer Kriegsmarine unternahmen. In den USA stellten die Firmen Pitcairn und Kellett Cierva-Modelle unter Lizenz her. Im Jahre 1939 eröffnete der amerikanische Postdienst die

Der Autogiro Avro «Rota» der Royal Air Force, 1936.

erste Flugpostlinie per Autogiro auf der Strecke Philadelphia-Camden, N.J. So vielversprechend der Auftakt zur «Karriere» des Autogiro auch gewesen war, so kurzlebig sollte sie sich bald darauf erweisen, denn vom Beginn des Zweiten Weltkrieges an wurde er endgültig vom Helikopter verdrängt. Dieser letztere Typ des Senkrechtstarters erwies sich nämlich als entwicklungsfähiger, konnte in der Luft besser gehandhabt werden und hatte erst noch größere Tragkraft.

1929, nach einem Unterbruch von 20 Jahren, wandte sich der Franzose Louis Breguet wieder dem Helikopterbau zu. Er entwarf ein neues Projekt, das sogenannte «Gyroplane Laboratoire», und gründete zu dessen Bau und Erforschung eine Gesellschaft. Besondere Merkmale des neuen Vertikalstarters waren die offene Stahlrohrkonstruktion des Rumpfes und die mit Sperrholz verkleidete, flugzeugähnliche Schwanzflosse; das Dreibeinfahrwerk war an weiten Auslegern montiert. Ein «Hispano»-Sternmotor von 350 PS trieb die beiden gegenläufigen, konzentrisch gelagerten Zweiblattrotoren an. Die Drehflügel waren aufklappbar und konnten während des Fluges in jede beliebige Winkelstellung gebracht werden, und zwar unabhängig voneinander, so daß die Maschine damit nach links oder rechts gesteuert werden konnte. Bréguets Maschine wurde im Jahre 1933 fertiggestellt und unternahm ihren ersten freien Testflug im Juni 1935. Dieser übertraf alle Erwartungen, so daß bis Ende 1936 fast alle damaligen Helikopterrekorde gebrochen wurden. Die neuen Bestleistungen waren: Rundflugstrecke von 500 m, Flughöhe 158 m, Horizontalgeschwindigkeit 108 km/h, Flugdauer 62 Minuten. Somit hatte der Franzose seine bereits im Jahre 1909 anvisierten Ziele etwas mehr als 25 Jahre später erreicht. Die Entwicklungsarbeiten am «Gyroplane Laboratoire» wurden bis zum Ausbruch des Krieges im September 1939 fortgesetzt, worauf die Maschine in einen Hangar gestellt und ihrem Schicksal überlassen werden mußte. Später fiel sie dort einem Bombenangriff zum Opfer. Auch wenn Breguets Hubschrauber von vielen Flughistorikern bisher unerwähnt gelassen wurde, so kann er trotz namhafter deutscher, sowjetischer und amerikanischer Konkurrenz unserer Ansicht nach dennoch als erster zweckmässig gebauter und erfolgreich getesteter Vertreter seiner Gattung gelten.

Zu den Konkurrenten von Breguet gehörte auf deutscher Seite vor allem Dr. Heinrich Focke, der Begründer der Flugzeugfirma Focke-Wulf. Diese besaß die deutsche Lizenz zur Herstellung des spanischen Autogiros von Cievra und ging daher bei der Helikopterentwicklung zunächst von dessen Grundkonzeption aus. Der Unterschied zum Tragschrauber-System lag darin, daß man nun den größten Teil der Motorleistung auf den Horizontalrotor umleitete. Als 1933 die Nazis Focke wegen seiner abweichenden politischen Meinung aus der Firma hinauswarfen, gründete der Deutsche kurzerhand eine neue Gesell-

ganz unten
Die Sikorsky R-4 im Dienste der Royal Air Force, war 1945 der erste zum Einsatz gelangte Militärhelikopter.

unten
Igor Sikorsky am Steuer seines VS-300-Prototyps beim ersten Fesselflug im September 1939. Der Bug wurde später mit Stoff verkleidet.

schaft, Focke-Achgelis und setzte das begonnene Helikopterprogramm fort. Das Ergebnis war die FW-61, welche 1934 zuerst als verkleinertes Flugmodell gebaut wurde und anschließend – nach erfolgreichem Abschluß der Tests – die Originalgröße erhielt. Wie schon andere Konstrukteure vor ihm, griff auch Focke dabei auf vorhandenes Flugmaterial zurück, nämlich eine Focke-44-Schulmaschine, und behielt sogar den ursprünglichen Bugmotor bei. Die Blätter des Stirnpropellers wurden einfach über der Nabe abgesägt und die Motorleistung mittels entsprechender Antriebswellen auf die beiden Horizontalrotoren übertragen, welche auf Stahlrohr-Auslegern, die gleichzeitig das Fahrwerk abstützten, zu beiden Seiten des Rumpfes gelagert waren. Der Prototyp der FW-61 machte seinen Jungfernflug mit einem Jahr Rückstand auf die französische Breguet-Maschine. Von 1937 an jedoch überraschte das deutsche Modell mit Flugleistungen, die sämtliche Rekorde des Franzosen durchbrachen. Beispiele dafür sind der 1938 aufgestellte Distanzrekord von 227 km und Höhenrekord von 3415 m. Daneben machte die populäre deutsche Fliegerin Hanna Reitsch die FW-61 weltweit bekannt, als sie den Helikopter in einer Berliner Sporthalle demonstrierte. Nach diesen Erfolgen erhielt Focke einen Auftrag zum Bau einer sechssitzigen Version, welche die Bezeichnung Fa-266 erhielt. Auch das britische Luftfahrtsministerium war von diesen deutschen Konstruktionen beeindruckt und versuchte, eine FW-61 kurz vor Kriegsbeginn anzukaufen, jedoch ohne Erfolg.

Auch Sowjetrußland unternahm in den 30er Jahren größere Anstrengungen auf dem Sektor Helikopterbau, nachdem 1928 die dortige Regierung dafür eine eigene Entwicklungsabteilung eingesetzt hatte. Der erste rußische Hubschrauber aus dem Jahre 1930 war die I-EA und flog erfolgreich. Der Rumpf war noch unverkleidet; neben einem großen, einfachen Rotor waren auch Zug- und Druckpropeller vorhanden. Eine Weiterentwicklung dieses Modells flog 1936, doch dann fielen einige Mitarbeiter des Konstruktionsteams den berüchtigten Säuberungsaktionen Stalins zum Opfer, was jenes Entwicklungsprogramm verzögerte. Das letzte Modell der rußischen Baureihe wurde in den Jahren 1940–41 zu Ende geführt und getestet.

Nach seiner Übersiedlung in die Vereinigten Staaten kehrte Sikorsky, ähnlich wie der Franzose Breguet, nach einer «Pause» von rund 30 Jahren zu seiner alten Vorliebe, dem Hubschrauber zurück. Nach der theoretischen Ausarbeitung einiger Vorschläge konnte er seinen Arbeitgeber, United Aircraft, dafür gewinnen, von einem seiner Pläne einen Prototyp anzufertigen. Dieses Modell erhielt die Bezeichnung VS-300 und wurde bei der im September 1939 begonnenen Fesselflugerprobung von Sikorsky selber geflogen. Die VS-300 besaß bereits alle charakteristischen Bauteile des modernen, bis heute gültigen Hubschraubers, so daß schon der Erfolg seines ersten in Amerika gebauten Modells zu Sikorskys späterem Ruf des zwar nicht ersten, jedoch bedeutendsten Helikopterkonstrukteurs beitrug. Der Rumpf der VS-300, wovon nur der Vorderteil eine Tuchbespannung hatte, bestand aus Metallrohr, war insektenförmig und hatte ein offenes Cockpit. Ein luftgekühlter 75-PS-Motor trieb den Hauptrotor an. Der erste Freiflug erfolgte im Mai 1940, wobei Probleme bezüglich der Flugstabilität und der Steuerung auftauchten. Man führte Tests mit drei in verschiedenen Stellungen montierten Heckrotoren durch, doch schließlich fand man die Lösung in Form eines einzigen, an einem Stahlrohrausleger laufenden Heckrotors. Diese Anordnung wurde danach von praktisch allen Konstrukteuren übernommen und beibehalten. Im Mai 1941 wurde ein verbessertes Modell der VS-300 fertiggestellt, und dieser Hubschrauber begann nun seinerseits, die von der deutschen FW-61 gehaltenen Rekorde zu überbieten. Da das Kriegsgeschehen immer größere

Ausmaße annahm, beauftragte die US-Army Sikorsky mit der Planung eines speziell für militärische Aufgaben geeigneten Hubschraubers. Dieser war 1942 fertig, ähnelte mit seiner langen, libellenartigen Rumpfform der vorausgegangenen VS-300, nur war jetzt anstelle des offenen Führersitzes eine geschlossene, zweisitzige Kabine mit Doppelsteuerung vorhanden. Die Höchstgeschwindigkeit betrug 132 km/h, die Dienstgipfelhöhe 2400 m und die Reichweite 350 km.

Mit der Herstellung der neuen R-4, wie die Werkbezeichnung lautete, wurde sogleich begonnen. Ab 1944 stand diese Maschine in Europa und im Fernen Osten im Kriegseinsatz, wurde aber nicht nur an die US-Streitkräfte, sondern auch an die Royal Air Force und die US-Coast Guard geliefert. Die Helikopter dieser neu aufgestellten Küstenwacht waren es, welche bald darauf den ersten Beweis der unentbehrlichen Dienste der fliegenden «Mädchen für alles» vorlegten. Als sich an Bord eines amerikanischen Zerstörers vor der Ostküste der USA eine heftige Explosion ereignete, wurden die Verwundeten mit Hilfe von R-4-Maschinen innert kürzester Zeit an Land gebracht und gleichzeitig Medikamente aufs Schiff geflogen.

Während des Zweiten Weltkrieges gab es neben der amerikanischen R-4 zwar wenige, aber recht interessante Helikopterprojekte. Die bedeutendste Entwicklung ging in Deutschland unter dem Ansporn des kriegsbedingten Rüstungswettlaufes vor sich. Friedrich von Doblhoff, ein Mitarbeiter eines kleineren österreichischen Flugzeugherstellers, war überzeugt, daß die Leistungen im Vertikalflug durch Anbringen von Triebwerken an den Rotorspitzen stark verbessert werden könnten. Die naheliegendste Lösung schien der Einbau von Rückstoßdüsen zu sein. Zur Erhärtung dieser Theorie fertigte man 1942 eine Versuchsvorrichtung an. Diese bestand aus einem Dreiblattrotor mit kleinen Düsen, deren Brennstoffzufuhr durch die Rotordrehflügel geführt wurde, sich aus einem Gemisch von Benzindampf und komprimierter Luft zusammensetzte und durch eine Zündkerze in Betrieb gesetzt wurde. Der Versuch fiel zufriedenstellend aus und Doblhoff erhielt einen Forschungskredit zum Bau eines Prototyps. Davon war als erstes Serienmodell ein kleiner Beobachtungshelikopter, die WNF-342, geplant, welche von U-Booten aus operieren sollte. Unterseeboote hatten auch über der Wasseroberfläche infolge des tiefliegenden Rumpfes einen relativ engen Gesichtskreis und damit einen taktischen Nachteil. Mit einem geeigneten Flugzeug ließen sich dagegen feindliche Konvois in einem viel weiteren Umkreis als dem unmittelbaren Horizont aufspüren. Im August 1943 wurde der Prototyp bei einem Bombenangriff auf Doblhoffs Werkstatt zerstört. In aller Eile wurde eine zweite Maschine gebaut, deren Rotordüsen aber immer noch einen sehr hohen Brennstoffverbrauch aufwiesen. Deshalb wurden bei den nachfolgenden Prototypen die Strahltriebwerke nur noch für Start und Landung gebraucht und für den Horizontalflug zusätzlich ein herkömmlicher Sternmotor mit hintenliegendem Druckpropeller eingebaut. Auch die Verdichtung der Kompressionsluft für die Düsen wurde an den Benzinmotor angeschlossen. Es folgten noch weitere Prototypen, doch keiner davon gelangte bis Kriegsende zur Produktionsreife. Die vorhandenen Versuchsmodelle wurden nach den USA verfrachtet, woraus dann später einige mit Rotordüsen ausgerüstete, amerikanische Weiterentwicklungen entstanden.

Noch ein anderes deutsches Helikopterprojekt für den Einsatz auf U-Booten wurde während der Kriegsjahre entwickelt, nämlich die von Flettner gebaute Fl-265. Diese besaß ein herkömmliches Triebwerk, einen 150-PS-Sternmotor und ein gegenläufiges Rotorenpaar. Mit diesem Typ, der knapp 160 km/h erreichte, wurden 1940 eine Reihe von Einsatztests sowohl von Überwasserschiffen (als U-Boot-Suchflugzeug) wie auch von Unterseebooten aus erfolgreich abgeschlossen. Eine verbesserte Variante dieses Versuchsmodells wurde als Fl-282 «Kolibri», ebenfalls mit 150-PS-Motor, in Serie hergestellt. Davon kamen aber nur wenige zum Kriegseinsatz, da die Herstellerwerke 1944 mit Bomben belegt wurden. Jene Maschinen jedoch, die noch zur Auslieferung kamen, wurden bei der Flotte vor allem auf Überwasserschiffen für vielfältige Aufgaben eingesetzt. Daher ist es falsch, die Einführung von Helikoptern auf Kriegsschiffen als Idee der Nachkriegszeit zu bezeichnen, da die deutsche Kriegsmarine diese Möglichkeit bereits in den Jahren 1940–43 realisierte. Noch weitere Entwürfe vom Reißbrett Flettners folgten bis Kriegsende, darunter eine ebenfalls für die Marine bestimmte, mit Bomben bestückte Version des Modells Fl-282, wie auch die Fl-339, ein taktischer Mannschafts- und Nachschubtransporter. Daneben stand auch ein für U-Boote geplanter, zusammenklappbarer «Zwerg»-Helikopter mit Zweiradmotor auf der Produktionsliste. Sein Einsatz erfolgte nicht im Frei-, sondern im Fesselflug, wobei der Fahrtwind des Bootes als Auftriebshilfe für den Helikopter diente. Dieser Hubschraubertyp, welcher der ursprünglichen deutschen Marinehelikopterkonzeption genau entsprach, war, wie gesagt, klein genug und so konstruiert, daß er in einem entsprechenden Hohlraum des Bootes verstaut werden konnte.

Ein Hauptcharakteristikum aller Flettner-Modelle war die aerodynamische Servosteuerung und verschiedene zweckmäßige Vorrichtungen zur Verminderung des bei den frühen Hubschraubern noch starken Vibrationseffektes. Nach 1945 setzte Flettner seine Tätigkeit als Helikopterkonstrukteur in den USA fort.

Auch die schon genannten Focke-Achgelis-Werke produzierten Militärhelikopter. Im Jahre 1938 gab die deutsche Kriegsmarine ein Helikopterprojekt in Planung, das folgende Funktionen berücksichtigen sollte: Patrouillendienst zwischen Flotteneinheiten, Torpedoeinsätze und Minenlegen (rund 15 Jahre verstrichen, bis auch andere Kriegsmarinen begannen, sich mit solchen Gedanken zu befassen). Daraufhin baute Focke seinen bisherigen, fünfzehnsitzigen Passagierhelikopter Fa-266 entsprechend um und gab der neuen Version die Bezeichnung Fa-223 «Drache». Äußerlich glich sie stark den früheren Modellen ihres Herstellers und besaß auch die beiden charakteristischen, an seitlichen Auslegern montierten Rotoren. Neben einem geschlossenen Cockpit mit zwei nebeneinanderliegenden Sitzen war ein vierplätziges Mannschaftsabteil vorhanden, dahinter kam der 980-PS-BMW-Motor. Die Maximalgeschwindigkeit betrug 184 km/h (200 km/h bei späteren Modellen), die Reichweite lag bei 320 km. Die im Jahre 1942 durchgeführten Flugtests waren von Erfolg gekrönt, doch die anschließende Seriefertigung wurde durch Bombenangriffe so stark gestört, daß nur ein kleiner Teil die Werke verließ. Von der Fa-223 gab es auch eine militärische Landversion, die 223E, welche einen Kompressormotor und entsprechend höhere Flugleistungen hatte. Mit diesem Modell wurden bereits «Trockenübungen» zum Heben und Transportieren größerer Lasten, zum Beispiel Fahrzeuge und Materialnachschub, durchexerziert, und zwar mehrere Jahre, bevor man sich anderswo ernsthaft mit dem Gedanken des taktischen Kampf- und Nachschubhelikopters befaßte. Hätte die deutsche Rüstungsindustrie nicht so starke Verluste durch alliierte Bombardierungen hinnehmen müssen, so hätte der Hubschrauber auf deutscher Seite zu Land und zu Wasser eine viel wichtigere Rolle gespielt, als es damals der Fall war. Die technologischen und personellen Voraussetzungen wären jedenfalls vorhanden gewesen, nur scheiterte die Ausführung an der Materialknappheit.

Von Focke stammt noch ein ähnliches Fesselflugprojekt, wie der eben beschriebene U-Boot-Kleinhelikopter von Flettner. Er war jedoch

Die Focke-Achgelis Fa-330 war ein antriebsloser, geschleppter Klein-Tragschrauber und für den Einsatz von Unterseebooten aus vorgesehen.

einfacher konstruiert, ohne Motor, da der Auftrieb einzig durch die im Schleppflug hervorgerufene Rotorendrehung erzielt wurde. Zum Entwicklungsprogramm des Deutschen gehörte ferner die Fa-284, ein mächtiger «fliegender Kran», der für den Transport ganzer Lastfahrzeuge vorgesehen war. Erst zehn und mehr Jahre später wurde diese Idee vor allem in Amerika und Rußland aufgegriffen und realisiert.

Erst nach dem Zweiten Weltkrieg begann der Helikopter, sich im Lufttransportwesen seinen festen Platz zu erobern. Nachdem man fast vergessene Ideen seiner Pioniere wie Sikorsky und Focke wieder aufgegriffen und gründlich studiert hatte, konnten diese Theorien jetzt technologisch bewältigt und realisiert werden. Obwohl man nicht behaupten kann, daß der Hubschrauber – etwa wie das Flächenflugzeug – das ganze Transportwesen revolutioniert habe, so hat er – von 1945 an – doch immerhin umwälzende Beiträge zu dessen Vervollkommnung geleistet.

Ein Großteil seiner Entwicklung spielte sich auf dem militärischen Sektor ab. Heute hat sich der Helikopter einen so festen Platz in der Militärstrategie gesichert, daß man sich nur fragen kann, wie die Marine- und Armeekommandanten des Zweiten Weltkrieges ohne ihn operieren konnten. In den Nachkriegsjahren diente der Hubschrauber vorerst bei Marinestreitkräften als Mannschaftstransporter, auf Trägerschiffen aber auch als «Flugzeughüter», das heißt als Bergungsmaschine für versehentlich ins Wasser gefallene Flugbesatzungen – was in jenen Tagen noch relativ häufig vorkam, vor allem bei Landemanövern. Vor der Helikopteraera war diese Rolle jeweils einem Begleitschiff zugefallen, das diese Aufgabe nicht annähernd so gut erledigte wie sein fliegender Nachfolger. Als Hilfsmittel für solche Rettungsaktionen zur See wurden meist an Seilwinden heruntergelassene Netze oder Körbe verwendet. Später kamen auch Taucher hinzu, die vom Rettungshelikopter aus ins Wasser sprangen und bei der Bergung der Verunglückten mithalfen. Im Jahre 1950, zur Zeit des Koreakrieges, gehörte diese Rettungsfunktion bereits zu den fest einkalkulierten Aufgaben des Hubschraubers. Auch zum Herausfliegen der über feindlichem Gebiet abgeschossenen Besatzungen konnte diese Maschine herangezogen werden, sofern sie von anderen Flugzeugen per Funk an den entsprechenden Punkt geleitet wurde. So kursierten bald die legendärsten Geschichten, wonach Kampfpiloten die feindlichen Bodentruppen so lange unter Beschuß und damit einer abgeschossenen Besatzung vom Leib hielten, bis man einen Rettungshelikopter zur Stelle beordert hatte, der die eigenen Leute in Sicherheit brachte.

In den späten 50er und anfangs der 60er Jahre entdeckte man weitere «Talente» des Senkrechtstarters, nämlich seine Eignung als Torpedobomber, Minenleger und Minensucher. Die modernen Kriegsmarinen begannen, Fregatten und anderen größeren Schiffstypen Hubschrauberflotten als U-Boot-Aufklärer zuzuteilen und diese mit automatisch ins Ziel steuerbaren Torpedos zu bewaffnen. Eine andere umwälzende Neuerung bestand darin, diese Maschinen mit Unterwasser-Horchgeräten auszurüsten, welche ins Wasser hinuntergelassen und ähnlich wie auf einem Schiff nach U-Booten abgehorcht werden konnten. Eine Handvoll solcher Suchmaschinen war in der Lage, ein weites Gebiet nach dieser Methode durchzukämmen und bei Bedarf mit Offensivwaffen ausgerüstete Schiffe oder Flugzeuge herbeizufunken.

Das strategische Konzept des sogenannten «vertical envelopment», das 1956 erstmals mit größeren britischen Verbänden während der Suezkrise zur Anwendung kam, stützt sich ebenfalls auf den Helikopter ab. Dieses besteht darin, Landetruppen per Helikopter von ihren Schiffen oder Spezialfahrzeugen direkt zum Brückenkopf oder Angriffsziel zu fliegen und die gleichen Maschinen beim Rückflug als Verwundetentransporter einzusetzen. Gleichzeitig können auch schwere Waffen im Laderaum oder an der Außenseite mitgeführt werden. Die Strategie, Truppen mittels Hubschrauber vom Schiff zum Einsatzort zu befördern, hat unterdessen noch mehr Gewicht bekommen und bei einigen Ländern zur Aufstellung von speziell dafür ausgerüsteten Marineeinheiten geführt. Für diese Art von «amphibischer Kriegsführung» wurde in den 60er Jahren auch ein eigener Schiffstyp, nämlich der Helikopterträger, entwickelt.

Bei den Landstreitkräften wurde ein Parallelkonzept dazu entworfen, wofür man sogenannte «Luftkavallerie-Einheiten» aufstellte. Ganze Truppenverbände konnten auf Anforderung eines Kommandeurs per Helikopter im Nu ins Kampfgebiet gebracht und dort abgesetzt werden. Das jüngste Beispiel dafür ist die «US 1st Airborne Cavalry Division», eine Truppe, die während des Vietnamkrieges geschaffen wurde. Sie ist mit allen notwendigen fliegenden Gerätschaften ausgestattet, wie Truppentransporter, Aufklärer und Erdkampfhelikopter. Der letztere Typ wurde von den Amerikanern für die spezifischen Bedürfnisse des Indochinakrieges während der 60er Jahre entwickelt. Dieser gehörte zu den sogenannten «begrenzten Konflikten», wo man Helikopter dank der eigenen Luftüberlegenheit ohne allzu große Verluste wirksam einsetzen konnte.

Der zivile Passagierhubschrauber dagegen hat bisher nicht die gleiche Bedeutung erlangt wie sein militärisches Gegenstück. Ein Hauptgrund dafür sind die hohen Unterhaltskosten. Der Treibstoffverbrauch ist relativ hoch, seine «Lebenserwartung» ist im allgemeinen kürzer und die Beförderungskapazität kleiner als bei Flächenflugzeugen. Hinzu kommt das starke Motorengeräusch und die Vibration, Probleme, für die man erst bei der «zweiten Helikoptergeneration» zufriedenstellende Lösungen fand. Immerhin hat es sich gezeigt, daß die wenigen bis jetzt eingeführten, mit Helikopter betriebenen Passagierfluglinien ebenso gewinnbringend arbeiten können wie eine vergleichbare Flotte konventioneller Kurzstreckenflugzeuge. Eigentliche, noch vorhandene Lücken in der Zivilfliegerei konnte der Hubschrauber jedoch nur bei der Ausführung von Spezialaufgaben schließen, so beispielsweise als Such- und Rettungshelikopter, Lufttaxi oder Chartermaschine, in der Landvermessung, oder als Versorgungsflugzeug für Ölbohrinseln und Leuchttürme.

Die Hubschrauberentwicklung machte, wie gesagt, ab 1945 große Fortschritte, und dies besonders in den Vereinigten Staaten. Auf die

unten links
Die Sikorsky S-55 war ein klassischer, zehnsitziger Helikopter, der nach 1949 in vielen Versionen gebaut wurde. Hier als H-19 der US-Army 1951 während des Korea-Krieges.

unten rechts
Die Sikorsky S-56 war der erste spezialisierte Kampf-Helikopter, der Militärfahrzeuge und schwere Waffen transportieren konnte.

erwähnte R-4 von Sikorsky folgte die R-6, eine Maschine mit stromlinienförmiger Ganzmetallschale. Der erste Helikopter jedoch, der in Amerika für fast jedermann ein Begriff wurde, war die Sikorsky S-51, die 1946 erschien und im Jahr darauf in Produktion ging. Dieser Typ beförderte vier Personen, hatte eine glatte, klare Linienführung und eine glasverkleidete Kabine. Davon wurden auch Militärversionen gebaut, nämlich die H-5 für die US-Air Force und die HO-3S für die US-Navy und die Coast Guard. Diese Helikopter erwiesen den Amerikanern während des Koreakrieges vor allem als Rettungsmaschinen große Dienste. Die Sikorsky S-51 war auch der erste von staatlichen Institutionen eingesetzte Hubschrauber. Im Jahre 1947 eröffnete man damit in Los Angeles die erste mit Helikoptern betriebene Luftpostlinie der USA, und 1950 starteten die British European Airways mit der gleichen Maschine die erste fahrplanmäßige Helikopterfluglinie der Welt zwischen Cardiff und Liverpool.

Im Jahre 1949 brachte Sikorsky einen größeren Helikopter, die S-55, heraus, deren vorneliegender Motor eine größtmögliche Ausnützung des vorhandenen Innenraumes erlaubte. Davon wurden zahlreiche Varianten gebaut, unter anderem auch von ausländischen Lizenzherstellern, wie beispielsweise der englischen Firma Westland, die eine Version mit Gasturbinen-Antrieb entwickelte. Entsprechend verschieden waren auch die Bezeichnungen der S-55, die in England «Whirlwind», bei der amerikanischen Luftwaffe H-19 und bei der US-Navy HO-4S genannt wurde. Dieses Modell konnte bis zu zehn Personen befördern, wurde aber von der Marine auch als U-Boot-Aufklärer und -Bekämpfer, als Mannschaftstransporter, Rettungshubschrauber usw. gebraucht. Die zivilen Ausführungen machten sich vor allem bei Charterunternehmen beliebt, doch wurden sie auch an Fluggesellschaften wie die englische BEA, die New York Airways und die belgische Sabena geliefert, wovon die letztgenannte von 1953 an damit ein Streckennetz zwischen mehreren europäischen Hauptstädten beflog. Das Basismodell der S-55 hatte einen Pratt-and-Whitney-Motor von 600 PS, später wurden jedoch auch stärkere Triebwerke verwendet. Insgesamt wurden von diesem Modell mehrere hundert Exemplare gebaut, wovon ein guter Teil heute noch fliegt.

Einen bedeutenden Fortschritt stellte die 1953 gebaute S-56 dar, damals der größte Helikopter überhaupt. Es war eine speziell ausgerüstete, für die US-Navy entwickelte Offensivmaschine, die 26 Mann oder drei Jeeps tragen konnte. Das Triebwerk vom Typ «Double Wasp» von 1900 PS Leistung war hier in zwei beidseitig des Rumpfes angebrachte Motorgondeln aufgeteilt. Damit stand das gesamte Rumpfvolumen als Zuladeraum zur Verfügung, der durch eine breitflächige, muschelförmige Bugtüre gut zugänglich war. Der Durchmesser des fünfblättrigen Rotors maß 27,5 m, die Länge der Maschine betrug 18 m. Sie war auch

Der französische Kleinhelikopter «Djinn» im Rettungseinsatz in den Alpen.

mit vier Rotorblättern noch flugfähig. Von der verbesserten Version Sikorsky S-58 wurden weit über 2000 Stück gebaut.

Als nächstes stand die S-61 aus dem Jahre 1959 auf der Produktionsliste von Sikorsky. Sie war für eine Reihe von Spezialaufgaben ziviler und militärischer Natur bestimmt. Das von Westland gebaute, englische Lizenzmodell erhielt die Bezeichnung «Sea King», bei der US-Navy heißt sie SH-3. Diese Version schuf sich besonders in jüngerer Zeit als zuverlässiger Bergungshelikopter bei der Wasserung amerikanischer Astronauten einen Namen. Die zivile Variante, S-61N genannt, fliegt bei zahlreichen Flug- und Charterunternehmen. Die für Seerettung und U-Boot-Aufklärung bestimmten Modelle besitzen eine besonders ausgeklügelte, Computer-gesteuerte Navigationsausrüstung sowie eine zusätzliche Lenkvorrichtung, womit von der geöffneten Seitentüre aus

oben
Eine Sikorsky S-61N, die man für Passagierflüge nach den Scilly-Inseln einsetzt.

ganz oben
Die Sikorsky S-58 erfüllte die verschiedensten Aufgaben. Diese, von den Briten als Westland «Wessex» hergestellte Version der Royal Navy, transportiert 1966, im Rahmen von Anti-Guerilla-Aktionen, Truppen in den Dschungel von Borneo.

Die Bell 47G als Landwirtschaftsflugzeug

rechts
Die Bell 47G als militärische Verbindungsmaschine bei der British Army unter der Bezeichnung «Sioux».

feine Steuerkorrekturen gemacht werden können, was dem Piloten erlaubt (zum Beispiel bei Rettungsaktionen), über einem bestimmten Punkt eine präzise Schwebeposition einzunehmen. Zudem sind alle Militärversionen allwettertauglich.

Neben Sikorsky, dem zweifellos führenden Helikopterproduzenten der Welt, erbrachten noch andere amerikanische Hersteller imposante Leistungen auf diesem Gebiet. Am bekanntesten wurde die Firma Bell, deren Kleinhelikopter Bell 47 einer der meistgeflogenen Typen seiner Klasse darstellt. Er kann auch auf die längste Produktionsgeschichte seiner Gattung zurückblicken, wurden doch von diesem Muster seit 1946 über 4000 Stück ausgeliefert, und zwar an fast sämtliche Länder der westlichen Welt. Vielerorts wurde er als militärisches Standard-Leichtflugzeug eingeführt, nämlich in den USA, Großbritannien, Australien, Neuseeland, Brasilien, Spanien, der Türkei, Italien, Westdeutschland, Argentinien und weiteren Ländern. Die Bell 47 ist außerdem einer der meistgeflogenen Polizeihelikopter, und zahlreiche Industriegesellschaften, Handelsfirmen und Charterunternehmen verwenden ihn als Geschäftshubschrauber.

Die erste Maschine dieser Firma war die Bell 30 aus dem Jahre 1943, woran sich 1945 die Bell 47 anschloß. Sie besitzt eine ganz charakteristische Rumpfkonstruktion; die älteren Versionen haben ein unverkleidetes Metallrohrgerippe mit vollverglaster, kugelförmiger Führerkanzel und einem 200-PS-Lycoming- oder Franklin-Motor. Darunter ist ein kombiniertes Kufen-/Räder-Fahrgestell montiert. Spätere Modelle, vor allem die als Geschäfts- oder Privathelikopter gebauten Varianten, wurden mit größerem Komfort ausgestattet, so zum Beispiel die Bell 47H, die volle Metallverkleidung besitzt, was zusammen mit der verbesserten Aerodynamik auch eleganter wirkt.

Zwei andere, besonders erfolgreiche Maschinen von Bell sind die UH-1 «Iroquois» und die AH-1 «Huey Cobra». Die Produktion der ersteren – ein militärischer Mehrzweckhubschrauber – lief anfangs der 60er Jahre an. Ihre Rumpfform ähnelt der kleineren Bell 47, die Transportkapazität beträgt 7–10 Mann. Auch drei Tragbahren können eingebaut werden. Die Höchstgeschwindigkeit beträgt 222 km/h. Dieser Typ kam auch in Vietnam als taktischer Hubschrauber mit unterschiedlicher Bewaffnung, die vom Maschinengewehr bis zum Raketenwerfer reichte, zum Einsatz.

Obwohl die «Iroquois» sich für ihre diversen Aufgaben sehr gut eignete, so war sie für gewisse Kampfeinsätze doch etwas zu langsam.

Was man hier brauchte, war ein schnelles, relativ geräuscharmes Flugzeug. Daher wurde ein Konstruktionswettbewerb ausgeschrieben, welchen die Firma Bell mit ihrem Projekt «Huey Cobra» gewann. Dieses Modell, das man aus der «Iroquois» ableitete, war schlanker und wesentlich schneller (302 km/h) als ihre Vorgängerin, besaß Tandemsitze und Stummelflügel. Sie wurde Ende der 60er und zu Beginn der 70er Jahre in Dienst gestellt und hatte eine äußerst abschreckende Bewaffnung. Die mit dieser Maschine gemachten Erfahrungen führten später zur Entwicklung der Lockheed «Cheyenne» und der Sikorsky «Blackhawk», ausschließlich Angriffshelikopter mit Spitzengeschwindigkeiten von über 320 km/h. Man kann ruhig behaupten, daß es der Vietnamkrieg war, der dem Helikopter seinen gewichtigen Platz unter den modernen taktischen Waffen eintrug.

Weitere bedeutende Helikopterhersteller der USA sind Hughes, Boeing-Vertol und Kaman. Ein bemerkenswertes Modell von Hughes ist die OH-6A «Cayuse», ein leichter Beobachtungshubschrauber für die US-Army, von dem über 3000 Exemplare bestellt wurden. Auch seine Zivilausführung ist sehr verbreitet. Kamans bekanntester Entwurf ist die HH-43 «Huskie», ein Rettungs- und Brandbekämpfungshelikopter mit Schaumlöschausrüstung und Löschmannschaft, also praktisch ein fliegendes Feuerwehrauto.

Die Firma Vertol wurde 1945 von einem bekannten Hubschrauberpionier, Frank Piasecki, gegründet und später mit Boeing fusioniert.

oben
Die amerikanische McDonnell XV-1 war eine weitere VTOL-Konstruktion, die für militärischen Einsatz geplant war.

unten
Eine Bell «Iroquois» feuert während des Vietnam-Krieges Raketen auf eine feindliche Stellung.

068
068
REDNINGSTJENESTE

links
Eine Boeing «Sea Knight» transportiert Güter von einem Versorgungsschiff auf einen Zerstörer der US-Navy.

gegenüber oben
Die Militärversion der Sikorsky S-61 N, eine «Sea King» der Norwegischen Marine.

gegenüber unten
Eine Bristol «Belvedere» der R.A.F. transportiert eine «Thunderbird»-Rakete mit Abschußvorrichtung in eine Artilleriestellung (1959).

Von seinen zahlreichen Konstruktionen, alle durch Doppelrotoren angetrieben, sticht vor allem das «Model 107» mit den Dienstbezeichnungen H-46 oder «Sea Knight» hervor. Zum Einsatz kam dieser Hubschrauber in verschiedenen Ausführungen (bis zu 25 Plätze) bei einer Anzahl von Luftwaffen und zivilen Fluglinien.

In England zeigte die Helikopterentwicklung nach 1945 viel bescheidenere Resultate als in Amerika. Zu den ersten, rein englischen Nachkriegsprojekten gehörten die Saunders-Roe «Skeeter» (in mancher Hinsicht mit der Bell 47 vergleichbar), die Bristol «Sycamore» und Bristol 173 «Belvedere», eine große, doppelrotorige Maschine, die als Truppentransporter gedacht war und dann von der RAF in Dienst genommen wurde. Diesen britischen Konstruktionen stand jedoch - mit Ausnahme vielleicht der Bristol «Sycamore», welche nach Belgien und Australien exportiert wurde - ein viel kleinerer Absatzmarkt zur Verfügung als den amerikanischen Vergleichsmodellen. Den weitaus größten Produktionserfolg erzielte in England die Westland Aircraft Company, die sich fast ganz auf den Lizenzbau der gefragtesten Sikorsky-Maschinen spezialisierte und diese nicht nur in Großbritannien, sondern auch in anderen Gebieten des Commonwealth absetzte. Westland machte gute Geschäfte, leistete aber auch eigene technische Beiträge an die Verbesserung der amerikanischen Modelle, so zum Beispiel den Einbau von Gasturbinen-Aggregaten, was daraufhin von Sikorsky seinerseits übernommen wurde. In den 60er Jahren brachte diese Firma den in jener Zeitspanne einzigen englischen Hubschrauber von Bedeutung, die Westland «Scout», hervor, einen leichten, militärischen Mehrzweckhelikopter (die Marinebzeichnung lautet «Wasp»). Ein jüngerer Verkaufserfolg von Westland war die «Lynx», ein englisch-französisches Gemeinschaftsprojekt, das sich in Formgebung und Leistung etwa mit der Bell «Iroquois» vergleichen läßt. Neben den englischen Westland-Werken gibt es in Europa übrigens noch einen anderen größeren Lizenzhersteller amerikanischer Helikopter, nämlich die italienische Firma Agusta.

Frankreichs Hubschrauberindustrie ist eine der interessantesten und modernsten der Welt. Sud-Aviation (jetzt Aerospatiale) entwarf und realisierte schon 1948 einen Prototyp. Aufgrund der damit gewonnenen Erfahrungen starteten die Franzosen mit ihrer «Alouette» ein äußerst umfangreiches Bauprogramm, deren verschiedene Ausführungen (Mk. I, II und III benannt) zumeist als Mehrzweckflugzeuge sowohl militärischer wie ziviler Art Verwendung fanden. Den größten Erfolg verzeichnete die «Alouette II», die an mehr als 30 Nationen geliefert wurde. Ihre Form und Auslegung waren fast genau gleich wie bei der amerikani-

rechts
Eine Westland «Scout», ausgerüstet mit SS-11 Panzerabwehr-Geschossen, nützt Geländedeckungen aus.

unten
Eine Westland-Aérospaciale «Puma» der Royal Air Force setzt während einer Übung im Jahre 1973 Truppen ab.

mitte rechts
Die Fairey «Rotodyne» aus dem Jahre 1960 war ein Versuch der Briten, eine eigene VTOL-Maschine zu entwickeln. Das Projekt, halb Verkehrsflugzeug, halb Helikopter, wurde später aufgegeben.

oben
Eine russische Mi-6 nimmt durch die Hecktüre Automobile an Bord. Rechts eine Tupolew Tu-134 der Aeroflot.

gegenüber unten
Ein Anti-U-Boot-Helikopter vom Typ Westland «Wessex», der von einer Fregatte der Royal Navy aus operiert, wird im Flug aufgetankt.

schen Bell 47. Der Rotordurchmesser beträgt knapp 10 m, die Länge 9,7 m. Mit einer Turbomeca-«Artouste»-Turbine von 360 PS erreicht die Maschine eine Reisegeschwindigkeit von 170 km/h. Bei der Armee diente sie als Verwundetentransporter und konnte für bewaffnete Missionen auch mit MGs ausgerüstet werden. Ebenfalls als Polizeihubschrauber wurde die «Alouette II» an mehrere Länder geliefert. Im ganzen wurden über 1000 Maschinen verkauft. Ihre Nachfolgerin, die «Alouette III», besitzt eine volle Rumpfverkleidung und eine Verbrennungs-Turbine von 550 PS Leistung. Die Reisegeschwindigkeit liegt hier bei 190 km/h; inklusive Pilot sind sieben Sitzplätze vorhanden.

Zu einer ganz anderen Größenklasse gehört ein weiterer Helikopter von Sud-Aviation, die «Frelon» resp. «Super Frelon» (Produktionsmodell). Sie erschien 1962 und stellte bald diverse Geschwindigkeitsrekorde auf. Militärversionen der «Super Frelon» wurden nach Südafrika und Israel exportiert. Als militärischer Mannschafts- und Materialtransporter kann sie bis zu 30 Mann, 18 Tragbahren oder 4000 kg Zuladung befördern. Das kleinste Modell von Sud-Aviation war die «Djinn», eine Verbindungs- und Beobachtungsmaschine, die unter anderem mit Rotordüsen versehen war.

Die Sowjetunion holte ihren anfänglichen Rückstand auf dem Sektor Helikopterbau – bis 1950 wurde dort nichts Nennenswertes produziert – schon nach kurzer Zeit auf. Im Jahre 1948 wurde das erste russische Hubschrauberprojekt der Nachkriegsjahre, die Mi-1, fertiggestellt. Auffallend daran war die Ähnlichkeit mit der amerikanischen Sikorsky S-51. Die im Westen unter dem Namen «Hare» bekanntgewordene Maschine wurde von einem Ivenchko-Sternmotor von 575 PS angetrieben, die Flugleistungen waren 140 km/h Reisegeschwindigkeit und 170 km/h Maximalgeschwindigkeit. Tausende von Exemplaren wurden von diesem Modell sowohl in Rußland wie auch unter Lizenz in Polen gebaut und standen in sämtlichen Warschau-Pakt-Staaten im Dienst. Eine Ausführung mit Verbrennungsturbine und vergrößerter Kabine erhielt die Bezeichnung Mi-2. Die «Hare» wurde 1951 in Dienst genommen und stand noch in den 70er Jahren im Einsatz.

Ebenfalls von Mikhail Mil, dem Schöpfer der Mi-1 und Mi-2, stammte deren Weiterentwicklung, die Mi-4, welcher der Westen die Benennung «Hound» gab. Diese Maschine glich der Sikorsky S-55, war jedoch etwas größer. Mehr als 3000 Stück wurden davon in Rußland und China hergestellt, da dieser Typ zum militärischen Standardhelikopter sämtlicher unter dem sowjetischen Einflußbereich stehender

Die Mi-12 war bei ihrem Erstflug im Jahre 1968 der größte Helikopter der Welt. Im Innern ist er zweistöckig gebaut. Der Durchmesser der Rotoren beträgt 35 m, der Rumpf ist 37 m lang. Eine amerikanische Bell «Jet Ranger» (Länge 9,5 m) mutet daneben geradezu winzig an.

Länder bestimmt wurde. Daneben schuf man auch eine zehnsitzige, zivile Passagierversion.

Der erste sowjetische Großhelikopter war die Yak-24, ein doppelrotoriger Typ, der entweder Waffen oder Fahrzeuge, oder bis zu 40 Mann aufnehmen konnte. Weit mehr Beachtung als dieser fand im Westen jedoch ein weiterer Vertreter der Mi-Baureihe, nämlich die Mi-6. Zum Zeitpunkt seines Erscheinens (1957) war er der größte Hubschrauber der Welt. Er war 33,2 m lang, 9,9 m hoch und wies einen Rotordurchmesser von 34,9 m auf. Neben 5 Mann Besatzung konnte er bis zu 65 Passagiere oder 41 Tragbahren transportieren. Zwei Solowiew-Verbrennungsturbinen von je 5500 PS ermöglichten eine Höchstgeschwindigkeit von 299,5 km/h. Die offiziell als Zivilhelikopter bezeichnete Maschine stand aber auch im Dienst der russischen Streitkräfte. Von der Mi-6 leitete man die noch größere Mi-10 ab, die als «fliegender Kran» konzipiert wurde. Sie besitzt ein vierteiliges Fahrgestell und kann große Container oder individuelle Lasten, wie zum Beispiel Lastkraftwagen mühelos durch die Luft tragen. Die Hubkapazität beträgt 11 700 kg, die Reisegeschwindigkeit 180 km/h. Sowohl die Sowjetarmee als auch die staatliche Fluggesellschaft Aeroflot sind mit der Mi-10 ausgerüstet.

Der Einzug Rußlands in die Helikopteraera erfolgte, wie gesagt, zwar spät, verlief jedoch um so produktiver. In wenigen Jahren haben die russischen Konstrukteure Spitzenleistungen auf diesem Gebiet erbracht, die denjenigen ihrer amerikanischen Kollegen kaum nachstehen.

Das Zeitalter der Militärluftfahrt

oben
Vickers «Vimys», 1920

ganz oben
D.H.9A-Maschinen der R.A.F. im Jahre 1926

Als der Erste Weltkrieg im November 1918 zu Ende ging, wurden die Luftwaffen, die man während der vier Kriegsjahre in aller Eile aufgebaut hatte, nun fast ebenso schnell wieder auf einen Restbestand reduziert. Die Luftwaffen begnügten sich jetzt allerorts über längere Zeit - in gewissen Fällen ein ganzes Jahrzehnt - mit der Beibehaltung jener Flugzeugtypen, die zuletzt im Kriegseinsatz gestanden waren. Auch die neugebildete englische Royal Air Force verwendete in dieser Zeit unter anderem altgediente Vickers «Vimy»-Bomber, wie auch Jagd- und Kampfflugzeuge der Typen Bristol resp. D.H.9A bis weit in die 20er Jahre hinein. Der R.A.F. fiel als neue Rolle die Aufgabe zu, entlang den Verkehrsluftlinien des Britischen Reiches Polizeipatrouillen zum Schutze gegen rebellische Regimes wie zum Beispiel dem Irak und des nordwestlichen Grenzgebietes von Indien zu fliegen. Zweisitzertypen wie die «Brisfit» und D.H.9A eigneten sich ideal für solche Überwachungsfunktionen. Zur Bedienung ihrer Überseeverbindungen entwikkelte die englische Luftwaffe aus dem «Vimy»-Bomber eine Anzahl geräumiger, der zivilen «Vimy Commercial» ähnelnden Transportversionen, so die «Vernon» und die «Victoria». Man fing also schon sehr früh an, Truppenverschiebungen auf dem Luftwege vorzunehmen, so daß man bei Ausbruch des Zweiten Weltkrieges bereits entsprechende Erfahrungen gesammelt hatte.

Auf den Reißbrettern der Flugzeugkonstrukteure nahmen jedoch schon neue Typen von Jägern und Bombern Gestalt an, wenn auch vorerst kein dringendes Bedürfnis danach bestand. Die erste Generation der zwischen den beiden Weltkriegen für die R.A.F. gebauten, englischen Flugzeuge unterschied sich außer der Verwendung besserer und stärkerer Triebwerke noch kaum von ihren streitbaren Vorgängern. Die beiden ersten Nachkriegsjäger waren die Armstrong Whitworth «Siskin» und die Gloster «Grebe». Erstere besaß einen Ganzmetallrumpf und einen 425 PS-Armstrong Siddeley «Jaguar»-Sternmotor mit Höhenlader, womit man in der dünnen Luft großer Flughöhen bessere Leistungen erzielte. Dieser Typ wurde 1926 eingeführt. Die Höchstgeschwindigkeit betrug 256 km/h, die Bewaffnung bestand aus zwei MGs vom Kaliber 7,5 mm, die in die Motorhaube eingebettet waren und synchronisiert durch den Propellerkreis feuerten. Die Zielvorrichtung bestand zu dieser Zeit aus einem Zielfernrohr, das an der Windschutzscheibe montiert war.

Die Vickers «Vimy» wurde von der «Virginia», einer vergrößerten Version, abgelöst, einem Doppeldecker, der nicht sehr aesthetisch wirkte. Genau wie die zivilen Linienmaschinen wiesen auch die englischen Militärflugzeuge dieser Zeit sehr konservative Konstruktionsmerkmale auf. So dominierten die stoffbespannten Doppeldecker bis etwa 1935, wonach eine etwas verspätete Umrüstung einsetzte. Dennoch brachte England eine stattliche Zahl interessanter Konstruktionen hervor, und obgleich die britische Luftflotte im Vergleich zu anderen Nationen damals nicht mehr zeitgemäß erschien, ließen doch Ausbil-

gegenüber
Maschinen vom Typ Bristol «Fighter» der R.A.F. fliegen während der 20er Jahre Luftpatrouillen über Indiens Nord-Westgrenze.

links
Die Bristol «Bulldog» im Jahre 1932

oben
Eine Hawker «Fury» im Jahre 1936

oben links
Eine Gloster «Gladiator» im Jahre 1938

dungsstand und Erfahrung der relativ kleinen Luftwaffe Englands nichts zu wünschen übrig.

Zu den bekanntesten Jägern der Royal Air Force der 20er Jahre zählten die Bristol «Bulldog», die Hawker «Fury», die Gloster «Gauntlet» wie auch die «Gladiator», welche als letzter Doppeldecker der R.A.F. vereinzelt bis 1942 flog. Aesthetisch am meisten ansprechend war die «Fury». Im windschnittigen Rumpf brachte man einen Rolls Royce «Kestrel»-Reihenmotor von 525 PS unter, welcher dem Flugzeug eine Spitzengeschwindigkeit von 292 km/h verlieh (Spannweite 9,15 m; Länge 8,1 m). 1936 wurde die «Fury II» eingeführt, die ein stärkeres Triebwerk (640 PS) und ein festes, verkleidetes Fahrgestell hatte. Diese Maschinen wurden berühmt durch ihre vollendeten Kunstflugdarbietungen an der R.A.F.-Flugschau in Hendon. Die Höchstgeschwindigkeit der «Gauntlet» (1935) betrug 370 km/h. Die daraus abgeleitete «Gladiator» besaß ein geschlossenes Cockpit und vier 7,5 mm-Browning-Maschinengewehre. Diese zu Beginn des Zweiten Weltkrieges stark veralteten, den deutschen und italienischen Gegnern unterlegenen Doppeldecker fochten noch in den beiden ersten Kriegsjahren in Norwegen, Griechenland, Malta und Frankreich mit Bravour.

Mit der Bomberentwicklung Englands haperte es in der ersten Hälfte der 30er Jahre noch mehr. Das Geld war knapp, daher gab das Luftfahrtsministerium einem leichten, für luftpolizeiliche Aufgaben geeigneten Bomber den Vorzug. Es war die zweisitzige Hawker «Hart», eine elegante, aber etwas altmodische Maschine, die eine Maximalgeschwindigkeit von 296 km/h erreichte und zwischen 1930–39 im englischen Luftwaffendienst stand. Sie konnte eine Bombenzuladung von 225 kg an der Flügelunterseite mitführen. Eine große Zahl Varianten wurden von ihr abgeleitet, darunter die Hawker «Demon», ein mit einem hydraulisch betriebenen Geschützturm bewaffnetes Kampfflugzeug. So wies der Hauptharst der britischen Bomberflotte wohl recht viele Typen auf, die aber alle leistungsmäßig nicht mehr genügten. Die schweren Bomber waren zu dieser Zeit in England nur schwach vertreten. Als Beispiele seien hier die Handley Page «Hyderabad», die man aus dem 0/400-Kriegsbomber entwickelte, sowie die «Heyford», die von 1932–39 verwendet wurde (beides Doppeldecker), erwähnt. Das einzige aus mittleren Bombern bestehende Geschwader der R.A.F. wurde 1928 ins Leben gerufen und mit der Boulton Paul «Sidestrand», einem zweimotorigen Doppeldecker mit offenem Cockpit ausgerüstet. Sie besaß zwei Sterntriebwerke des Typs Bristol «Jupiter» von je 460 PS und erzielte damit eine Höchstgeschwindigkeit von 225 km/h. Ihre Nachfolgerin war die 1935 erschienene «Overstrand», eine außer dem abgeschlossenen Führersitz und vorderen Geschützturm sehr ähnliche Maschine. Die Bombenzuladung der «Sidestrand» (470 kg) wurde hier auf 720 kg erhöht. Noch 1937 bestand praktisch der R.A.F. gesamtes Arsenal an Gefechtsflugzeugen nur aus Doppeldeckern, bis, wie gesagt, die längst fällige Modernisierung eine Anzahl durchgreifender Neuerungen brachte.

Die entsprechende Nachkriegsentwicklung in den Vereinigten Staaten nahm einen etwas anderen Verlauf. Bei den Jägertypen waren es hier besonders die in einem früheren Kapitel schon erwähnten Curtiss-Rennflugzeuge, welche als Schrittmacher von technischen Neuerungen fungierten. Curtiss selbst leitete aus seinen Rennmodellen ein Jagdflugzeug ab, das beim «Pulitzer-Luftrennen» von 1922 für das US-Army Air Corps flog und dabei zwei erste Plätze belegte. Damit war das Interesse der maßgeblichen Stellen geweckt, welche gleich mehrere Prototypen mit der Bezeichnung PW-8 bestellten. Mit einem solchen gelang im Juni 1924 einem Piloten der US-Army die erste zwischen Morgen und Abend des gleichen Tages beendete Kontinentaltraversierung Amerikas, was

oben
Die Boeing-Stearman «Kaydet» war der wichtigste Anfangstrainer der amerikanischen Streitkräfte im Zweiten Weltkrieg. Es handelt sich hier um eines der letzten, noch erhaltenen Exemplare.

ganz oben
Das letzte italienische Doppeldekker Jagdflugzeug, die Fiat CR-42 der späten 30er Jahre, das auch im Zweiten Weltkrieg im Dienst stand.

einen anschaulichen Beweis für die Leistungsfähigkeit der Maschine lieferte. Es folgten eine Reihe von Serienmodellen unter der gemeinsamen Benennung Curtiss «Hawk». Für diese neue Generation schneller Jäger führte man die Grundbezeichnung «P» (für engl. pursuit = Verfolgung) ein. Den Anfang machte die P-1 «Hawk», die 1926 in Dienst genommen und von einem Curtiss U-1150-Motor von 435 PS angetrieben wurde, was eine Höchstgeschwindigkeit von 257 km/h ergab. Die Bewaffnung bestand aus zwei Maschinengewehren vom Kaliber 7,5 mm. Ein späteres Modell war die Curtiss P-6E aus dem Jahre 1931, die einen 600 PS-Motor besaß und damit bis 318 km/h erreichte. Auch bei der US-Navy dienten Curtiss «Hawks» unter der Bezeichnung F6-C.

Der zweite größere Jagdflugzeughersteller der USA war Boeing. Diese Firma hatte 1921 einen Vertrag zum Bau von 200 Exemplaren des

Maschinen vom Typ Vickers «Valentia» über Ägypten, im Jahre 1935.

von Thomas-Morse entworfenen MB-3A-Jägers erhalten. Dieses Projekt hatte man für die geplante Modernisierung des US-Army Air Corps im Jahre 1918 gestartet; es basierte stark auf dem bewährten französischen Spad XIII-Jäger, mit dem die amerikanischen Jagdverbände größtenteils ausgestattet waren. Die Serienproduktion lief an, obwohl der Krieg inzwischen zu Ende ging. Aufgrund der beim Bau der MB-3A gewonnenen Erfahrungen machte sich Boeing 1923 an einen Eigenentwurf, der sich daneben auch von den genannten Curtiss-Rennmaschinen beeinflussen ließ. Der Prototyp wurde mit PW-9 bezeichnet und eine Anzahl davon an die US-Army geliefert. Motor und Flugleistungen waren hier mit der Curtiss «Hawk» vergleichbar. Das nächste, auf eigene Initiative entwickelte Projekt Boeings war die P-12, deren Prototyp 1928 erschien. US-Army und US-Navy (F4B-1) bestellten den neuen Jägertyp als Ersatz für die bisherige Curtiss «Hawk». Der Rumpf des gefälligen Doppeldedckers war aus Aluminiumrohr konstruiert, die Tragflächen in Holz/Stoff-Gemischtbauweise hergestellt. Auch das Leitwerk war aus Holz, besaß aber eine Metallverkleidung. Die von der US-Army 1929 bestellten 90 Einheiten stellten den größten Auftrag seiner Art seit der 1921 begonnenen «Abrüstung» dar. Dieser Typ verwendete den neuen Pratt and Whitney «Wasp»-Sternmotor, womit man beim letzten Produktionsmodell, der P-12E, eine Spitzengeschwindigkeit von 304 km/h erreichte. Bei dieser Ausführung kam eine modernere Rumpfkonstruktion, die Schalenbauweise, zur Anwendung.

Die Firma Boeing machte sich die Erfahrung, die sie bisher mit Ganzmetallflugzeugen gewonnen hatte – die bereits angeführte «Monomail» war ein Beispiel dafür – auch auf dem Sektor Militärmaschinen zunutze. Ende 1931 gelangte das Unternehmen mit einem Projekt für ein in Metallbauweise konzipiertes Tiefdecker-Jagdflugzeug an die US-Army und erhielt eine Bestellung von drei Prototypen. Sie wurden im darauffolgenden Jahr ausgeliefert, und nach entsprechenden Testflügen und Abänderungen wurde die Serieherstellung der nun unter P-26A laufenden Maschine aufgenommen. Ende 1933 flogen die ersten Produktionsmodelle bei der Armee. Die P-26 wurde unter dem Beinamen «Peashooter» berühmt und gelangte als erster militärischer Tiefdecker zu verbandsmäßigem Einsatz. Die Höchstgeschwindigkeit betrug 377 km/h (Sternmotor Pratt and Whitney «Wasp» von 500 PS).

oben
Der Prototyp der Supermarine «Spitfire» im Jahre 1936

ganz oben
«Hurricanes» der amerikanischen «Eagle»-Staffel im Jahre 1940

Das US-Army Air Corps verfügte in der ersten Nachkriegszeit nur über eine kleine Bomberflotte. Aus der 1918 gebauten MB-1 entstand die in einer kleinen Serie hergestellte MB-2, wie ihre Vorgängerin im wesentlichen noch ein Doppeldecker der Kriegszeit. Eine solche Maschine war es, die im Juli 1921 das ehemalige deutsche Schlachtschiff *Ostfriesland* im Zuge der von der US-Navy abgehaltenen Sommermanöver bombardierte und versenkte. Damit demonstrierte der kommandierende Offizier mit aller Deutlichkeit die Verwundbarkeit großer Schiffe aus der Luft, obwohl er mit dieser Aktion damals den Unwillen einiger ranghöherer Offiziere erregte. 1928 wurde die MB-2 aus dem Dienst gezogen. Noch weitere Doppeldecker folgten im Verlauf der nächsten Jahre, darunter auch die Curtiss B-2 «Condor».

Die ersten als Eindecker gebauten Bomber erschienen 1932. Der Beitrag Boeings war die B-9, im wesentlichen eine zweimotorige Version des erwähnten «Monomail»-Ganzmetall-Postflugzeuges. Außer der Bestellung einiger Prototypen folgte jedoch kein weiterer Produktionsauftrag; das Projekt wurde dann aber zum Ausgangsmodell für das an früherer Stelle genannte Passagierflugzeug Boeing 247, welches, wie gesagt, den Anfang einer neuen Generation von Zivilflugzeugen bildete. Mehr Glück bei den zuständigen Stellen der US-Army hatte die Martin B-10, ein zweimotoriger Ganzmetalleindecker mit Einziehfahrwerk und drei Cockpits. Bei der endgültigen Version kamen ein fernbedienter Bug-Geschützturm und Cockpitverkleidungen hinzu. Zwei Sternmotoren des Typs Wright «Cyclone» von je 675 PS verliehen der B-10 eine Maximalgeschwindigkeit von 333 km/h, womit sie schneller war als die damaligen Jagdflugzeuge. Die größte Bombenzuladung betrug 1017 kg. Diese Maschine wurde 1934 in Dienst gestellt und flog bei der US-Army bis 1939. Eine Anzahl davon wurden auch an die Holländer für deren Überseekolonien verkauft.

So verfügte die amerikanische Luftwaffe Mitte der 30er Jahre bereits über eine moderne Flotte diverser Kampfflugzeuge – alles Ganzmetalleindecker, wenn auch noch in begrenzter Stückzahl. Amerika hatte – wie schon in der Verkehrs- und Sportfliegerei – auch hier die technologische Führungsrolle übernommen und hat sie seither nicht mehr preisgegeben. Der Hauptgrund für diese Entwicklungserfolge lag wahrscheinlich darin, daß die maßgeblichen amerikanischen Behörden weit-

oben
Die Boeing P-26 «Peashooter», der erste amerikanische Jagdflugzeug-Eindecker.

gegenüber oben
Die Bücker «Jungmeister» war ein deutsches Vorkriegs-Sportflugzeug, das auch vom «Reichsluftsportverband» zu Trainingszwekken verwendet wurde. Hier handelt es sich um ein englisches, ziviles Nachkriegs-Modell. In Anbetracht ihrer erstklassigen Kunstflugeigenschaften wurde die Produktion dieses Typs nach dem Zweiten Weltkrieg wieder aufgenommen.

gegenüber unten
Eine Messerschmitt 109E aus dem Jahre 1940

gehend auf die Vorschläge der Flugkonstrukteure eingingen – alle erfolgreichen, damaligen Kriegsflugzeugprojekte gingen auf private Initiative zurück – während zum Beispiel das englische Luftfahrtsministerium im voraus sehr detaillierte Forderungen aufstellte, nach denen dann die verschiedenen Privatfirmen ihr Projekt ausarbeiteten. Der große Nachteil dieses Systems war die Rückständigkeit der behördlichen Entwicklungsprogramme, was zur Folge hatte, daß sich die britische Luftwaffe bis zum Ausbruch des Zweiten Weltkrieges vorwiegend mit Doppeldeckertypen abmühte.

Frankreich brachte bis 1935 wenig Projekte von Bedeutung hervor. Eine Ausnahme bildete jedoch die Dewoitine D-26, ein technisch ausgereifter, gestielter Hochdecker in Ganzmetallbauweise, welcher von einem 250 PS-Wright-Hispano-Sternmotor angetrieben wurde, was eine Höchstgeschwindigkeit von 240 km/h ergab. Es war eine solide und langlebige Konstruktion; einzelne Exemplare dienten in der Sportfliegerei bis in die späten 50er Jahre. Auch in der Schweiz wurde diese französische Maschine für die dortige Flugwaffe unter Lizenz gebaut. Der D-26 folgte 1927 die Dewoitine D-27, eine ähnliche, aber leistungsstärkere Ausführung (500 PS; Höchstgeschwindigkeit 290 km/h). Bei seinem Erscheinen stellte dieses Flugzeug mit 286 km/h einen Geschwindigkeits-Weltrekord auf. Die Nieuport 62-C1 war ebenfalls ein gestielter Hochdecker und hatte einen Lorraine «Pétrel»-Reihenmotor von 500 PS. Später kam auch ein erstklassiger Ganzmetalltiefdecker hinzu, die Dewoitine D.510, ein windschnittiges, schnelles Flugzeug mit Reihenmotor. Auch Italien produzierte eine Anzahl moderner Militärflugzeuge; die bekanntesten darunter sind die Fiat CR-32 und die Savoia-Marchetti SM-79, ein dreimotoriger Bomber.

In der letzten Hälfte der 30er Jahre trat eine neue Situation ein. Der gemächliche Rhythmus des Projektierens und Produzierens machte jetzt einer hektischen Betriebsamkeit im Zuge der weltweiten militärischen Aufrüstung Platz. Da diese militärpolitischen Faktoren zeitlich mit umwälzenden, flugtechnischen Neuerungen zusammenfielen, so erstaunt es kaum, daß neben den Neuerscheinungen auf dem Flugzeugmarkt ihre Vorgängermuster jeweils rückständig und veraltet anmu-

G-AXNI

12

Die Supermarine S.6B, Gewinnerin beim Schneider-Pokal-Rennen, war eine Vorläuferin der «Spitfire».

teten. Ausgelöst wurde dieses Wettrüsten durch die Machtergreifung Hitlers und seiner Partei im Jahre 1933. Kurz darauf erklärte er den nach dem Ersten Weltkrieg abgeschlossenen Versailler Vertrag für nichtig und ordnete den Wiederaufbau der deutschen Luftwaffe an, wozu man entsprechende Rüstungsprogramme anlaufen ließ. Die Pilotenausbildung übernahmen – nebst den erwähnten Segelflugzeugen – zwei ausgezeichnete Doppeldecker, die Bücker «Jungmann» (Anfangsschulung) und «Jungmeister» (Fortgeschrittenenschulung). Ein weiteres, stark vertretenes Schulflugzeug war die Focke-Wulf FW-34, ebenfalls ein formschöner, klassischer Entwurf. Auch die offizielle Sportfliegerei, die unter dem «Reichsluftsportverband» zusammengefaßt war, machte von diesen drei Trainern Gebrauch. Die ersten Jägertypen der neuen deutschen Luftwaffe waren Doppeldecker, der interessanteste davon die aesthetisch vollendete Heinkel He-51, die sich durchaus mit der amerikanischen Curtiss «Hawk» und der englischen Hawker «Fury» vergleichen ließ. Die deutsche Maschine besaß einen flüssigkeitsgekühlten V-12-BMW-Motor von 750 PS und erreichte 330 km/h Höchstgeschwindigkeit. Zwei in der Motorhaube untergebrachte MGs bildeten die Bewaffnung.

Einen wichtigen Fortschritt für die deutsche Luftwaffe bedeutete die Einführung des neuen Jagdflugzeug-Tiefdeckers. Im Jahre 1933 beauftragte das neugeschaffene Reichsluftfahrtsministerium die Bayrischen Flugzeugwerke mit der Projektierung eines modernen Jagdeinsitzers nach dem Konzept der amerikanischen Boeing P-26. Die Leitung dieses Auftrages übernahm Professor Willy Messerschmitt. Da das zum Einbau geplante Junkers-Triebwerk nicht rechtzeitig verfügbar war, wählte man ironischerweise einen englischen Rolls-Royce «Kestrel»-Motor als Antrieb für den ersten Prototyp. Die ersten Produktionsmodelle wurden unter den Truppenbezeichnungen Bf-109A, B und C zwischen 1936–38 in beschränkter Zahl an die Flugeinheiten der wachsenden deutschen Luftwaffe geliefert. Zu dieser Zeit war der Spanische Bürgerkrieg in vollem Gange und Deutschland unterstützte die auf der Seite Francos kämpfenden Nationalisten mit der «Legion Condor», die sich aus Freiwilligen der deutschen Luftwaffe zusammensetzte. Für die Deutschen war es ein willkommenes Übungsfeld zur praktischen Erprobung ihrer neuen Flugzeugtypen – einerseits konnten Besatzungen und Bodenpersonal Gefechtserfahrung sammeln, anderseits noch nicht behobene «Kinderkrankheiten» der Maschinen so am besten ausgebügelt werden. Die Bf-109C besaß einen V-12 «Jumo»-Motor von 700 PS, hatte eine Flügelspannweite von 9,2 m und eine Länge von 7,8 m. Die Höchstgeschwindigkeit betrug 470 km/h. Einziehfahrwerk, Ganzmetallkonstruktion, Querruder-Auftriebsklappen (für beßere Manövrierfähigkeit im unteren Geschwindigkeitsbereich), sowie vollendete aerodynamische Formgebung machten diese Maschine zu einem Spitzenprodukt der europäischen Luftfahrtindustrie. Daher war es naheliegend, daß dieses Flugzeug in seinen späteren Ausführungen (Me-109 E,F,G) zum Standardjäger und -Jagdbomber der deutschen Luftwaffe wurde. Die Me-109 erreichte die größte Produktionsziffer aller im Zweiten Weltkrieg gebauten Jagdeinsitzer (insgesamt wurden von den vielen am Bau beteiligten Firmen über 15000 Exemplare hergestellt). Was die Langlebigkeit der Maschine betrifft – in Spanien unter Lizenz gebaute Messerschmitts fanden dort bis 1965 Verwendung – so nimmt sie einen führenden Platz unter den erfolgreichsten Flugzeugen überhaupt ein. Ein eigens dafür umgebauter Prototyp der Bf-109 schraubte übrigens im November 1937 den Weltgeschwindigkeitsrekord auf 610,8 km/h hinauf. Messerschmitt hatte sich – nebenbei bemerkt – nicht an die von der zuständigen Behörde erlassenen Konstruktionsvorschriften gehalten und bei diesem Projekt weitgehend seine eigenen Vorstellungen eines schnellen, neuzeitlichen Jägers verwirklicht.

Auch in England waren es schließlich die Konstrukteure, welche der neuen Jagdflugzeug-Generation trotz anderweitiger Auffassung der Behörden ihr entscheidendes Gepräge gaben. Die Firma Hawker, die sich aus den früheren Sopwith-Werken gebildet hatte, entwickelte und baute – nach einem Entwurf von Sidney Camm, ihres Chefkonstrukteurs – auf eigene Initiative die «Hurricane». Beim Basismodell hatte – in Anlehnung an die bewährte Doppeldeckerbauweise – nur der Vorderteil des Rumpfes eine Metallverkleidung, die hintere Hälfte und die übrigen Teile waren noch stoffbespannt. Nach der Flugerprobung im Jahre 1935 zeigte das britische Luftfahrtsministerium Interesse und ließ auch eine Bestellung folgen, doch die Herstellerfirma war kühn und weitsichtig genug gewesen, schon vor diesem Datum eine Produktionsserie von 1000 Stück anlaufen zu lassen. Als Triebwerk gelangte der neue Rolls Royce «Merlin» von 1030 PS zum Einbau, woraus eine Maximalgeschwindigkeit von 518 km/h resultierte. Eine Spezialausführung der «Hurricane» legte die Strecke London-Edinburgh mit der

unten links
Die Vickers «Wellington»

unten rechts
Mit dem Langstrecken-Bomber Focke-Wulf Fw-200C griffen die Deutschen die Konvois der Alliierten an.

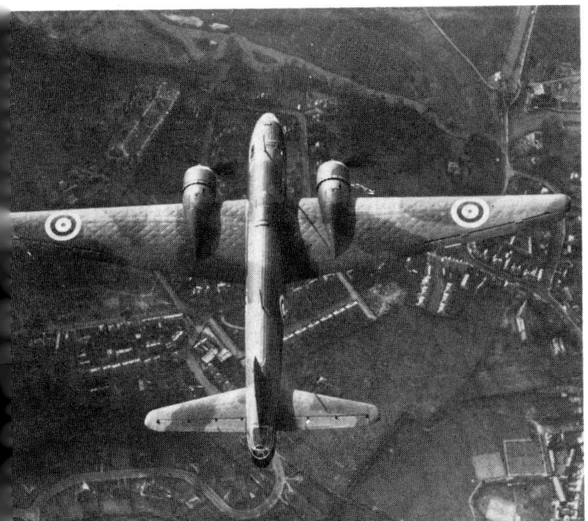

Ein sowietischer ANT-6-Bomber wird hier als Transporter von Fallschirmjägern eingesetzt (1940).

Rekordgeschwindigkeit von 668 km/h zurück. Das erste fertiggestellte Serienmuster machte im Oktober 1937 seinen Erstflug, und bei Kriegsausbruch standen rund 500 «Hurricanes» zur Verfügung – zum großen Teil das Verdienst Hawkers.

Der zweite, neu herausgekommene englische Jagdeinsitzer, die Supermarine «Spitfire» war dagegen eine Ganzmetallkonstruktion. Sie ging ebenfalls auf privaten Unternehmergeist zurück und wurde erst anschließend der Royal Air Force offeriert, welche angesichts der deutschen Rüstungsanstrengungen das Projekt rückwirkend übernahm. Sein Erbauer war R.J. Mitchell, der seine diesbezügliche Erfahrung dem Bau von erstklassigen Renn-Wasserflugzeugen verdankte. Der Prototyp der «Spitfire» flog erstmals im März 1936, drei Monate später folgte ein Auftrag von 300 Einheiten, wovon die erste Maschine Ende 1938 an die Truppe ging. Die «Spitfire» war mit 11,2 m Spannweite etwas kleiner als die «Hurricane» (12,2 m), dafür jedoch schneller (Höchstgeschwindigkeit 583 km/h). Diese beiden Jägertypen ergänzten einander, was Bauweise und Einsatzrolle betrifft: Die «Hurricane» war robust, sehr widerstandsfähig und weniger kompliziert gebaut als die «Spitfire». Diese war mehr auf Geschwindigkeit ausgelegt, subtiler konstruiert und brauchte mehr «Fingerspitzengefühl». So widmeten sich während der Schlacht um England im Jahre 1940 die «Spitfires» zur Hauptsache den deutschen Jagdflugzeugen, die «Hurricanes» dagegen den angreifenden Bombern.

In der europäischen Bomberentwicklung zeichneten sich ebenfalls neue Tendenzen ab. Den Haupteinfluß übte auch hier die zivile, amerikanische Boeing 247 aus. Die Deutschen ließen sich sichtlich von der Größe, Formgebung und Technik des amerikanischen Modells anregen und brachten die Heinkel 111 heraus, offiziell als Passagiermaschine, zugleich aber auch als Bombenflugzeug, das in Großserien aufgelegt wurde und Ende der 30er Jahre die Hauptstütze der deutschen Bomberverbände bildete. Die He-111 hatte eine Bombenzuladung von rund 1500 kg. Sie wurde in zahlreichen Abwandlungen hergestellt und wies eine sehr lange Einsatzfähigkeit auf (in Spanien «überlebte» sie bis in die 60er Jahre). Die Firma Dornier schuf einen anderen deutschen Bomber, die Do-17, die man der Öffentlichkeit anfänglich als schnelles

Postflugzeug präsentierte, daneben aber für vorwiegend militärische Zwecke weiterentwickelte. Die schlanke, langgezogene Stromlinienform trug dem Flugzeug den Beinamen «Fliegender Bleistift» ein. Es konnte gegen 750 kg an Bomben mitführen. Der dritte der 1934 erschienenen deutschen Bomber-Prototypen war die Junkers Ju-86, die man gleichfalls als Zivilprojekt startete, welche aber praktisch nur als Bomber bekannt wurde. Seine Höchstgeschwindigkeit betrug 360 km/h, das Bombengewicht 990 kg. Mit dieser Junkers-Maschine erzielten die Deutschen auch Exporterfolge; sie wurde an Schweden, Chile, Portugal und Südafrika verkauft.

Auch in England diente die amerikanische Boeing 247 als Vorbild für die Bomberentwicklung. Der erste Prototyp, die von der Bristol Aeroplane Company gebaute Bristol 142, ging auf eine Bestellung von Lord Rothermere, dem Herausgeber der englischen Zeitung *Daily Mail*, zurück. Diese Maschine machte 1935 ihren Erstflug und erreichte dabei eine Geschwindigkeit von 494 km/h, war also schneller als sämtliche verfügbaren Jagddoppeldecker der R.A.F. Deren Leitung erteilte der Firma Bristol sogleich einen Entwicklungsauftrag für eine Bomber- und Jägerversion. Nach einigen geringfügigen Abänderungen und dem Einbau der Bewaffnung entstand daraus die Bristol «Blenheim».

Die Produktion begann 1937, und diese sehr schnelle Maschine wurde vorerst als Kampfflugzeug eingesetzt. Zwei Bristol-Mercury-730-PS-Motoren gaben ihr eine Höchstgeschwindigkeit von über 400 km/h. Die Spannweite betrug 17 m und die Länge 12 m. Bald folgte eine Bomber-Version, und 1938–40 war die Blenheim schon vielerorts im Einsatz, um später auf allen Schauplätzen des Kriegsgeschehens zu erscheinen. Eine beachtliche Zahl wurde auch exportiert. Es war eine Blenheim, die den ersten britischen Bombenflug des Zweiten Weltkriegs, kurz nach der Kriegserklärung, unternahm.

Der zweite britische Vorkriegs-Bomber war die Vickers Wellington. Er war eine Weiterentwicklung des Vickers Wellesley, eines einmotorigen, einflächigen Langstrecken-Bombers, der 1935 als «Privates Versuchsmodell» gebaut worden war. Die R.A.F. hatte eigentlich eine «neue Generation» von Doppeldecker-Bombern in Auftrag gegeben, aber Vickers entschied, die Wellesley zu bauen und so ihren Standpunkt, daß ein Einflächer vorteilhafter sei, durchzusetzen. Bald erwies sich die Richtigkeit dieses Entscheides. Einer der Konstrukteure war Barnes Wallis, der am britischen Flugschiff R.100 mitgearbeitet hatte. Er verwendete ein gitterartiges geodätisches Holzgerüst, das er schon für den Bau des Flugschiffes verwendet hatte und das äußerst widerstandsfähig war. Die Wellesley wurde von der R.A.F. bestellt, und 1938 flogen drei dieser Maschinen einen neuen Distanz-Rekord von Cranwell, Lincs, nach Ismailia, eine Strecke von 6200 km. Die Wellington war eine zweimotorige Maschine mit einem stoffüberzogenen geodätischen Gerüst und trat ihren Dienst 1939 an. Das geodätische Gerüst erwies

unten links
Ein Verband von Junkers Ju-52 beim Absetzen von Fallschirmjägern, 1940

unten rechts
Jäger vom Typ Yak-9 der sowjetisch-französischen Normandie-Nieman-Staffel im Jahre 1944. Die Yak-9 war das erfolgreichste Jagdflugzeug der Sowjets.

ganz oben
Ein Messerschmitt 110D-Nachtjäger des Jahres 1943

oben
Die beiden klassischen britischen Jagdflugzeuge des Jahres 1940, die Hawker «Hurricane» (im Vordergrund) und die Supermarine «Spitfire». Es handelt sich hier um erhaltene Exemplare. Die «Hurricane» ist eine MK I in der Ausführung von 1940, die «Spitfire» eine MK V in der Version von 1941.

sich als sehr stark, und das Flugzeug konnte selbst bei starker Beschädigung im Kampf meist noch den Heimflug antreten.

Unter den anderen Nationen brachte vor allem die Sowjetunion einige interessante Konstruktionen hervor. Bis zum Ersten Weltkrieg war in Rußland der große viermotorige Ilya-Mourometz-Doppeldecker-Bomber im Einsatz gestanden. Die Tradition wurde nun mit einem mächtigen viermotorigen Einflächenbomber, der Ant-6, welche 1930 als Prototyp erschien, fortgesetzt. Er war nach dem Prinzip der Focker, mit Wellblech bespannt. Vier 730-PS-V-12-Motoren verliehen ihm eine Spitzengeschwindigkeit von 180 km/h. Er konnte eine Bombenlast von 2200 kg mitführen, die entweder im Bombenschacht im Innern des Flugzeuges oder in Behältern außerhalb des Flugzeuges untergebracht waren. Seine Spannweite betrug 39,5 m und die Länge

24,4 m. Für seine Zeit war es ein riesiges und spektakuläres Flugzeug. Es wurden zahlreiche Versionen hergestellt, unter anderem wurde das Flugzeug als erster Fallschirmtruppen-Transporter eingesetzt, als die Russen mit der damals neuen Idee experimentierten, Kampftruppen mittels Fallschirmen hinter den feindlichen Linien abzusetzen. Im Zweiten Weltkrieg setzten die Russen dieses große Flugzeug – sie besaßen über 800 Stück davon – als Nachschubtransporter und als Fallschirm-Truppen-Transporter ein. Als Langstreckenbomber kam die Maschine praktisch nie zum Einsatz, denn 1940 galt die Maschine mittlerweilen als langsam und verletzlich.

Etwas bescheidener im Konzept war die zweimotorige Maschine desselben Konstrukteurs, Tupolev. Diese SB-2 (oder Ant-40) war eine weitere Konstruktion, die von der Boeing B-9 und der 247 inspiriert

oben
Eine Junkers Ju-87 «Stuka», 1941.

oben
Die Junkers Ju-88 war eines der besten Flugzeuge der deutschen Luftwaffe im Zweiten Weltkrieg. Ursprünglich als Bomber konzipiert, wurde sie später für zahlreiche andere Aufgaben abgewandelt. Hier handelt es sich um die Ju-88R-1, eine Nachtjäger-Version.

war. Der Prototyp dieses zweimotorigen Mittelstrecken-Bombers flog zum ersten Mal im Jahre 1934 und wurde 1936 in Dienst gestellt. Die Spitzengeschwindigkeit betrug über 400 km/h, die Bombenkapazität rund 1000 kg und die Spannweite 20 m. Es wurden davon über 600 Stück hergestellt. Exportiert wurden die Maschinen nach China, der Tschechoslowakei und nach Bulgarien. Mit ihnen wurden auch die Republikaner im Spanischen Bürgerkrieg beliefert (das entsprechende zweimotorige Gegenstück der Deutschen wurde auf der Seite der Nationalisten in der Legion Kondor eingesetzt). Zwei russische Kampfflugzeuge müssen hier noch erwähnt werden, die beide auf der Seite der Republikaner in Spanien und im Krieg gegen Deutschland von 1941 bis 1945 eingesetzt wurden. Es sind dies der I-15, ein wendiger, robuster, 370 km/h schneller Doppeldecker und seine Eindecker-Version, der I-16 Rata («kleine Ratte»), welcher dem Boeing P-26-Peashooter sehr ähnlich war. Er bestand jedoch aus Holz, war mit Stoff bespannt und hatte ein einziehbares Fahrwerk. Beide, der I-15 und der I-16, standen bis 1945 und später in den 50er Jahren in Spanien im Dienst.

Im September 1939 brach in Europa der Krieg aus. Die Deutschen waren in Polen einmarschiert und Frankreich und England erklärten am 3. September Deutschland den Krieg, da sie durch Verträge an Polen gebunden waren. In den 30er Jahren hatten Strategen prophezeit, daß ein nächster Krieg eine Sintflut aus der Luft sein werde. Ganze Städte würden durch riesige Bomberflotten ausgerottet und Millionen von Zivilisten würden sterben. Solche Prophezeiungen bewahrheiteten sich glücklicherweise durch die Ereignisse nur teilweise. Die Städte wurden wohl zerbomt, aber keine Nation hatte solche Mittel zur Verfügung, um die düsteren Voraussagen aus der Zeit vor dem Krieg wahr zu machen, und auch Gas-Angriffe aus der Luft blieben aus.

Aber wenn auch die Bombenangriffe auf die Städte nicht jenes Ausmaß annahmen, wie es vorausgesagt worden war, so gab es doch zahlreich massive und schreckliche Angriffe. Die Methode, welche im Kampf aus der Luft schnelle Erfolge brachte, war die taktische Unterstützung der Erdkampftruppen. Die Deutschen perfektionierten diese Methode in der Zeit der sensationellen Erfolge in den Jahren 1939–41. Die Flugzeuge flogen den Kampftruppen voraus und zerstörten die wichtigsten taktischen Schlüsselstellungen, die dann von den nachfolgenden Panzer- und Grenadierdivisionen eingenommen und überrannt wurden. Das Hauptinstrument dieser Angriffe waren die furchteinflößenden Junkers-Ju-87-Sturzkampfbomber, die «Stukas». Diese Maschinen waren im Jahre 1934 entwickelt worden und stellten eigentlich ein langsames, verwundbares und unterbewaffnetes Flugzeug dar. Als Einschüchterungswaffe aber waren sie sehr effektiv und auch erfolgreich, indem sie die 500-kg-Bombe, die sie mitführten, mit ziemlicher Genauigkeit ins Ziel brachten.

Das Jahr 1940 war ein Alptraum für Osteuropa. Die ersten sechs Monate nach der Invasion von Polen im September 1939 waren für England und Frankreich relativ ruhig. Einige wenige Flugzeuge wurden über England abgeschossen, und die R.A.F. unternahm einige kurze Angriffe nach Deutschland, warfen aber keine Bomben ab, sondern Propagandamaterial. Im April 1940 eroberten die Deutschen Norwegen. Dies war zwar in der Hauptsache ein Angriff zur See, die Schlüsselstellungen im Süden wurden jedoch von Fallschirmtruppen und Soldaten, die von Junkers Ju 52 nach Oslo und Kristiansund eingeflogen wurden, erobert. Am 10. Mai 1940 rollten die deutschen Panzer in Frankreich und Flandern ein, ebenfalls wieder mit der Hilfe der Stukas, welche die Linien der Verteidiger zuerst durchlöchert hatten. Die R.A.F. hatte eine vorgeschobene Basis in Frankreich und war hauptsächlich mit Hurricane-Kampfflugzeugen und mit Battle-Kurzstreckenbombern ausgerüstet. Die Battle war ein Eindecker-Ersatz für den Kurzstreckenbomber der frühen 30er Jahre, die Hart. Obwohl eine gute Maschine, so war sie doch viel zu langsam und hoffnungslos unterbewaffnet. Bei Angriffen hinter den deutschen Linien jenseits der Marne wurden sehr viele von der deutschen Luftabwehr abgeschossen. Noch viel stärkere Verluste erlitten die Franzosen, und die Deutschen waren die absoluten Beherrscher des Luftraumes, denn die übriggebliebenen englischen Flugzeuge wurden zurückgezogen für die Verteidigung des eigenen Landes. Eine richtige Entscheidung, wenn man die kommenden Ereignisse in Betracht zieht. Am 10. Mai 1940, weniger als drei Wochen nach der deutschen Offensive, wurden die Britischen Truppen in Dünkirchen zusammengezogen und von einer hastig zusammengestellten Flotte, bestehend aus Vergnügungsbooten und Fischerkähnen, nach England transportiert. Über den Stränden von Dünkirchen hielten die britischen Flugzeuge, die von England starteten, die deutsche Luftwaffe etwas zurück. Ein weiteres, neues Kampfflugzeug hatte seinen kurzen, aber spektakulären Auftritt in Dünkirchen; die Defiant, ein Eindecker. Sie richtete unter den deutschen Flugzeugen beträchtlichen Schaden an, denn diese griffen wie gewohnt von hinten an, worauf sie von einem Hagel von Geschossen empfangen wurden, die aus den vier Maschinengewehren stammten, die in einem Turm hinter dem Cockpit der Defiant montiert waren. Der Erfolg der Defiant war jedoch nur von kurzer Dauer. Das Flugzeug verfügte über keine Bewaffnung im Bug und die Ergebnisse der Kämpfe über Südost-England im Jahre 1940, der «Battle of Britain», zeigten, daß die acht Maschinengewehre in den Flügeln der Spitfire und der Hurricane die besten Waffen waren. Die Me 109E dieser Tage war ein mit Kanonen ausgerüstetes Flugzeug, dessen Konstruktion zukunftsweisend war. Die neuen Ausführungen der Spitfire und der Hurricane, welche 1941–42 in Dienst gestellt wurden, waren ebenfalls mit Kanonen ausgerüstet worden. Diese verliehen der Maschine mehr Durchschlagskraft, was wegen der immer höheren Geschwindigkeiten und angesichts der Tatsache, daß die deutschen Flugzeuge rund um das Cockpit mit Panzerplatten ausgerüstet waren, notwendig wurde.

Eine Curtiss P-40N, 1942

oben links
Die de Havilland «Mosquito» im Kriegseinsatz, 1944

oben rechts
Eine F-51D «Mustang» der Südafrikanischen Luftwaffe in Korea (1950).

Die Defiant wurde später als Nachtjäger eingesetzt, da die Deutschen, nachdem sie die Luftherrschaft über England nicht hatten erringen können, zu Nachtangriffen übergegangen waren. Damals kam eine neue Bezeichnung für kurze Angriffe in Mode; das Wort «Blitz». London, Southampton, Coventry, Bristol und andere Industrie- und Handelszentren hatten vor allem darunter zu leiden. Die älteren Blenheim-Kampfflugzeuge wurden ebenfalls zu Nachtkampfflugzeugen umgerüstet, und die Beaufighter, eine schnellere Version der Blenheim, wurde als erster Nachtflieger erfolgreich mit Radar ausgerüstet, was dem Piloten nachts «Augen» verlieh.

Radar wurde nun zur Schlüsselwaffe. Radar war mit mehr oder weniger Erfolg in England, Deutschland und Amerika als Nebenprodukt der Entwicklung von Radio und Fernsehen in den 20er und 30er Jahren erfunden worden. Radar als Verteidigungswaffe wurde in England im Jahre 1936 von einem Forscherteam unter Robert Wattson-Watt entwickelt. Die Rettung von England ist der Radar-Kette entlang der Küste von England ebenso zu verdanken, wie dem Einsatz der R.A.F.-Piloten. Mittels Radar wurden die deutschen Kampfflugzeuge schon sehr früh entdeckt, was den englischen Piloten erlaubte, die anfliegenden Maschinen bereits über der Küste von England abzufangen. Es stellte dies eine sehr wirksame und fast narrensichere Methode der Frühwarnung dar. Es ersetzte das alte, aufwendige System, bei dem mehrere Aufklärer ständig in der Luft sein mußten, um bei Tag anfliegende Flugzeuge identifizieren zu können. Zudem funktionierte Radar bei jeder Witterung und rund um die Uhr. Die Flugelektronik wurde bald ein eigener Industriezweig und der Radar zum integrierten Bestandteil der Flugzeugindustrie. Ein Teil, der – obwohl für den Laien größtenteils unsichtbar – sehr viel zur Revolutionierung der Luftverkehrskontrolle und damit für die Sicherheit der Luftfahrt beitrug. Nach dem Zweiten Weltkrieg nahm seine Bedeutung mit der immer größer werdenden Geschwindigkeit und der immer größeren Dichte im Flugraum noch beträchtlich zu. Mit dem Fortschreiten des Krieges wurden zahlreiche Instrumente entwickelt, welche die Bomber in ihr Ziel führten und erlaubten, eine elektronische «Karte» des überfliegenden Gebietes zu «sehen». Radar-Apparaturen wurden immer mehr verkleinert, was erlaubte, diese Instrumente in die Flugzeuge selbst einzubauen, und die Beaufighter, welche 1941 in Dienst gestellt wurde, war das erste Flugzeug, das damit ausgerüstet war. Die Beaufighter war eine brillante Konstruktion, mit ihrem 1500-PS-Sternmotor sehr leistungsfähig, und gewährleistete eine solide Schußplattform für die vier 20 mm-Bordkanonen und die sechs Maschinengewehre. Bald erhielt die Beaufighter einen noch erfolgreicheren Partner, die de Havilland Mosquito, welche eines der berühmtesten Flugzeuge des Krieges wurde.

Das Flugzeug war fast vollständig aus Sperrholz gebaut, was ihm auch den Spitznamen «Wooden Wonder» (hölzernes Wunder) eintrug.

Die zwei Rolls-Royce-Merlin-Motoren verliehen ihm eine Spitzengeschwindigkeit von über 600 km/h und die ursprüngliche Absicht von de Havilland war es auch gewesen, einen unbewaffneten Bomber zu konstruieren, der sich bei seiner Verteidigung nur auf seine Geschwindigkeit verlassen sollte. In der Folge wurde die Maschine dann für alle möglichen Einsätze verwendet, als Bomber, Torpedobomber, Nachtkampfflieger, Kampfflugzeug und Photoaufklärer. Sie wurde auch als Trainingsflugzeug verwendet und machte sich einen Namen als «Pfadfinder» - als Navigationsführer für Bombergeschwader, der die Ziele mit Rauchbomben markierte. Die Beaufighter wurde neben ihrer Rolle als Nachtkampfflugzeug auch als Tagkampfflugzeug mit Torpedos und Raketen ausgerüstet gegen Schiffe, als Erdkampfflugzeug und in der Nachkriegszeit als schnelles Zielschlepp-Flugzeug eingesetzt. Den Japanern war die Maschine - eingesetzt von der Royal Australian Air Force - als «Whispering Death» (flüsternder Tod) bekannt.

Als die R.A.F. 1940/41 dringend neue Flugzeuge brauchte, wurde sie mit Maschinen aus den Vereinigten Staaten versorgt. Die amerikanischen Flugzeughersteller hatten einige sehr fortschrittliche Flugzeugtypen entwickelt, von denen einige allen in Europa bekannten überlegen waren. Die Lockheed 14 wurde als sehr erfolgreicher Marine-Bomber eingesetzt. Lockheed Hudson hieß die Ausführung, mit der die R.A.F. ausgerüstet wurde. Die Hudson hatte alle Finessen, welche die Lockheed berühmt gemacht hatte. Die Hudson war einer der ersten englischen Ankäufe, die getätigt worden waren, noch bevor der Krieg ausgebrochen war.

oben
Die P-47D «Thunderbolt», der größte Jagdeinsitzer des Zweiten Weltkrieges.

oben links
Die erste Version der North American P-51A «Mustang», die 1942 zum Einsatz gelangte.

oben rechts
Eine P-38F Lockheed «Lightning» im Jahre 1943

Eine der auf Malta stationierten «Beaufighters», wo sie gegen Kriegsschiffe eingesetzt wurden (Juni 1943)

Sie ersetzte die langsame, aber zuverlässige Avro Anson, welche die Engländer zur Küstenüberwachung und als Schulflugzeug verwendeten. Ein weiterer früher Ankauf war die ausgezeichnete North American Harvard (T-6 oder Texan in den USA), das klassische Schulflugzeug, auf dem tausende von Piloten ausgebildet wurden und das noch in den 70er Jahren im Dienst stand, nachdem die Maschine erstmals 1938 geflogen worden war.

Die Franzosen hatten im Jahre 1938 den schönen Kurzstreckenbomber Douglas DB-7 bestellt. Es war eine stromlinienförmige Maschine mit zwei Pratt- und Whitney-Double-Wasp-Sternmotoren von 1600 PS, die ihr eine Spitzengeschwindigkeit von 560 km/h verliehen. Die Maschine konnte eine Bombenlast von 1200 kg mitführen. Die Ablieferungen hatten kaum begonnen, als Frankreich überrannt wurde und die Flugzeuge wurden an die R.A.F. umgeleitet. Dies führte zu weiteren Bestellungen und die Maschine wurde unter verschiedenen Bezeichnungen (Boston bei der R.A.F., Havoc bei der R.A.F. und der USA-A.F. und A-20 bei der USA-A.F.) zu einem der berühmtesten Flugzeuge der Alliierten. Es wurde für verschiedene Aufgaben eingesetzt, als Kampfflugzeug, als Nachtaufklärer, und als Kurzstreckenbomber.

Die Franzosen hatten ebenfalls eines der ersten amerikanischen modernen Kampfflugzeuge, die P-36 Curtiss Hawk, bestellt. Das US-Army Air Corps hatte 1935 eine Konkurrenz für ein neues Flugzeug ausgeschrieben, und Curtiss und Seversky (mit der P-35) reichten Pläne ein. Beide Konstruktionen wurden dann in kleiner Anzahl gebaut. Die P-36 hatte einen Wright-R-1830-1050-PS-Motor, der ihm eine Spitzengeschwindigkeit von fast 500 km/h verlieh. Seine Bewaffnung bestand aus zwei Maschinengewehren. Die Hawk wurde in großer Stückzahl nach Frankreich, Finnland und Peru verkauft. Einige Exemplare, die von Norwegen bestellt worden waren, kamen zur R.A.F., als die Deutschen Norwegen besetzten, ebenso die Maschinen, die nach Frankreich hätten geliefert werden sollen. Bis 1940 waren diese Maschinen veraltet und wurden bei der R.A.F. nur noch selten eingesetzt. Eine Weiterentwicklung der P-36, die P-40, tauchte 1939 auf. Ähnlich wie die P-36, hatte die P-40 einen wassergekühlten Allison-Motor und die Bewaffnung in den Flügeln. Die Spitzengeschwindigkeit betrug 560–600 km/h, je nach Ausführung. Vom P-40 A bis zum P-40 N gab es in der Zeit von 1940–45 zahlreiche Ausführungen und der P-40 war das am drittmeisten produzierte Kampfflugzeug der USA. Bei der R.A.F war die Maschine je nach Typ unter der Bezeichnung Kittyhawk, Tomahawk und Warhawk bekannt. Spätere Modelle waren mit amerikanischen Rolls-Royce-Merlin-Motoren ausgerüstet, welche der Maschine eine höhere

oben
Eine Lockheed «Hudson» – im Dienste der R.A.F. – beim Überfliegen der Pyramiden in Ägypten (1941)

links
Die North American «Harvard» (oder T-6 «Texan») fand bei den Alliierten ausgedehnte Verbreitung als Schulflugzeug. Die abgebildete Maschine trägt die Bemalung der Norwegischen Luftwaffe und dazu zivile Kennzeichen, die hinzugefügt wurden, als man die Maschine außer Dienst stellte.

Eine Focke-Wulf Fw-190D, das beste Kolbenmotor-Jagdflugzeug der deutschen Luftwaffe.

Geschwindigkeit verliehen. Die große Motorhaube bot sich geradezu an, um mit einem Haifischmaul bemalt zu werden, und dies war dann auch die häufigste Verzierung an diesem Flugzeug. Die bekanntesten P-40 waren diejenigen der freiwilligen amerikanischen Piloten, den «Flying Tigers», die in der Zeit von 1940–42 für die Chinesen kämpften.

Die berühmtesten amerikanischen Kampfflugzeuge kamen jedoch erst. Die bekanntesten darunter waren die P-51 Mustang, die P-47 Thunderbolt und die P-38 Lightning. Die Mustang wurde entsprechend den englischen Bedürfnissen gebaut, denn die R.A.F. fand vorhergehende, amerikanische Modelle in mehrerer Hinsicht für ihre Zwecke nicht geeignet. Die nordamerikanischen Konstrukteure entwarfen das Flugzeug unter einem 120-Tage-Vertrag. Der Prototyp flog im Oktober 1940 und war technisch gesehen sehr fortschrittlich. Das US-Army Air Corps war sehr beeindruckt und bestellte das Flugzeug ebenfalls. Es wurde eine Sturzkampfbomber-Version A-36 und eine Photo-Aufklärer-Version gebaut. Die ersten Modelle arbeiteten nicht zur vollen Zufriedenheit. Der Einbau eines Merlin-Motors anstelle des Allison brachte jedoch entscheidende Verbesserungen. Die P-51C und die P-51D, welche ein tropfenförmiges Cockpit hatte, um die Sicht des Piloten zu verbessern, waren weiterentwickelte Modelle. Die Spitzengeschwindigkeit bei der P-51D betrug über 700 km/h, während die leichtere Version, die P-51H, 780 km/h erreichte. Die Mustang wurde bei allen alliierten Truppen viel eingesetzt und stand auch im Koreakrieg der 50er Jahre im Einsatz. Nach dem Krieg diente die Mustang noch in vielen Armeen und wurde auch als Rennmaschine und schnelles Transportflugzeug berühmt.

Die P-47 war aus der Seversky P-35 und der Republic Lancer P-43 entwickelt worden. Die Konstrukteure der P-47 Thunderbolt bauten hier, im Gegensatz zu früheren Modellen, viel größer. Sie konstruierten ein Flugzeug rund um einen großen 2000-PS-Pratt- und Whitney-R-2800-Sternmotor. Ihr Ziel war Geschwindigkeit, Reichweite und Robustheit. Das Resultat war ein für diese Zeit sehr großes Flugzeug. Die Spannweite betrug 12,5 m, die Länge 11 m und sein Leergewicht 4530 kg. Es war das größte, einsitzige Kampfflugzeug der Amerikaner. Seine Dimensionen und seine Robustheit trugen ihm den Spitznamen «Jug», von «Juggernaut» ein, was soviel wie «Moloch» bedeutet. Die Maschine konnte unglaubliche Strapazen aushalten.

Alle diese amerikanischen Kampfflugzeuge hatten gegenüber den kleineren, englischen Flugzeugen den großen Vorteil der Reichweite. Als der Bomber-Krieg von 1942 an ins Innere Deutschlands getragen wurde, garantierten die P-47, P-51 und P-38 Deckung für die Bomber-

Flotten. Bezeichnenderweise hatten die amerikanischen, am Tag fliegenden Bomber, vor diesem Geleitschutz sehr starke Verluste erlitten. Die amerikanischen Kampfflugzeuge waren dem Focke-Wulf Fw 190, jenem ausgezeichneten neuen Kampfflieger der «zweiten Generation» mit Sternmotor, den die Deutschen entwickelt hatten, ebenbürtig.

Die großen Bomber der Amerikaner waren ein weiterer Beitrag für die moderne Kriegsführung. Die Boeing Company hatte bereits 1934 an einem viermotorigen Bomber zu arbeiten begonnen, um den Bedürfnissen der US-Army für einen Bomber mit einer Tragfähigkeit von 1 Tonne, einer Reichweite von 1600 km und einer Geschwindigkeit von 350–400 km/h gerecht zu werden. Charakteristisch war auch die schwere Bewaffnung, und im Konstruktionsentwurf waren mehrere Maschinengewehre in verschiedenen Positionen vorgesehen. Diese Entwicklung führte zur «Flying Fortress», zur «Fliegenden Festung». Die Prototypen dieser Konstruktion wurden von 1935–37 getestet, und die ersten Maschinen wurden 1938–39 in Dienst gestellt. Bei diesen zeigten sich mehrere Konstruktionsfehler. Das Leitwerk wurde zur Verbesserung der Stabilität vergrößert, was gerade dazu benützt wurde, auch im Heck einen Geschützturm einzubauen. Die entstandenen Modelle, die B-17 E, F und G, standen in verschiedenen Versionen im Krieg gegen Deutschland im Einsatz, nachdem die USA in den Krieg eingegriffen hatte. Der erste große Bombenangriff bei Tag (auf Rouen) fand im Juli 1942 statt. Der erste große Angriff auf Deutschland wurde ein Jahr später durchgeführt, als 376 B-17-Bomber die wichtige Kugellagerfabrik von Schweinfurt angriffen. Trotz der schweren Bewaffnung gingen 60 B-17 verloren und ein zweiter Angriff brachte ähnlich schwere Verluste. Die einzige Rettung an diesem Tag waren die Langstrecken-Kampfflugzeuge, die dann eingesetzt wurden. Im ganzen sind 12677 B-17 gebaut worden. Die meisten wurden als strategische Bomber eingesetzt und einige wenige fanden bei der R.A.F. für Marine-Patrouillenflüge Verwendung. Andere wurden als Transporter und nach dem Krieg

Der amerikanische «Liberator» wurde in großer Stückzahl produziert. Die gesamte Produktion aller Varianten erreichte 19000 Flugzeuge. Am häufigsten kam er in den Bomber- und Seeaufklärer-Versionen vor. Das abgebildete Flugzeug fliegt als unbewaffneter Transporter mit R.A.F.-Bemalung, obwohl es im Dienste der BOAC stand.

Eine Boeing B-17G, die klassische «Fliegende Festung», im Jahre 1944

Die Douglas «Boston III» – hier von der R.A.F. geflogen – im Jahre 1941

von der amerikanischen Armee als Rettungsflugzeuge eingesetzt. Die B-17G hatte eine Reichweite von 3200 km und erreichte mit einer Bombenlast von 2700 kg eine Spitzengeschwindigkeit von 460 km/h.

Ein anderer großer amerikanischer Bomber war die Consolidated Liberator B-24, welche 1939 zusätzlich zur B-17 hergestellt wurde. Ein dreirädriges Fahrgestell und hoch angesetzte Flügel waren die neuen Charakteristika. Mit diesem Flugzeug konnten bis zu 4000 kg Bomben transportiert werden. Die vier 1200-PS-Pratt- und Whitney-Motoren verliehen der Maschine eine Spitzengeschwindigkeit von 480 km/h. Die Bewaffnung bestand aus Maschinengewehren, die in Bug-, Heck-, Unter-, Ober- und Seitenposition eingebaut waren. Die Spannweite betrug 33,5 m und die Länge 20,5 m. Die ersten B-24 wurden im Jahre 1941 in Dienst gestellt. Der Krieg schien nun unausweichlich, und eine Massenproduktion wurde gestartet. Ein ganzes Syndikat von Fabriken übernahm die Produktion, und der Liberator wurde der am meisten produzierte amerikanische Bomber. Einige wurden der R.A.F. für Marine-Patrouillenflüge geliefert, wo sie erfolgreich gegen die deutschen U-Boote eingesetzt wurden. Die große Reichweite des Liberators machte ihn besonders geeignet für Flüge über den Ozean, und es war nun möglich, den Atlantik mit Flugzeugen zu überwachen. Zuvor hatte es ein Gebiet inmitten des Atlantiks gegeben, wo die U-Boote vor Angriffen aus der Luft sicher waren.

Zahlreiche andere Flugzeugtypen wurden während des Zweiten Weltkrieges berühmt, aber nur wenige werden als wirklich «große» Flugzeuge in Erinnerung bleiben, wenn alle andern bereits vergessen sind. Der Lancaster-Bomber erlangte Berühmtheit durch den einmaligen Rekord von Einsätzen bei den Truppen der Alliierten. Er war die Stütze der massiven Bombenangriffe gegen Deutschland und war der am häufigsten verwendete Bomber der britischen Luftwaffe in der zweiten

Hälfte des Zweiten Weltkriegs. Das Flugzeug eignete sich besonders für risikoreiche Einsätze gegen gewisse Schlüsselstellungen, wie zum Beispiel gegen die Ruhr-Dämme. Die Maschine versah auch nach dem Krieg Aufgaben als See-Aufklärer und stand bei der R.A.F. bis in die 50er Jahre im Dienst, bei andern Luftwaffen sogar noch länger. Über 7000 Lancaster verschiedenster Ausführung wurden gebaut, und es war wirklich das richtige Flugzeug für den richtigen Moment, was der Schlüssel für seinen außergewöhnlichen Erfolg war.

Die Geschichte des Lancaster geht zurück auf die Mitte der 30er Jahre, als das britische Luftfahrtsministerium behutsame Anstrengungen unternahm, damit die R.A.F. bis 1935 über 500 Bomber verfügen sollte. Ende 1935, als Italien Abessinien erobert hatte und in Deutschland unter Hitler massive Aufrüstung betrieben wurde, verdop-

oben
Die Avro «Manchester», aus der die «Lancaster» abgeleitet wurde.

ganz oben
Die Short «Stirling» war der erste viermotorige, schwere Bomber der R.A.F.

oben
Die «Lancaster» war der meistverwendete viermotorige Bomber Englands während des Zweiten Weltkrieges.

gegenüber oben
Eine B-17G «Fliegende Festung» mit ihrem Heck-Geschützturm. Es handelt sich hier um ein erhaltenes Exemplar.

gegenüber unten
Ein frühes Exemplar der B-29 «Superfortress». Die meisten flogen ohne Tarnanstrich.

pelte man jedoch das Ziel. Der erste viermotorige Bomber, der bei der R.A.F. in Dienst gestellt wurde, war 1940 die Stirling. Die Handley Page Halifax folgte Ende 1940 und wurde erfolgreich bis 1945 eingesetzt, obwohl die Lancaster dieses Flugzeug in Stückzahl und Anzahl der Einsätze weit übertraf. Bei den zweimotorigen Bomber ist noch vor allem die Avro 679 zu erwähnen. Dieses große Flugzeug wurde von zwei gewaltigen V-12-Rolls-Royce-Vulture-Motoren angetrieben. Bei diesen Kestrel-Maschinen waren entlang einer gewöhnlichen Kurbelwelle übereinander zweimal 12 Zylinder angeordnet, so daß eigentlich 24-Zylinder-Motoren entstanden. Obwohl es als zweimotoriges Flugzeug gedacht war, war es schließlich in Wirklichkeit viermotorig. Man gab der Maschine die Bezeichnung Manchester, und der Prototyp absolvierte seinen Erstflug im Juli 1939.

Während die Avro Manchester strukturmäßig gesehen ein gutes Flugzeug war, war es fast ein vollständiger Mißerfolg in bezug auf seinen praktischen Einsatz. Die Konzentration auf zweimotorige Typen anstelle von viermotorigen ist hauptsächlich darauf zurückzuführen, daß von Anfang an in gewissen Kreisen große Widerstände gegen den Bau von großen, viermotorigen Bombern herrschte. Der Grund lag darin, daß die größeren Maschinen längere Startbahnen brauchten, und die finanziellen Mittel waren selbst in den 30er Jahren, in der Zeit der Aufrüstung, beschränkt. Umfangreiche, aber erfolglose Experimente mit Katapulten wurden durchgeführt, um diesen Schwierigkeiten zu begegnen, während man mit der Entwicklung der Manchester fortfuhr.

U
485784
E

26239

Die Schwäche der Konstruktion lag jedoch hauptsächlich bei den Vulture-Motoren, die übereilt und ohne wirklich befriedigende Testergebnisse eingebaut wurden, denn man brauchte dringend neue Bomber. Die Motoren gaben nicht die erwartete Leistung ab, was das relativ schwere Flugzeug unstabil machte. Um diese Eigenschaft auszumerzen, wurden die Flügel um drei Meter verlängert und das Heckleitwerk mit einer weiteren Flosse ausgerüstet. Die Konstruktionsprobleme nahmen über ein Jahr in Anspruch, währenddessen der Krieg bereits im Gang war. Ende Oktober 1940 konnte die erste Manchester an die R.A.F. abgeliefert werden. Der erste Einsatz der Manchester fand im Februar 1941 gegen die Hafenanlagen von Brest statt. Das Flugzeug hatte jedoch sehr oft Maschinenschaden und mußte daher nach jedem Einsatz überholt werden. Die Einsatzdauer dieses Flugzeug-Typs war dadurch stark eingeschränkt.

Trotz seiner beschränkten Einsatztauglichkeit, war es die Manchester, welche die Entwicklung des erfolgreichen Lancaster ermöglicht hatte. Der Rahmen der Manchester war sehr stabil und gut durchkonstruiert, und als man merkte, daß die Schwierigkeiten mit den Vulture-Motoren kaum jemals behoben werden können, beschloß man, die Grundstruktur des Manchester-Rahmens so abzuändern, daß er vier Rolls-Royce-Merlin-Motoren aufnehmen konnte. Der Merlin hatte sich bereits bewährt. Er trieb die Spitfire und die Hurricane an, die in großen Zahlen produziert worden waren. Das Viermotor-System seinerseits war ebenfalls bereits bei der Handley-Page Halifax erprobt worden. So wurde dann der Manchester-Rahmen leicht abgeändert und mit vier Merlin-Motoren ausgerüstet. Die zentrale Schwanzflosse wurde beibehalten. Man nannte das neue Flugzeug dann zuerst auch Avro Manchester Mk III. Der Prototyp flog erstmals im Januar 1941 und erwies sich vom Start an als Erfolg. So erfolgreich, daß die Produktion der Manchester von der zweihundertsten Maschine an auf die viermotorige Version umgestellt wurde.

Die Avro Lancaster, die eigentlich aus einem nachträglichen Einfall entstanden war, erwies sich als erfolgreichster Bomber der Royal Air Force im Zweiten Weltkrieg. Sie war leicht zu fliegen, ertrug auch die schlimmsten Strapazen, seien es überlange Einsätze oder feindliche Angriffe, war wartungsfreundlich und hatte eine verläßliche Mechanik. Vor allem hatte sie einen unverbauten Bombenschacht, der es nicht nur erlaubte, zwei Tonnen kleine Bomben (1942 die größte Kapazität), sondern auch die riesigen einzelnen Bomben, die später im Krieg entwickelt wurden, mitzuführen (im Gegensatz dazu konnten die Halifax und die Stirling, welche früher entwickelt worden waren, nur einzelne Bomben bis zu einer bestimmten Größe mitführen). Abgesehen vom Austausch der Motoren und der Ausrüstung wurde der Lancaster-Bomber grundsätzlich während der ganzen Zeit seines Einsatzes kaum verändert, was bei Militärflugzeugen kaum je der Fall ist.

Die Bombenangriffe der R.A.F. waren hauptsächlich auf die Nacht beschränkt. Im Laufe von 1942 wurden die Manchester-Staffeln in Lancaster-Staffeln umgewandelt und bis im März 1943 waren 18 Lancaster-Staffeln im Einsatz. Bis 1945 war deren Zahl auf 50 angestiegen. Die meisten dieser Lancaster waren vom Typ Mk I (oder äußerlich gleich wie der Mk III, der amerikanische Packard-Merling-Motoren hatte). Bis 1945 waren 608612 Tonnen Bomben von Lancaster-Bombern abgeworfen worden. Das meiste davon auf Deutschland oder auf von Deutschen besetzte Gebiete. Insgesamt waren zu diesem Zeitpunkt 156000 Einsätze geflogen worden. Diese eindrücklichen Statistiken enthalten auch die Einsätze, welche in jenen berühmten «1000-Bomber-Angriffen» Mitte 1942 geflogen worden waren. Große Anstrengungen

gegenüber oben
Der klassische Fairey «Swordfish»-Torpedobomber

gegenüber unten
Eine Fairey «Albacore» - die spätere Ableitung der «Swordfish» - wird hier einsatzbereit gemacht (1943).

5A

rechts
Jagdflugzeuge beim Start vom Flugzeugträger *Ranger* im Jahre 1937

oben
Das Supermarine «Walrus»-Amphibienflugzeug wurde für Luft-See-Rettungsaktionen eingesetzt und konnte entweder von Kreuzern aus mittels Katapult gestartet werden oder wie hier von Flugzeugträgern aus operieren.

wurden unternommen, teilweise mit Flugzeugen der Küstenwache, um die «magische» Zahl von 1000 zu erreichen.

Die Lancaster wurde ebenfalls für die berühmten «Damm-Angriffe» auf die Dämme der Sorpe, Eder und Möhne eingesetzt, mit denen das Ruhr-Gebiet unter Wasser gesetzt werden sollte, um die Industrie lahmzulegen. Dr. Barnes-Wallis hatte eine Idee für eine Bombe entwickelt, die sich auf der Oberfläche der Stauseen in Richtung der Dämme fortbewegen, dort sinken und die Dämme mit einem «Erdbebeneffekt» zum Bersten bringen sollte. Lancaster-Bomber wurden zu diesem Zweck umgebaut und mit einem Automotor ausgerüstet, der die Bomben in Drehung versetzte, bevor sie abgeworfen wurden. Der Angriff verlangte gewagte Flugmanöver und fand am 16. Mai 1943 statt. Er wurde gekonnt unter ziemlichen schweren Verlusten ausgeführt. Der Erfolg der neuen Waffe war jedoch nicht wie erwartet.

Der letzte der schweren Bomber jener Zeit war 1945 der B-29 Superfortress, der Nachfolger des B-17. Als er Ende 1943 zum ersten Mal in Dienst gestellt wurde, steckten drei Jahre intensiver Entwicklungsarbeit in diesem Flugzeug. Im Jahre 1930 hatte Boeing bereits mit der Entwicklung von Langstreckenbombern mit einer Reichweite von über 7000 Kilometern begonnen. Es entstand damals der Prototyp XB-15. 1940 wurde Boeing beauftragt, einen Bomber mit einer Reichweite von 8000 km, einer Spitzengeschwindigkeit von 460 km/h und einer Tragfähigkeit für 10 Tonnen Bomben zu entwickeln. Das Flugzeug wurde direkt in die Produktion aufgenommen, noch bevor es das normale Prototyp-Stadium durchlaufen hatte. Zwei 2200-PS-Wright-R-3350-Maschinen verliehen ihm eine Geschwindigkeit von 520 km/h. Für den Einsatz in großen Höhen war das Flugzeug mit einer vollständigen Druckkabine, die in zwei Teile geteilt war, ausgerüstet. Die Sperry-Geschütztürme mit Fernbedienung, die einen Feuerbereich von 360 Grad gewährleisteten, bedeuteten in der Entwicklung der Abwehrsysteme einen großen Schritt vorwärts. Der Hauptunterschied der B-29 zu den ursprünglichen Konstruktionen bestand in der Tragfähigkeit von 10 Tonnen Bomben, was zeigt, wie die Kampferfahrung die Flugzeugkonstruktion beeinflussen kann, denn im Zweiten Weltkrieg waren vor allem die Bomben stark entwickelt worden. 1945 waren die beiden wichtigsten Bomber der Alliierten diejenigen, welche die schwersten Bomben tragen konnten und das waren der Lancaster und der B-29.

Der B-29 operierte vor allem im Pazifik-Raum gegen Japan, von Basen in China, Indien und später auf den Marianen und andern Pazifik-Inseln. Von 1944 bis 1945 bombardierten die B-29 erbarmungslos die japanischen Stellungen. Brandbombenangriffe auf Tokio und andere große Städte in Japan hatten verheerende Wirkung bei den leicht gebauten, hölzernen Gebäuden, wie sie die Japaner bauen. Die japanische Luftabwehr war so gering, daß man bei den B-29 sogar die Verteidigungsbewaffnung ausbaute, damit noch mehr Bomben mitgeführt werden konnten. Mit einer B-29 wurde auch der Einsatz geflogen, der das plötzliche Ende des Krieges herbeiführte. Die entscheidende Waffe, die Atombombe, war in Amerika entwickelt und produziert worden, und am 6. August 1945 warf eine B-29 namens «Enola Gay» die erste Atombombe, die je kriegsmäßig eingesetzt wurde, auf Hiroschima. Die Bombe, zynischerweise «Little Boy» genannt, wog 4400 kg. Drei Tage später warf eine weitere B-29 namens «Bockcar» die zweite Atombombe «Fat Boy» auf Nagasaki. Als die verheerende Wirkung dieser neuen Waffe deutlich wurde, lenkten die Japaner sofort ein, und der Zweite Weltkrieg war vorbei.

Die Marine-Fliegerei hatte im Zweiten Weltkrieg enormen Fortschritt gemacht. Im Krieg von 1914–18 hatten noch keine reinen Flugzeugträger im Einsatz gestanden, obwohl schon eine rege Aktivität mit Marinefliegern, die vom Festland aus starteten, bestanden hatte. In England waren drei Kreuzer, die *Furious*, dic *Courageous* und die *Glorious* mit Plattformen ausgerüstet worden, die es Flugzeugen erlaubten, von diesen aus zu starten. Von diesen behelfsmäßigen Konstruktionen aus gelang es waghalsigen Piloten zu starten und zu landen. Einige weitere große Schiffe hatten hölzerne Plattformen, die es Landflugzeugen wie zum Beispiel der Sopwith Pub und der 1½ Strutter erlaubten, zu starten, aber nicht zu landen. Daher mußten solche Operationen immer in Landnähe stattfinden. Operationen auf See wurden daher meist mit Wasserflugzeugen ausgeführt, wie zum Beispiel mit der langlebigen Short 184. Der Wasserflugzeugträger wurde eine neue Schiffsgattung. Diese waren mit Kranen ausgerüstet, mit deren Hilfe die Wasserflugzeuge zum Start an Bord gehievt und nach erfolgter Mission wieder eingesammelt wurden.

Im Jahre 1918 stellte die Royal Navy den ersten Flachdeck-Flugzeugträger *Argus* in Dienst. Es war dies das erste Schiff, das diese ungewöhnliche Linie aufwies, die auch heute noch für die Art dieser Schiffe charakteristisch ist. Die US-Navy folgte dem Beispiel im Jahre 1922 mit der *Langley*, einem umgebauten Kohlenschiff. Frankreich stellte seinen ersten Flugzeugträger *Béarn* Ende 1920 in Dienst. In den frühen 30er

Ein Convair «Catalina»-Flugboot übernimmt vor den Aleuten von einem Versorgungsschiff Treibstoff (1943).

oben
Die Heinkel 162A des Jahres 1944

gegenüber oben
Ein Bomber vom Typ Boeing B-47A, 1950

gegenüber unten
Die Boeing B-52H «Stratofortress», hier mit «Skybolt»-Raketen, 1962.

Jahren bauten die Amerikaner die zwei modernen Schlachtschiffe *Lexington* und *Saratoga* zu den damals größten Flugzeugträgern der Welt um. Japan baute in dieser Zeit, angefangen mit der *Akagi,* eine der größten Flugzeugträger-Flotten. Ende der 30er Jahre begann man bei der US-Navy Flugzeugträger von Grund auf für diesen Zweck zu konstruieren. Die ersten waren die *Ark Royal,* die *Hornet* und die *Enterprise.*

Diese Schiffe hatten alle eine stark ausgebaute Flugzeug-Transportkapazität, und ausgeklügelte Start- und Landehilfen waren entwickelt worden. Fangnetze und Katapulte wurden eingesetzt, um den Nachteil der kurzen Start- und Landebahnen zu überwinden. Das typische Flugdeck hatte damals eine Länge von 140–220 m. Das macht wiederum die spezielle Entwicklung von eigenen Flugzeugtypen notwendig. Fanghaken, aufklappbare Flügel für die platzsparende Unterbringung und Katapultvorrichtung wurden zu den Kennzeichen aller Marine-Flugzeugen.

Die Luftwaffe der Königlichen Marine, der Royal Navy, fristete zwischen den Kriegen eher ein Mauerblümchen-Dasein. Sie wurde mit veralteten Maschinen ausgerüstet und bekam 1939–40 offensichtlich die schlechtesten Maschinen zugeteilt. Trotzdem schlug sich die Luftwaffe der Flotte sehr gut, wie zum Beispiel beim Angriff auf die italienische Basis von Taronto im November 1940, als Fluzeuge von Flugzeugträgern aus zahlreiche italienische Kriegsschiffe zerstörten. Die Angriffe wurden mit einem der beühmtesten Flugzeuge, dem Fairey-Swordfish-Doppeldecker-Torpedobomber ausgeführt. Dieses Flugzeug sah sehr altmodisch aus und stammte auch aus dem Jahre 1934. Ein 690-PS-Bristol-Pegasus-Motor verlieh ihm eine Geschwindigkeit von 185 km/h. Das Flugzeug hatte eine Besatzung von drei Mann, die in einem offenen Cockpit saßen. Trotzdem wurde die Maschine noch während des ganzen Zweiten Weltkrieges produziert und überlebte sogar ihre Nachfolgerin, die ähnliche, aber raffiniertere Albacore. Die Swordfish war eben sehr robust, zuverlässig und zudem äußerst anpassungsfähig. Spätere Modelle hatten Suchradar und führten Tiefseebomben und Raketen-Projektile für die Bekämpfung von U-Booten mit.

91900
UNITED STATES AIR FORCE

oben
Sturzflugbomber beim Start vom amerikanischen Flugzeugträger *Enterprise* zu einem Angriff auf die Marshall- und Gilbert-Inseln (Januar 1942).

rechts
Die Grumman «Avenger», der bekannteste Torpedobomber der US-Navy.

oben
Short «Sunderland»-Flugboote auf einem Küsten-Patrouillenflug, 1947

Die Flugwaffen der amerikanischen und der japanischen Marine hingegen taten in den 30er Jahren mehr dafür, ihre Waffen auf dem neuesten Stand zu halten. Von der Curtiss Hawk aus der Zeit um 1925 entstanden eine Folge von modernsten Kampfflugzeugen und Kampfbombern, darunter klassische Typen wie die Boeing F4B (die der P-12 der Armee entsprach), die Curtiss BFC und die Grumman F3F. Für kurze Zeit verfügte die US-Navy, die amerikanische Marine, in den frühen 30er Jahren auch über zwei Luftschiffe, die ausgerüstet waren, um vier Flugzeuge zu transportieren, zu starten und wieder zu bergen. Es waren dies die *Macon* und die *Akron*. Für diese Luftschiffe war auch ein spezielles Kampfflugzeug entwickelt worden, die Sparrowhawk, die auf den oberen Flügeln mit Bergungsvorrichtungen versehen war. Die Idee war sehr interessant, aber bis im Jahre 1935 waren schon beide Luftschiffe abgestürzt.

Die US-Navy paßte sich schnell der Aera der Metall-Eindecker an. Das Wildcat-Kampfflugzeug, das Sturzkampfflugzeug Dauntless und die Buffalo (erfolglos als Kampfflugzeug bei der Navy, aber in großer Stückzahl exportiert) gehörten zur ersten Generation der Eindecker. Die Wildcat wurde später an die Engländer geliefert, um in den 40er Jahren dort den Mangel an geeigneten Marine-Kampfflugzeugen zu decken. Eine zweite Generation von Marine-Kampfflugzeugen umfaßte die ausgezeichnete F6F Hellcat und die F4U Corsair, die Helldiver und die Avenger-Bomber. Von diesen wurden die Hellcat, die Corsair und die Avenger auch von den Engländern eingesetzt und

verliehen den Alliierten eine vollkommene Luftüberlegenheit auf See im Krieg gegen Japan.

Über die Marine-Luftwaffe der Japaner war in den späten 30er Jahren fast nichts bekannt. Als dann die Feindseligkeiten 1941 ausbrachen, bereiteten die Japaner den Amerikanern und Engländern einen schweren Schock. Die japanische Marine hatte früh die Bedeutung des Flugzeuges eingesehen und ihre Flugzeugträger-Flotte war gut ausgerüstet. Die Mitsubishi A5M war ein gutes Vollmetall-Eindecker-Kampfflugzeug, das eine Höchstgeschwindigkeit von über 430 km/h erreichte.

Sein berühmter Nachfolger war die A6M Zero-Sen, ein ausgezeichnetes, robustes Flugzeug, das den ersten Amerikanischen Marine-Flugzeugen überlegen war. Sein 1130 PS Nakajuna Sternmotor verlieh ihm eine Geschwindigkeit von über 560 km/h, und die Bewaffnung bestand aus zwei 20 mm-Kanonen und zwei Maschinengewehren. Zudem konnte eine Bombenlast von 320 kg mitgeführt werden.

Mit der Aichi D3A2 (Val) besaßen die Japaner einen sehr guten Sturzkampfbomber. Weitere wichtige Bomber-Typen waren die Nakajima B5N und die Yokosuka D4Y Suisei. Der Überfall auf Pearl Harbor im Dezember 1941 war für die Japaner sogar ein noch größerer Erfolg, als es für die Engländer der Taranto-Angriff des vorhergehenden Jahres gewesen war. Die Japaner hatten aber insofern Pech, daß sich die amerikanische Flugzeugträgerflotte zu diesem Zeitpunkt gerade auf See befand. In den nächsten vier Jahren entwickelte sich daher ein heftiger Kampf zwischen den Flugzeugträgerflotten. In diese Zeit fiel auch die

oben links
F-6F «Hellcats» im Einsatz, 1943

oben rechts
Eine A6M «Zero-Sen», das berühmteste Jagdflugzeug der Japaner im Zweiten Weltkrieg.

unten
Eine «Corsair»-Staffel auf dem britischen Flugzeugträger *Illustrious* ist startbereit zum Angriff auf japanische Stellungen auf Sumatra (September 1944).

rechts
Eine «Lightning» der Royal Air Force fängt einen sowjetischen Langstreckenbomber/Aufklärer vom Typ Tu-20 «Bear» über der Nordsee ab. Ein typischer Zwischenfall des «Kalten Krieges» (1974).

unten
Ein «Nimrod»-Fernaufklärer der R.A.F. – entwickelt aus dem «Comet»-Linienflugzeug – überfliegt den sowjetischen Helikopterträger *Leningrad*, 1974.

oben links
Eine Hawker «Typhoon»

oben rechts
Eine Hawker «Tempest» von 1944

oben
Segelflugoperationen im Zweiten Weltkrieg: Eine Waco «Hadrian» wird von einem C-60-Transporter geschleppt.

Schlacht um Midway, wo sich die Flotten nie direkt bekämpften, sondern nur durch die Flugzeuge, die von den Trägern aus starteten.

Während dem Zweiten Weltkrieg forcierten die Amerikaner und die Engländer den Bau von Flugzeugträgern, die Schiffe wurden immer größer und konnten immer mehr Flugzeuge mitführen. Auf der andern Seite wurden auch Begleitschiffe, die meist aus Handelsschiffen bestanden, die man mit einem kleineren Flugdeck ausgerüstet hatte, in großer Zahl bereitgestellt. Man nannte diese Schiffe, die in der Regel rund 20 Flugzeuge mitführen konnten «Woolworth» oder «Baby-Flattop». Ursprünglich waren diese Schiffe für den Einsatz als Eskorte von Schiffskonvois gedacht, um sie vor U-Boot- und Luftangriffen zu schützen. Später wurden sie jedoch auch mit Kampfflugzeugen ausgerüstet um bei Invasionen von See her die Truppen zu unterstützen.

Die Entwicklung der Flugzeugträger machte die mittels Katapult von den großen Kreuzern aus gestarteten Maschinen überflüssig. Bis zum Ende des Krieges war man auch soweit, daß bereits Experimente mit Düsenflugzeugen für den Start und die Landung auf Flugzeugträgern durchgeführt werden konnten. Sie eröffneten von den 50er Jahren an eine neue Aera in der Geschichte des Flugwesens von Flugzeugträgern aus.

oben
Ein F-4B «Phantom II» bei der Landung auf der U.S.S. *America*.

gegenüber oben
Eine Mig-23 der Libyschen Luftwaffe. Von diesem Mehrzweck-Kampfflugzeug mit Verstellflügeln gibt es verschiedene Ausführungen, nämlich als Erdkampfmaschine, Abfangjäger und Schulflugzeug. Es wurde 1971 in Dienst gestellt und ist seither eines der meistverwendeten Flugzeuge der Sowjets. (Doppelte Schallgeschwindigkeit; Aktionsradius von über 1000 km).

gegenüber unten
Der Grumman F-14A «Tomcat», ein zweisitziges Mehrzweck-Kampfflugzeug. Seine schwenkbaren Flügel befinden sich hier auf der U.S.S. *Enterprise* in Ladeposition.

In der zweiten Hälfte des Zweiten Weltkrieges wurde eine neue Art der Kriegsführung von der Luft aus entwickelt. Die Gleiter wurden ein eigenständiges Mittel, um Truppen in großer Zahl zu landen. Die Gleiter der Alliierten umfassten den Horsa und den Waco Hadrian und den großen Hamilcar, der sogar einen leichten Panzer aufnehmen konnte. Tanks wurde zum erstenmal bei der Invasion in der Normandie im Juni 1944 eingeflogen. Der Gleiter war aber sehr verletzlich und schwerfällig und hatte ein kurzes Leben. Sobald größere Truppentransporter in den Nachkriegsjahren zur Verfügung standen, und große Transporthelikopter entwickelt wurden, verschwand der Gleiter rasch als militärische Waffe.

Der taktische Einsatz des Flugzeuges zur Unterstützung der Erdkampftruppen war von den Deutschen 1939–40 auf eindrückliche Weise demonstriert worden. Als die Alliierten den Krieg zurück nach Deutschland und Japan trugen, wurde diese Idee weiterentwickelt. Flugzeuge wie die Hawker Typhoon, die P-47 Thunderbolt, die P-39 Airacobra und die sowjetische I1-2 «Stormovik» wurden mit ihren Bomben und Raketen-Projektilen zu legendären Erdkampfflugzeugen in der Unterstützung kämpfender Truppen. In der Normandie, im Jahre 1944, wurden von raketenfeuernden Flugzeugen mehr deutsche Panzer vernichtet als mit Panzerabwehrkanonen vom Boden aus.

Die Versorgung aus der Luft, in großem Stil war ebenfalls etwas neues. Eine der eindrücklichsten Operationen auf diesem Gebiet war die Versorgung der deutschen 6. Armee in Stalingrad. Auch die Luftbrücke von Berlin 1948/49 zeigte die Tauglichkeit und Leistungsfähigkeit dieser Methode, sofern geeignete Flugzeuge zur Verfügung stehen. Diese Erfahrungen der 40er Jahre führten zur Entwicklung gigantischer Transportflugzeuge in den fünfziger und sechziger Jahren.

8613
613

oben links
Das erste englische Düsenflugzeug, die Gloster E.28/39, vom Jahre 1941

oben rechts
Eine Messerschmitt 262A, das erste Düsenflugzeug, das zum Kriegseinsatz gelangte.

oben mitte
Eine de Havilland «Vampire III» aus dem Jahre 1946

oben
Die sowjetische Mig-15, berühmt aus dem Korea-Krieg.

Gegen Ende des Zweiten Weltkrieges wurde das Düsenflugzeitalter Wirklichkeit und revolutionierte erneut die Art der Kriegsführung. Mehrere Pioniere hatten bereits Jahre zuvor an der Entwicklung des Düsenantriebes für Flugzeuge gearbeitet. Das Prinzip war schon im 19. Jahrhundert von mehreren Wissenschaftlern erklärt worden, die Mittel für die praktische Durchführung hatten jedoch gefehlt. Der englische Wissenschafter A.A. Griffith war einer der ersten, welcher sich in den 20er Jahren mit dem Prinzip der Gasturbine auseinandersetzte. In Deutschland war es von Ohain, der sich in den 30er Jahren mit dem Gasturbinen-Prinzip beschäftigte, und es war sein Aggregat, welches das erste düsenbetriebene Flugzeug zum Fliegen brachte. Es war die Heinkel He 178 am 27. August 1939. Dieses einsitzige, Aluminium-Flugzeug mit hölzernen Tragflächen erreichte eine Geschwindigkeit von 700 km/h. In der Verwirrung der Ereignisse des ausbrechenden Krieges wurde mit der Heinkel kein weiterer Fortschritt mehr erzielt. Die Junkers und die BMW entwickelten jedoch Triebwerke für eine neue Generation von Flugzeugen, die während dem Zweiten Weltkrieg mit erstaunlicher Geschwindigkeit entwickelt wurden. Die bekannteste Maschine war die Messerschmitt Me 262, die von zwei Junkers Jumbo 004-Turbinen angetrieben wurde. Während der Prototyp bereits 1942 bereit stand, wurde die Produktion erst Ende 1943 aufgenommen, und als die Me 262 am Himmel erschien, war sie eine Sensation. Sie erreichte eine Geschwindigkeit von 870 km/h und verfügte über eine Bewaffnung mit vier 30 mm-Kanonen. Die Maschine wurde als Kampfflugzeug, Bomber und Nachtkampfflieger gebaut. Über 1400 Exemplare wurden gebaut, aber Deutschland war 1944–45 in solcher Bedrängnis, daß nur etwa 200 Maschinen wirklich in Dienst gestellt werden konnten.

Mehrere andere deutsche Düsenflugzeuge wurden gebaut, die alle ihrer Zeit weit voraus waren. Die Entwicklung kam jedoch zu spät, um noch eine Wendung im Kriegsgeschehen herbeiführen zu können, denn als sie auftauchten, war das Schicksal Deutschlands bereits besiegelt. Die Arado 234 Blitz war ein 740 km/h schneller Bomber, der erste der Welt in seiner Art. Er wurde 1944 in Dienst gestellt, wurde aber nur beschränkt eingesetzt. Ein größerer Bomber war die Junkers Ju 287, welche über 6 Triebwerke verfügte. Gegen Ende 1944 wurden Hoffnungen in ein einfacheres Düsenkampfflugzeug gesetzt, in die Heinkel 162A, die auch als «Volksjäger» bezeichnet wurde. Es war geplant, sie in 1500 Exemplaren pro Monat herzustellen. Seine Spitzengeschwindigkeit betrug 780 km/h. Er wurde ebenfalls nur in beschränktem Maße eingesetzt. Aber auch dieses Flugzeug konnte das Kriegsgeschehen nicht mehr entscheidend beeinflussen. In Deutschland wurden in dieser Zeit noch weitere, bahnbrechende Konstruktionen realisiert. Diese waren nicht düsen-, sondern raketengetrieben. Da gab es die Messerschmitt Me 163 Komet, ein kleines pfeilähnliches Flugzeug, das wie Feuerwerk in den Himmel geschossen wurde. Eingesetzt wurde die Maschine 1945 gegen Bomberformationen der Alliierten. Während die A4 (V-2) ein eigentliches Raketengeschoß war, so wurde die V-1, die «Fliegende Bombe» mittels eines Argus-Düsenmotors angetrieben.

Die ersten britischen Düsenflugzeuge wurden gebaut, um gegen die Deutsche V-1 eingesetzt zu werden. Das erste britische Düsenflugzeug war die Gloster-Whittle E. 28/29, die erstmals im Mai 1944 flog. Es war ein tonnenartiger, kleiner Einsitzer, der von einer Whittle-Turbine angetrieben wurde. Fast die genau gleichen Motoren waren bereits beim ersten zweimotorigen Düsenflugzeug, der Meteor, die erstmals im März 1943 geflogen war, eingebaut worden. Mit ihrer Spitzengeschwindigkeit von 790 km/h sollte sie in der Lage sein, gegen die V-1 anzutreten, die von Kolbenmotoren angetriebenen Flugzeugen kaum angegriffen werden konnte. Die Meteor stand in verschiedenen Ausführungen bis in die 60er Jahre im Dienst und 1946 stellte die Maschine mit 980 km/h den Welt-Geschwindigkeitsrekord auf.

unten links
Die zweistrahlige Gloster «Meteor» machte 1943 ihren Erstflug und wurde 1944 von der R.A.F. in Dienst gestellt, kurz vor der deutschen Messerschmitt ME-262. Später wurde das Flugzeug in vielen Versionen gebaut. Hier handelt es sich um eine MK 4, eine Ausführung, mit welcher 1945 der Weltgeschwindigkeitsrekord aufgestellt wurde.

ganz unten
Moderne Luftstreitkräfte unterhalten riesige, strategische Lufttransportflotten, die es ermöglichten, ganze Divisionen inklusive Ausrüstung und Nachschub in jede Konflikt-Zone zu verschieben. Hier die geräumige Douglas «Globemaster» der 50er Jahre.

unten
Ein «Victor»-Tankflugzeug beim Auffüllen einer «Buccaneer S 2» der R.A.F.

U.S. AIR FORCE
7630
FU-630

XE
588
XE
588

In der Zwischenzeit war ein Whittle-Triebwerk nach Amerika gebracht worden und trieb dort das erste amerikanische Düsenkampfflugzeug, die Bell Airacomet an. Der Erstflug fand im Oktober 1942 statt. Das zweite US-Kampfflugzeug und das erste, das in Kriegshandlungen eingesetzt wurde, war die P-80 Lockheed Shooting Star, die erstmals im Januar 1944 flog. Die Shooting Star und die Meteor wurden im Korea-Krieg von 1950–53 erfolgreich eingesetzt.

Bis zum Korea-Krieg hatte die Sowjetunion ein ausgezeichnetes Kampfflugzeug, die Mig-15, entwickelt. Es war das erste einer ganzen Serie, die mit Erfolg in den 50er, 60er und 70er Jahren eingesetzt wurde.

In dieser Zeit fand im Bau von Kampfflugzeugen eine stürmische Entwicklung statt, die hauptsächlich auf den enormen technischen Fortschritt zurückzuführen ist. In den 30 Jahren von 1945 bis 1965 wurden die Flugzeuge technisch viel komplizierter, die Geschwindigkeit um mehr als verdreifacht und Computer übernahmen viele Aufgaben, die vorher der Pilot allein lösen musste. Kampfflugzeuge wurden nun als

gegenüber oben
Die Fiat G91 war ein leichtes, taktisches Jagdflugzeug, das nach den Bedürfnissen der NATO entwickelt wurde und bei der italienischen und deutschen Luftwaffe im Dienst stand.

gegenüber mitte
Die North American F-86A «Sabre» war der Hauptgegenspieler der Mig-15 in Korea.

gegenüber unten
Der klassische Hawker «Hunter». Hier der MK 4 von 1960.

oben
Der schwere Bomber BAC/Avro «Vulcan» der R.A.F. zeigt seinen geräumigen Bombenschacht.

links
Das enorme Waffenarsenal, das von dieser «Phantom» der R.A.F. mitgeführt werden kann, gibt einen Begriff von der Schlagkraft moderner Kampfflugzeuge. Sieben Sprengbomben, vier «Sparrow»- und vier «Sidewinder»-Fernlenkgeschosse sind zu sehen. Die Sprengbomben haben ein sehr großes Zerstörungspotential und werden aus geringer Höhe auf taktische Ziele abgeworfen.

C.14-1
141-01

gegenüber oben
Eine in Frankreich gebaute Dassault «Mirage F1» der Spanischen Luftwaffe, 1974. Ein Mehrzweck-Kampfflugzeug sowohl für Erdkampf wie auch Abfangjagd. In großen Höhen erreicht es Mach 2,2 und kann verschiedene Waffensysteme mitführen.

gegenüber unten
Die Sud-BAC «Jaguar» ist ein erfolgreich realisiertes englisch-französisches Kampfflugzeug, das in England wie auch in Frankreich in den 70er Jahren eingeführt wurde.

oben
Die Panavia MRCA (Multi-Role Combat Aircraft) ist ein Versuch, für England, Italien und die BRD ein hochentwickeltes Kampfflugzeug für die 80er Jahre zu bauen. Seine Hauptmerkmale sind Verstellflügel und große Feuerkraft, vor allem in Bodennähe.

links
F-105 «Thunderchiefs» in exakter Formation, geflogen vom European Aerobatic Team der amerikanischen Luftwaffe, den «Skyblazers»

oben
Eine F-105 in Vietnam, 1970

rechts
Die Hawker P.1127 des Jahres 1960 war der erste, wirklich leistungsfähige Senkrechtstarter.

unten
Der «Harrier» kann verwendet werden, um Flottenfahrzeugen Geleitschutz zu geben und benötigt nur eine kleine Start- und Landeplattform – wie es hier auf der HMS *Blake* demonstriert wird.

links
Das senkrechtstartende Kampfflugzeug weist künftigen Entwicklungen von Marineflugzeugen den Weg. Hier sowjetische VTOL Yak-36 Jagdflugzeuge an Bord des neuen Flugzeugträgers *Kiew*, 1976. Links davon Anti-U-Boot Helikopter.

oben
Einer der erfolgreichsten, taktischen Transporter neuerer Zeit ist die Lockheed «Hercules», die vom Heck her beladen wird. Er kann von kurzen und unpräparierten Pisten aus starten und wird unter anderem auch für Rettungsaktionen eingesetzt.

«Waffen-Systeme» bezeichnet und das Flugzeug wurde eigentlich rund um eine bestimmte Waffe gebaut. Unter den klassischen Typen, die auf der ganzen Welt bekannt wurden, gehören die Sabre, Hunter, Phantom, Lightning, die französische Mytère-Serie, Thunderstreak, Thunderflash, Thunderchief, die Canberra-Bomber, die Vulcan, Victor, Valiant, B-47, B-52, Jaguar, Mig-21 und noch zahlreiche andere. Fernlenkraketen, vom Boden oder von anderen Flugzeugen aus abgeschossen, wurden zum großen Feind der Kampfflugzeuge. Eine Zeitlang schien es sogar, daß die Fernlenkraketen, die Bordkanonen beim Flugzeug vollkommen verdrängen würden. In den letzten Jahren hat man jedoch die Tauglichkeit der Bordkanonen wieder entdeckt und es gibt nur noch wenige moderne Kampfflugzeuge, die sich allein auf Fernlenkgeschoße verlassen. Bewährte Theorien wurden alle paar Jahre umgekrempelt. Im Vietnamkrieg (1969–73) zum Beispiel zeigte sich, daß die strategischen Bomber durch einfache Boden-Luft-Raketen sehr stark dezimiert werden konnten, und Bombenangriffe auf Nord-Vietnam wurden überraschend verlustreich für Maschine und Mannschaft. Der Wert von «langsamen» Flugzeugen wurde wieder entdeckt, besonders im Kampf gegen relativ schlecht ausgerüstete Armeen, wie das in Vietnam der Fall war. Die raffiniertesten und teuersten Geräte waren gegen versteckte Guerilla-Nester nicht halb so erfolgreich wie die alten Dakotas, die mit Kanonen ausgerüstet waren, oder die kolbenmotor-getriebenen Flugzeuge wie die Skyraider.

Als die Kriegsflugzeuge immer teuerer wurden, setzte ein Trend zum billigeren, weniger komplizierten Flugzeug ein. Man begann nun leichtere Flugzeuge zu bauen. Die F-5 Freedom Fighter und die F-16 sind klassische Beispiele dafür. In den späten sechziger Jahren eröffneten die

U.S.AIR FORCE

gegenüber oben
Die Rockwell B-1 ist einer der raffiniertesten und teuersten Bomber der Gegenwart und ist als Ersatz für die B-52 der US-Air Force vorgesehen. Er erreicht doppelte Schallgeschwindigkeit, bei einer Reichweite von rund 9000 km. Sein Einsatz ist für die 80er Jahre vorgesehen.

gegenüber unten
Eine Viererformation von Maschinen des Typs Dassault «Mirage F1» der französischen «Armée de l'Air».

links
Der General Dynamics B-58 «Hustler» war der erste Überschall-Bomber der Welt und stand in den 60er Jahren im Dienst der US-Air Force. Er hatte Delta-Flügel, erreichte eine Spitzengeschwindigkeit von über 2000 km/h und hatte eine Reichweite von 8000 Kilometern.

unten
Die Northrop F-5 «Freedom Fighter» wurde als leichtes, unkompliziertes Kampfflugzeug für kleinere, mit Amerika verbündete Staaten konzipiert. Dieser F-5B-Zweisitzer rüstet die holländische Luftwaffe aus.

Senkrechtstarter neue Dimensionen. Der Harrier Kampfbomber konnte in kleinen Dschungellichtungen starten und landen und befreite damit endlich die Flugzeuge von ihrer Bindung an lange Pisten. Das VSTOL-Flugzeug ist auch bei der Marine gut zu gebrauchen und wurde gerade zur rechten Zeit entwickelt, denn die Flugzeugträger, die als Lande- und Startbahn für immer größere Flugzeuge eingesetzt werden sollten, erreichten Dimensionen, die nicht mehr vertretbar waren. Mit VSTOL-Flugzeugen ist es nun möglich, von kleinen, unkomplizierten Schiffen aus zu starten. Der konventionelle Flugzeugträger wird vielleicht bald der Vergangenheit angehören und in der Rumpelkammer der Rüstungsindustrie landen.

Der moderne Passagierluftverkehr

gegenüber oben links
Die Hawker Siddeley «Argosy» war ein spezialisiertes Frachtflugzeug der 60er Jahre, das vom Bug und vom Heck her beladen werden kann. Um den Ladevorgang zu erleichtern, ist das Flugzeug mit einem Doppelträgerleitwerk und einem durchgehenden Frachtdeck versehen.

gegenüber oben rechts
Das Goodyear-Kleinluftschiff «Europa», 1974

gegenüber unten
Der amerikanische «Learjet» 35/36 ist einer der erfolgreichsten Geschäfts- und Nahverkehrs-Jets. Er transportiert etwa 10 Passagiere mit einer Geschwindigkeit von rund 800 km/h.

unten links
Die Junkers G-38 war bei ihrer Indienststellung durch die Lufthansa im Jahre 1931 das größte Passagier-Flugzeug der Welt. Es bot 34 Passagieren Platz, die zum Teil in den Flügeln untergebracht waren und so einen einmaligen Ausblick genossen.

unten rechts
Mit dem «G.Z.» übernimmt Deutschland 1928 die Führungsrolle auf dem Gebiet des Passagier-Luftschiffbaus. Hier fliegt der Zeppelin über die Alpen.

Die Entwicklung auf dem Gebiet des Passagierluftverkehrs beschränkte sich in den 30er Jahren auf Reichweite und Zuverlässigkeit. Die Luftlinien waren, zum Beispiel in Amerika und Europa, *innerhalb* der Kontinente ausgebaut worden. Das nächste Ziel war die Verbindung der Kontinente *untereinander,* mit täglichen Liniendiensten. Rekordflüge, wie sie von Lindbergh und Alcock und Brown ausgeführt worden waren, hatten die Kontinente schon relativ früh miteinander verbunden. Die Einrichtung von regelmäßigen Passagierflügen hing jedoch sehr stark von der weiteren technischen Entwicklung auf dem Gebiet der Luftfahrt ab. Es dauerte bis 1928, als der Atlantik erstmals von Osten nach Westen mit kommerziellen Flügen überquert werden konnte. Der Flug wurde mit einem Junkers W. 33 Transport-Eindecker, der «Bremen», durchgeführt und war besonders vorbereitet worden.

Eine weitere Junkers-Konstruktion wies den Weg in die Zukunft. Es war die Junkers G. 38, der «Jumbo» seiner Tage, dessen Prototyp erstmals 1929 flog. Die beiden Flugzeuge, die dann gebaut wurden, die «Von Hindenburg» und die «Deutschland» waren die Flaggschiffe der Lufthansa und wurden von Berlin aus, auf allen größeren Fluglinien eingesetzt. Mit seinen vier 750 PS Dieselmotoren hatte die G. 38 eine Reichweite von 3500 km und erreichte eine Reisegeschwindigkeit von 200 km/h. Die Spannweite betrug 44 m, die Länge 23 m und die Tragflächen waren an ihren Wurzeln 1,70 m dick, was den Zugang zu den Motoren und den Passagier-Salons in den Flügeln erlaubte! Die G. 38 hatte eine 7köpfige Besatzung und transportierte 34 Passagiere, was für 1931 eine enorme Anzahl war.

Die ersten Versuche, den Ozean auf dem Luftweg zu bewältigen, wurde mit Luftschiffen gemacht. Die Luftschiffe waren in beträchtlichem Umfang im Ersten Weltkrieg von den Engländern und von den Deutschen eingesetzt worden. Die Engländer setzten die Luftschiffe vor allem als Aufklärer bei der Marine ein, was in den 20er Jahren zur Idee führte, im ganzen britischen Königreich Luftlinien mit solchen Vehikeln einzurichten. Zu diesem Zweck wurden die riesigen Luftschiffe R. 100

und R. 101 in Auftrag gegeben. Bevor diese jedoch fertiggestellt waren, hatten die Deutschen bereits mit der «Graf Zeppelin» im Jahre 1928 einen kommerziellen Transatlantik-Liniendienst eingerichtet. 1929 umrundete die «Graf Zeppelin» in drei Wochen die ganze Welt, was den Glauben in die Zukunft solcher großen Luftschiffe noch bestärkte. Im Oktober 1930 verließ die englische R. 101 ihre Basis für den Jungfernflug nach Indien. Unter den Passagieren für diesen Prestigeflug befand sich auch der englische Luftfahrtminister. Nördlich von Paris geriet das Luftschiff in einen Sturm und ging in Flammen auf. Nur 6 der 54 Passagiere überlebten diese Katastrophe.

Von diesem Zeitpunkt an wurde in England jegliche Aktivität auf diesem Gebiet eingestellt. In Deutschland war man jedoch optimistischer und nahm die Chance wahr, einen regelmäßigen Trans-Atlantik-Service einzurichten. Die Linie wurde 1936 mit der stolzen «Hinden-

Die *Shenandoah* der US-Navy war das erste Luftschiff, das im Jahre 1923 mit Heliumgas gefüllt aufstieg. Helium ist ein träges Gas, das natürlich für Luftschiffe viel sicherer ist als das hochexplosive Wasserstoff-Gas.

oben rechts
Mit dem kleinen, italienischen halb-starren Luftschiff N.1, später «Norge» benannt, flog 1926 der Forscher Amundsen zum Nordpol. Die gleiche Leistung war kurz zuvor bereits von Richard Byrd mit einem Flugzeug erbracht worden.

rechts
Die verheerende Katastrophe der «Hindenburg» im Mai 1937 beendete die Aera des Passagier-Luftschiffes.

gegenüber oben
Die Short SA 330 ist ein Mehrzwecktransporter und Zubringerflugzeug der 70er Jahre. Sie ersetzte die frühere «Skyvan».

gegenüber unten
Ein weiteres Transport- und Nahverkehrsflugzeug, das weltweite Verbreitung gefunden hat, ist die Britten-Norman «Islander». Bei einer Geschwindigkeit von 270 km/h kann sie 9 Passagiere befördern.

burg», die größer war, als alle vorhergehenden Luftschiffe, in Betrieb genommen. Bereits im Mai 1937 führte jedoch eine weitere Katastrophe zur völligen Abkehr vom Prinzip des starren Luftschiffes. Die «Hindenburg» explodierte beim Landemanöver in Lakehurst New Jersy und 35 Passagiere sowie die Mannschaft fanden den Tod. Die Untauglichkeit dieses Transportmittels bestätigte sich bei weiteren Unfällen in den Vereinigten Staaten. Die «Shenandoah», die «Akron» und die «Macon» gingen im Laufe desselben Jahres ebenfalls in Flammen auf. Von nun an blieb die Entwicklung von Luftschiffen auf kleine, unstarre Luftschiffe beschränkt. Die amerikanische Goodyear-Firma spezialisierte sich auf den Bau solcher kleinen Luftschiffe und die US-Navy war ihr Hauptabnehmer im Zweiten Weltkrieg und auch nachher. Diese heliumgefüllten Luftschiffe erwiesen sich als sicher und billig und eigneten sich besonders für lange Anti-U-Boot-Einsätze. Die kleinen unstarren Luftschiffe (in Englisch «blimp» genannt) der Goodyear wurden nach dem Krieg als Reklameträger und für Überwachungsaufgaben eingesetzt. In den 70er Jahren blieben einige im Dienst, als Plattform für TV-Kameras – eine interessante Verbindung von modernster elektronischer Technologie mit einer der ältesten Formen des Fliegens.

Die Alternative für Trans-Ozean-Flüge in den 20er Jahren boten die Flugboote. Dabei spielte die Überlegung eine große Rolle, daß diese Flugzeuge in Notfällen auf dem Wasser niedergehen konnten. Die Dornier Do X war die erste praktische Antwort auf diese Idee. Das riesige 12motorige Flugboot konnte bis zu 100 Passagiere transportieren. Es war seiner Zeit weit voraus und das größte Flugzeug jener Epoche. Leider war das Flugzeug ein Mißerfolg, was hauptsächlich darauf zurückzuführen ist, daß keine geeigneten Motoren zur Verfü-

N51DD
SD3-30

G-BAAE

oben
Das Short «Empire»-Flugboot «Caledonia» der englischen Imperial Airways über New York, nach einem Transatlantik-Probeflug.

rechts
Die Short «Kent» war ein technisch ausgereiftes Flugboot der Imperial Airways (1931). Bemerkenswert ist das geschlossene Cockpit.

unten
Die Short «Solent» war eine Passagierausführung des «Sunderland»-Marineaufklärers. Es war dies das letzte Flugboot, das in den 50er Jahren von der staatlichen britischen Fluggesellschaft eingesetzt wurde.

gung standen. Auf einer Weltreise verunglückte die Maschine und das Projekt wurde fallen gelassen.

In England baute die Firma Short die ersten, tauglichen Doppeldecker-Flugboote. Eine Passagierausführung, die «Calcutta», wurde von den Imperial Airways für den Mittelmeerabschnitt auf der England–Indien-Route eingesetzt. Eine größere Maschine, die «Singapore» wurde 1928 auf der 36000 km langen Route rund um Afrika eingesetzt. Sir Cobham wollte damit beweisen, daß ein Passagierdienst von England aus für den ganzen Kontinent Afrika aufgezogen werden konnte. (Cobham war es auch, der in den 30er Jahren viel zur Entwicklung der Methode der Treibstoffversorgung von Flugzeugen in der Luft beitrug, eine Methode, die noch heute bei Militärflugzeugen verwendet wird.)

In der Folge zog die Imperial Airways mit den viermotorigen Flugbooten ein weltweites Flugpostnetz auf. Im ganzen sind 42 von diesen Short Empire- oder Klasse C-Flugbooten gebaut worden. Es waren ausgezeichnete Maschinen, die bis nach Australien und Südafrika eingesetzt wurden. Einige wurden der australischen Fluggesellschaft Quantas geliefert, die dann im Jahre 1938 eine Linie von Australien nach Europa einrichtete. Die Maschine bot nur 17–24 Passagieren Platz, sie hatte aber einen großen Stauraum für Luftpost.

In der Zwischenzeit entwickelte auch die aufstrebende Pan-American Airline neue Ideen für weitere Flugrouten über den Pazifik. Es bestand bereits eine Linie entlang der Ostküste von Südamerika, von New York nach Rio de Janeiro und Buonos Aires, die von einer Kompanie betrieben wurde, die 1931 in die Pan-American aufging. Bei den eingesetzten Flugzeugen handelte es sich um die vorzüglichen Consolidated Commodore, Luxus-Linienflugzeuge. Die Pan-American gab damals der Flugzeugbau-Firma United Aircraft den Auftrag zum Bau von größeren Flugbooten.

Das Resultat waren die bewährten S-40 und S-42 Modelle, die vom späteren Helikopter-Pionier Igor Sikorsky entworfen wurden. Die S-40

oben
Ein Short «Empire»-Flugboot mit einem Mercury-Wasserflugzeug im Jahre 1938

unten
Die de Havilland «Heron» war in den 50er und 60er Jahren ein beliebtes Nahverkehrsflugzeug. Diese «Heron» ist eine fliegende Ambulanz der BEA, welche die schottischen Inseln beflog.

oben
Die S-42 «Flying Clipper» der Pan American Airways von 1934 beflog die Pazifik-Routen.

gegenüber oben
Der Pilatus «Turbo-Porter» ist ein typisches Kurzstartflugzeug für kleine Flugplätze in den Schweizer Alpen entwickelt. Heute wird der «Turbo-Porter» auf der ganzen Welt in ähnlichen, gebirgigen Gegenden eingesetzt.

gegenüber mitte
Eine BAC (Vickers) «Viscount» im Dienste der BEA, welche diese Maschine hauptsächlich einsetzte (1968).

gegenüber unten
Die BAC VC-10 war eine erstklassige Langstreckenmaschine britischer Konstruktion. Sie konnte sich auf dem Weltmarkt jedoch kaum gegen die erfolgreicheren Boeing 707 und DC-8 durchsetzen. Diese Aufnahme stammt aus dem Jahre 1970.

wurde dazu benützt, um das Flugnetz in Lateinamerika auszubauen, während die S-42 «Flying Clipper» 1934 die Trans-Pazifik-Route eröffnete. San Francisco, Hawai, Wake Island, Guam, Manila und Hong Kong bildeten die Route im Jahre 1935. Zwei Jahre später wurde eine weitere Route nach Neuseeland eingerichtet. Das Martin M-130 Flugboot tauchte 1935 auf und wurde ebenfalls auf den Trans-Pazifik-Routen eingesetzt.

Auch die Firma Boeing stellte ausgezeichnete Flugboote für die Pan-America her. Mit dem Modell 314 wurde der erste Trans-Atlantik-Service eingerichtet, diejenige Route, die vom kommerziellen Standpunkt aus am interessantesten war. Die Boeing 314 bot 40 Passagieren Platz, war mit vier 1500 PS-Wright-Cyclone-Motoren ausgerüstet und erreichte eine Reisegeschwindigkeit von rund 300 km/h. Die Reichweite betrug 5600 km. Den ersten Trans-Atlantik-Flug von Port Washington nach Lissabon absolvierte die Maschine im Juni 1939. Der große Erfolg wurde jedoch 1939 durch den Ausbruch des Krieges plötzlich unterbrochen.

Die Lufthansa spekulierte auch auf das Geschäft mit der Trans-Atlantik-Route. Ihre Methode war 1937 der Einsatz von großen Wasserflugzeugen, die mittels Katapulten von eigens dafür gebauten Trägerschiffen gestartet wurden. Die Firma Blohm und Voss baute für diesen Zweck die Ha 139, eine gut durchdachte Konstruktion mit vier 600 PS Jumbo-Diesel-Motoren, die ihr eine Spitzengeschwindigkeit von über 300 km/h verliehen. Die Spannweite betrug 27 m und die Länge 20 m. Es handelte sich bei diesen Maschinen um reine Postflugzeuge, die vier Mann Besatzung hatten und rund eine halbe Tonne Post transportieren konnte. Die Spezialschiffe *Friesland* und *Schwabenland* wurden im

HB-FEY

BEA
BEA
BEA

BOAC
BOAC

oben
Die Lufthansa führte 1937 mit einer Blohm & Voss Ha-139 eine Serie von Flügen zwischen den Azoren und New York durch.

rechts
Die Lufthansa führte als erste Fluggesellschaft einen Luftpostdienst mit Südamerika ein, wozu sie den hier abgebildeten Dornier «Wal» einsetzte. Die Flugboote wurden an Bord eines in der Mitte des Ozeans stationierten Versorgungsschiffes gehievt und nach dem Auftanken mittels Katapult wieder gestartet.

unten
Vom August 1938 an bediente die Lufthansa die Route Berlin–New York mit dieser Focke-Wulf Fw-200 «Condor». Die Flugzeit betrug 24 Stunden und 57 Minuten.

Atlantik stationiert um die Flugzeuge aufzutanken, zu überholen und mittels Katapult wieder starten zu können. Sieben Hin- und Rückflüge wurden im Herbst 1937 von Horta nach New York ausgeführt, um die Tauglichkeit des Systems zu überprüfen. 1938 wurde der reguläre Dienst aufgenommen. Auf der Nord-Atlantik-Route wurden 40 und auf der Südatlantik-Route (Bathurst-Natal [in Brasilien]-Recife) 60 Flüge absolviert. Aber bereits ein Jahr später beendete der Krieg die Aktivitäten auf diesem Gebiet. Zu diesem Zeitpunkt war jedoch ein ausgezeichnetes, sechsmotoriges Flugboot, die Bv 222 Wiking schon bestellt. Die Maschine sollte 16–24 Passagiere mit einer Geschwindigkeit von über 320 km/h transportieren und war eindeutig von den englischen Short «Empire» inspiriert. Mit dem Ausbruch des Krieges wurden die

Pläne der Lufthansa jedoch zunichte gemacht, und die Prototypen dieses Flugbootes wurden nur bei militärischen Operationen eingesetzt.

Es war nun die Boeing, die den Weg in die Zukunft des Linienverkehrs wies. Das viermotorige Modell 307 Stratoliner war das erste Passagier-Flugzeug der Welt, das vollkommen druckausgeglichene Kabinen hatte. Das erlaubte der Maschine «über dem Wetter» zu fliegen, was den Flug verbilligte und die Bequemlichkeit der Passagiere wesentlich erhöhte. Die Stratoliner basierte auf dem B-17 Bomber, was Tragflächen, Motoren und Leitwerk betraf und wurde von 1937–38 für die Pan-American und die TWA gebaut. Alle Maschinen wurden im Zweiten Weltkrieg für den Militärdienst eingezogen und die Konstruktion erwies sich als außerordentlich dauerhaft. Noch in den 60er Jahren standen einige im Einsatz und machten noch einen so modernen Eindruck, daß der Laie nur schwer den historischen Wert dieser Maschinen abschätzen konnte. Die Stratoliner bot 33 sitzenden und 20 liegenden Passagieren Platz.

Der Zweite Weltkrieg setzte allen nicht offiziellen Passagierflügen ein Ende und die meisten Linienmaschinen wurden für den Militärdienst eingezogen. Die DC-3 zum Beispiel wurde unter der Bezeichnung C-47

unten
Die Canadair «North Star» war die in Kanada gebaute Version der Douglas DC-4. Anstelle der Pratt & Withney R-2000-Motoren war sie mit Rolls-Royce «Merlin»-Triebwerken ausgerüstet. Der hier abgebildete Veteran stand bis 1976 im Dienste der kanadischen Regierung und hatte 1947 seinen Erstflug absolviert.

ganz unten
Die BAC 1-11 ist ein Kurzstrecken-Jet mit Hecktriebwerken, der seit den frühen 60er Jahren vielseitig und erfolgreich eingesetzt wird. Im Hintergrund eine Vickers VC10 und eine Boeing 707.

oben
Die äußerst erfolgreiche Boeing 707 ist seit ihrem Erstflug im Jahre 1958 eines der meistverwendeten Passagierflugzeuge. Hier eine Lufthansa-Maschine auf dem Frankfurter Flughafen.

links
Eine DC-10 der Lufthansa. Das kleinste von Boeings Passagierjet-Familie ist der zweistrahlige 737 «City Jet». Dieses Kurzstreckenflugzeug wird hauptsächlich von der Lufthansa auf innereuropäischen Routen eingesetzt.

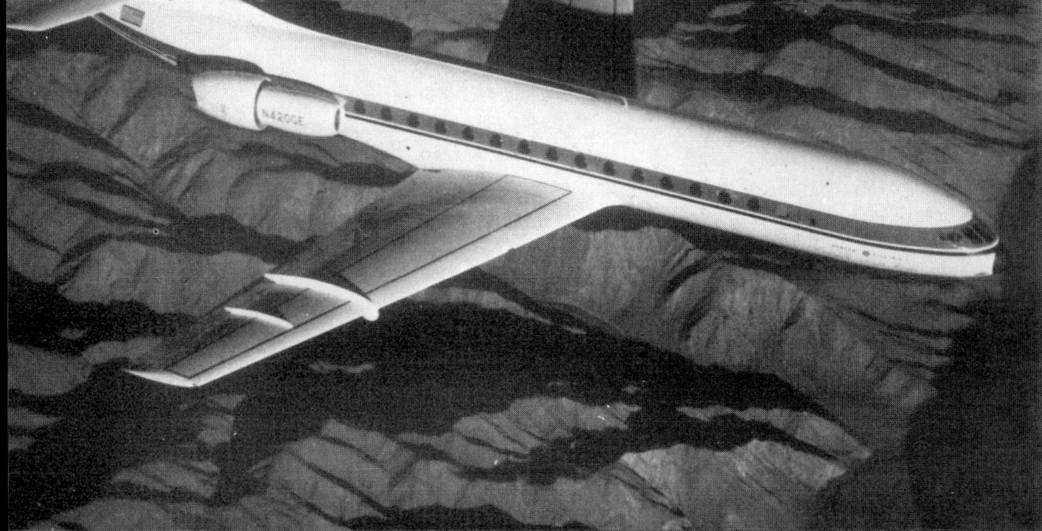

ganz oben
Die erste Ausführung der de Haviland «Comet I» des Jahres 1952

oben
Die Tupolew Tu-104 war das erste russische Düsenverkehrsflugzeug. Es befördert 70–100 Passagiere mit einer Reisegeschwindigkeit von 800 km/h. Ungewöhnlich für ein Passagierflugzeug war die Verwendung eines Bremsfallschirms bei schwierigen Landebedingungen.

links
Das Basismodell der DC-8, hier im Dienst der Air Canada

unten
Die Sud-Aviation «Caravelle» von 1955 leitete den Trend ein, die Triebwerke am Heck der Maschine anzuordnen.

Die Boeing 727 ist das erfolgreichste dreistrahlige Mittelstrecken-Verkehrsflugzeug. Hier in den Farben der amerikanischen Fluggesellschaft Braniff.

oder Dakota als Fallschirmtruppen- oder Materialtransporter berühmt. Die DC-4, eigentlich eine viermotorige, vergrößerte Version der DC-3, tauchte als Prototyp im Jahre 1938 auf und flog unter der Bezeichnung C-54 Skymaster zahlreiche Kriegseinsätze. Die Maschine konnte ohne weiteres den Atlantik überqueren und läutete die Totenglocke für viele Flugboote auf den Trans-Atlantik-Routen. Die erste Landlinienmaschine, die über den Atlantik flog, war jedoch die Focke Wulf FW 200 Condor. Ein ausgezeichnetes, stromlinienförmiges Flugzeug, das 26 Passagieren Platz bot. Im August 1938 flog die viermotorige, 360 km/h schnelle Maschine die Strecke Berlin–New York in 25 Stunden und die Strecke New York–Berlin in 20 Stunden. Im selben Jahr flog die Maschine auch die Strecke Berlin–Tokio in 46 Stunden, mit nur drei Zwischenlandungen. Die Condor ging dann als Langstreckenbomber der Luftwaffe unter.

Die DC-4 und die vergrößerte DC-6, die mit Druckkabinen ausgerüstet waren, wurden im Krieg als Post-Flugzeuge eingesetzt. Von der DC-6 wurden rund 400 Stück gebaut und einige standen in den 70er

links
Die Jljuschin Jl-76 (im Vordergrund) wurde als Militärtransporter entwickelt, während die Jl-62 (im Hintergrund) als Langstrecken-Verkehrsflugzeug, mit ähnlicher Auslegung wie die britische VC-10, gebaut wurde.

unten
Eine Tupolev Tu-144 der Aeroflot, 1975

Douglas DC-3 (1955–60)

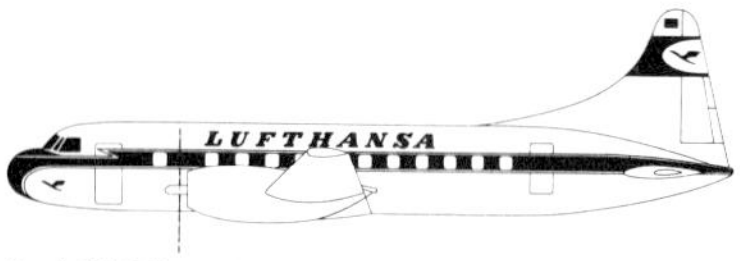

Convair CV-440 „Metropolitan" (1955–68)

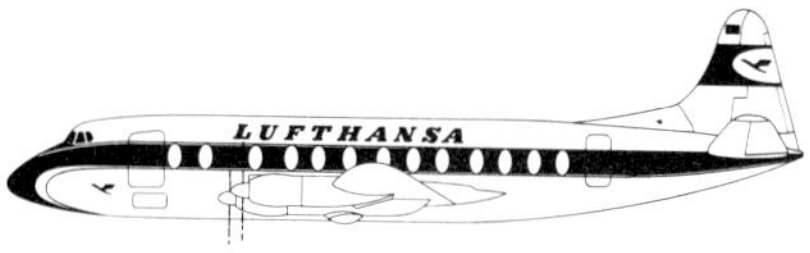

Vickers V-814 „Viscount" (1958–71)

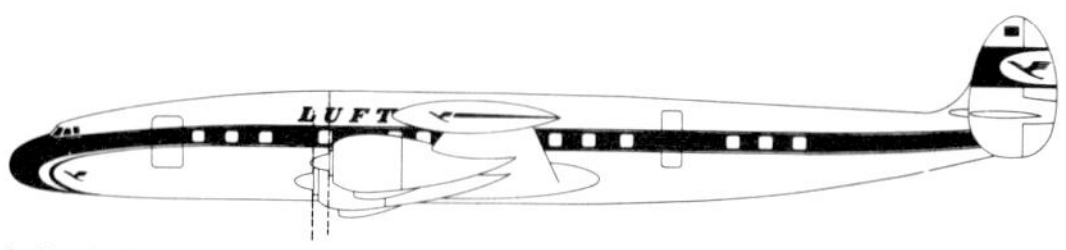

Lockheed L 1049 G „Super Constellation" (1955–67)

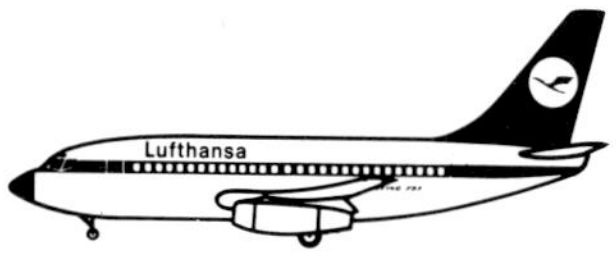

Boeing 737

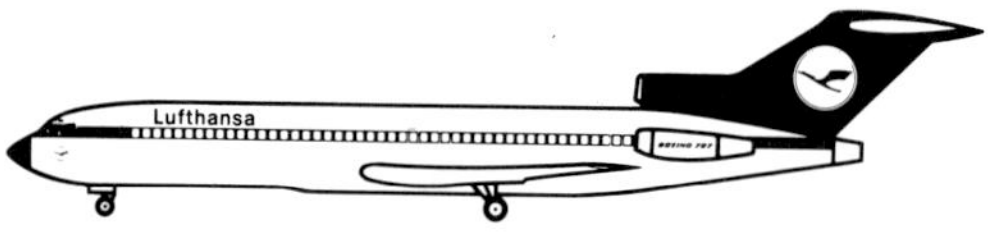

Boeing 727 B

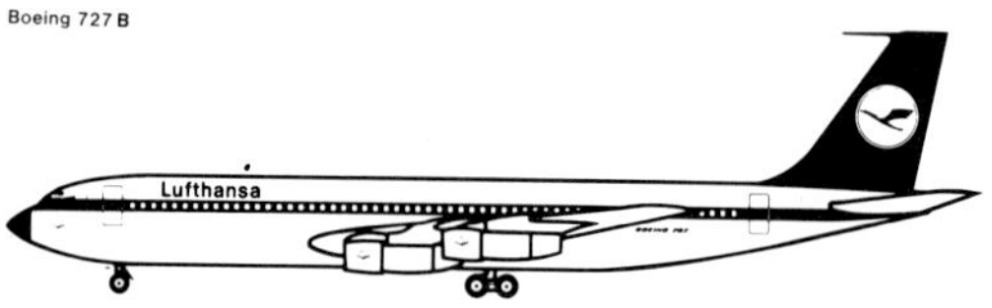

Boeing 707

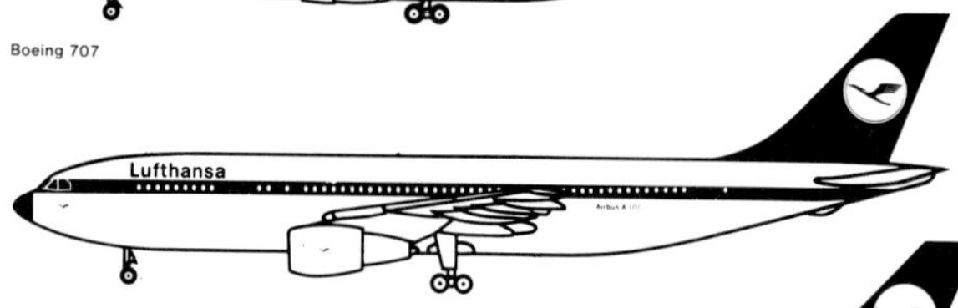

Airbus A 300

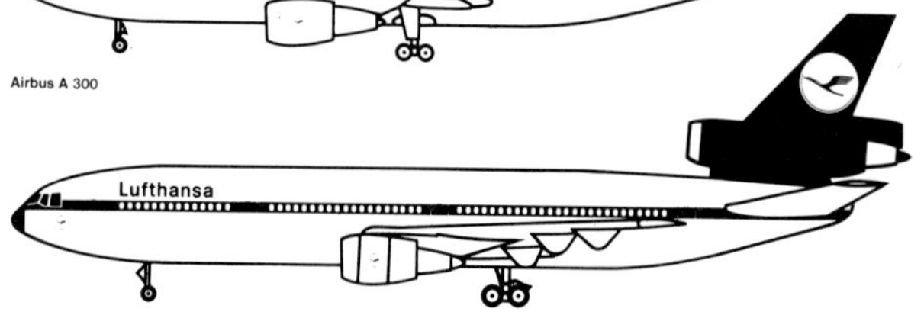

McDonnell Douglas DC-10

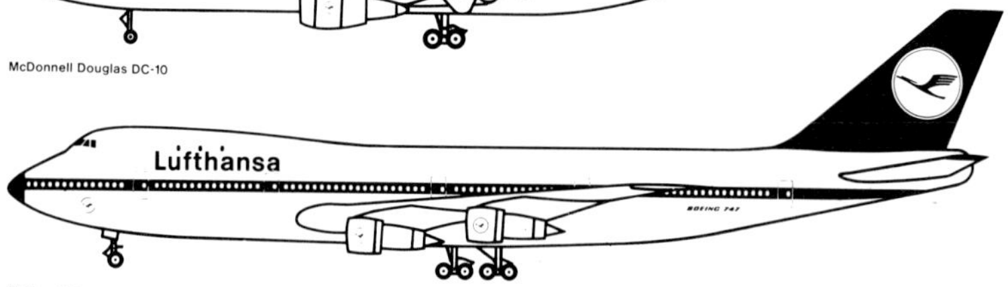

Boeing 747

oben links
Der Propellermaschinen-Park der Lufthansa in den 50er Jahren ...

oben rechts
... und die moderne Düsenflotte der 70er Jahre, in den Farben derselben Luftfahrtsgesellschaft

unten
Spezialisierte Frachtflugzeuge mit aufklappbarem Bug, das Maßstäbe für die weitere Entwicklung von Großraum-Flugzeugen setzte, waren die erfolgreichen Bristol «Freighter» und «Super Freighter» (hier im Bild) der 50er Jahre

Jahren noch als Chartermaschinen im Einsatz. Das letzte Douglas Linienflugzeug mit Kolbenmotoren war die DC-7, die 7B und die 7C. Die 7C stand in den späten 50er Jahren praktisch bei allen internationalen Luftverkehrsgesellschaften im Einsatz, bevor sie von Düsenmaschinen ersetzt wurde. Gleichzeitig waren auf der Trans-Ozean-Route die Boeing Stratocruiser und die Lockheed Constellation eingesetzt. Die Stratocruiser war eine kommerzielle Entwicklung aus den B-29 und B-50 Bombern, hatte zwei Decks und transportierte über 100 Passagiere. Das eleganteste Linienflugzeug dieser Generation war jedoch die Lockheed Constellation, eine verlängerte Entwicklung der Super Constellation. Ursprünglich wurde sie für den Dienst bei der TWA entwickelt, wurde dann aber 1939 sofort eingezogen. Nach dem Krieg erlebte die Maschine eine erfolgreiche Karriere bei den meisten großen Luftfahrtgesellschaften. Die dreifache Schwanzflosse und der lange, schlanke Rumpf waren die Hauptmerkmale dieses Flugzeuges.

Auf dem Kurz- und Mittelstreckenmarkt begannen nun weitere Erzeugnisse die beherrschende Stellung der DC-3 zu gefährden. Zu erwähnen ist hier vor allem die Convair 240 und 440. Die Lockheed Elektra, mit vier Turboprop-Motoren war ein späterer Konkurrent. Diese Maschine erreichte eine Geschwindigkeit von über 640 km/h. Die erfolgreichste von allen war jedoch die Vickers Viscount, der größte Erfolg der Britischen Flugzeugindustrie seit 1945. Über 440 Viscounts wurden an mehr als 60 Fluggesellschaften in der ganzen Welt verkauft. Der Prototyp mit den Rolls-Royce-Dart-Turboprop-Motoren absolvierte seinen Erstflug 1948 und wurde 1950 in Dienst gestellt. Zahlreiche Maschinen standen noch in den 70er Jahren im Einsatz. Die Vickers

oben
Zwei kanadische Kurzstart-Mehrzwecktransporter vom Typ de Havilland «Otter», im Dienste der Vereinten Nationen im Nahen Osten.

links
Eine DC-10 der Lufthansa

unten
Unter den zahlreichen Jets der 70er Jahre ist die Lockheed «Tristar» ein gewichtiger Konkurrent der DC-10 und des A.300 «Airbus».

oben
Die formvollendete Lockheed «Super Constellation», im Dienst der BOAC

rechts
Die Boeing «Stratocruiser», hier im Dienste der BOAC.

unten
Einen der größten Verkaufserfolge als Ersatz der DC-3 erzielte die Fokker F.27 «Friendship» (auch von Fairchild in den USA gebaut). Angetrieben wird das Flugzeug von zwei Rolls-Royce «Dart»-Propellerturbinen und erreicht eine Reisegeschwindigkeit von 475 km/h, mit maximal 50 Passagieren.

Die Hawker Siddeley «Trident III» ist ein typischer Vertreter der dreistrahligen Kurz- und Mittelstrecken-Passagiermaschinen der 60er Jahre. Ihre Reisegeschwindigkeit beträgt mit etwa 125 Passagieren rund 960 km/h. Die abgebildete Maschine flog ab 1972 im Dienste der BEA.

Viscount gilt als eines der klassischen Flugzeuge der Luftfahrtgeschichte.

Das Düsenzeitalter begann für den Passagier-Luftverkehr im Mai 1952, als die englische de Havilland Comet ihren ersten kommerziellen Flug von London nach Johannesburg absolvierte. Bald flog die Comet auch nach Ceylon, Singapore und Tokyo. Nach mehreren katastrophalen Abstürzen im Jahre 1954, die nicht sofort geklärt werden konnten, wurde die Maschine aus dem Verkehr gezogen. Bis die verbesserte Version, die Comet 4 auf dem Markt erschien, hatten bereits die Boeing und die Douglas ihre eigenen Ideen von Düsenverkehrsflugzeugen entwickelt. Die erfolgreiche Boeing 707 und die Douglas DC-8 (die Convair 990 war weniger erfolgreich). Die Boeing 707 und die DC-8 haben, vielleicht mehr als jedes andere Flugzeug, dazu beigetragen, daß die Welt «schrumpfte» und daß die Atlantiküberquerungen in der Luft viel populärer als zu Wasser wurden. Boeing und Douglas entwickelten dann in der Folge ganze «Familien» von kleineren und größeren Passagiermaschinen, die alle auf demselben Konzept basierten. Die Boeing 737, 727 und 747 Jumbo und die Douglas DC-9, DC-10 usw.

Die Franzosen aber waren es, welche zuerst die klassische Triebwerksanordnung am Heck entwickelten, die später auch bei vielen amerikanischen und britischen Flugzeugen übernommen wurde. Im Jahre 1955 brachte die Firma Sud Aviation die Caravelle heraus, die ein sensationeller Erfolg wurde. Die Caravelle folgte in Form und Auslegung dem Comet, aber statt die Triebwerke schwer zugänglich in den Flügelwurzeln zu versenken, setzte man sie ans Heck, wo sie leichter repariert und ausgewechselt werden konnten. Eine ähnliche Triebwerksanordnung wurde bei den Typen DC-9, Trident, VC-10 BAC-1-11, Boeing 727, Tupolev 134, wie auch bei kleineren Privatflugzeugen angewandt.

Die Sowjetunion, mit einem riesigen Markt in den Ostblockstaaten und auch außerhalb, wurde seit den 50er Jahren ebenfalls zu einem großen Flugzeughersteller. Die Il-12, ein Kurzstreckenflugzeug wie die DC-3 (welche in Russland in Lizenz gebaut wurde), war weit verbreitet. Die 1956 gebaute Tupolev 104 war Russlands erster Linien-Jet. Sie wurde aus dem TU-16 Bomber entwickelt. Die Il-18 und die TU-114 waren sehr erfolgreiche, große Turboprop-Maschinen. In den letzeen Jahren machte sich jedoch der amerikanische und britische Einfluß bemerkbar. Typen wie die TU-154 sind der B-727 sehr ähnlich, und die Il-62 gleicht der BAC VC-10.

Die 70er Jahre waren nun eigentlich das Zeitalter der «Jumbo»-Jets.

oben
Die An-24 ist ein ziviles Turbopropflugzeug derselben Kategorie wie die Fokker «Friendship».

gegenüber unten
Die VFW-Fokker 614 ist ein deutsch-holländischer Versuch, für die 70er Jahre einen DC-3-Ersatz zu finden. Dieser Kurzstreckenjet hat eine etwas unkonventionelle Triebwerkanordnung, um Konstruktion und Wartung zu vereinfachen. Sie bietet bis zu 44 Passagieren Platz und erreicht eine Reisegeschwindigkeit von 725 km/h.

gegenüber oben
Die Boeing 747 SP ist eine Spezialausführung des bekannten «Jumbojets» mit verkürztem Rumpf.

rechts
Die A.300 «Airbus» im Dienste der Air France, 1975.

gegenüber oben
Eine BAC-Sud «Concorde» der Air France (oben) und der British Airways (gegenüber)

Die Forderung nach Wirtschaftlichkeit und großem Aktionsradius bedeutete, daß die Betriebskosten optimiert werden müssen. Das wiederum heißt: möglichst viele Passagiere pro Flug befördern. Boeing leistete Pionierarbeit in den 60er Jahren, als sie zukunftsweisende Projekte für den Passagierverkehr erforschte. Sie entwickelte die 747, eine riesige Maschine mit 59,68 m Spannweite, 70,55 m Länge, 19,36 m Höhe und einem Bruttogewicht von über 300 Tonnen. Der Aktionsradius beträgt etwa 8850 km (je nach Modell) und die Reisegeschwindigkeit 941 km/h. 374 bis 490 Passagiere und ein 18rädriges Fahrgestell machten das Jumbo-Projekt zu einer beeindruckenden Übung in Statistik. Aber alle Berechnungen versprachen einen gewinnbringenden Betrieb. Pan-Am war der erste Boeing 747-Kunde im Jahre 1969, und seither haben fast alle westlichen Fluggesellschaften die B-747 angeschafft. Die meisten Passagiere fliegen ebenfalls gern im Jumbo, denn im Vergleich mit früheren «schlanken» Flugzeugen – sogar der B-707 –, ist der Jumbo geräumig und bequem. Douglas mit der DC-10 und Lockheed mit der Tristar stiegen auch in den Jumbo-Markt ein, anfänglich jedoch nur für Kurz- und Mittelstrecken. Ein europäisches Konsortium baut ebenfalls einen sehr erfolgreichen A-300 Airbus. Die DC-10 und Tristar haben Hecktriebwerke, beim Airbus sind sie unter den Tragflächen angeordnet. Diese Flugzeuge fassen über 300 Passagiere. Langstreckenversionen dieser Typen wurden in den 70er Jahren geplant.

AIR FRANCE

British airways
G-BOAA

oben
Die Antonow An-Z flog zum ersten Mal im Jahre 1947 und war einer der letzten Doppeldecker, die in großen Serien produziert wurden. Diese robuste Mehrzweckmaschine wurde für vielfältige Aufgaben eingesetzt. Sie bot 10 Passagieren Platz und erreichte eine Auflage von 5000 Stück.

mitte
Die Antonow An-22 gehört zu einer Gruppe von gigantischen russischen Transport- und Passagier-Flugzeugen, die vom Heck her beladen werden. Von diesem Typ existiert auch eine Militär-Version.

Unterschallflugzeuge mit riesigem Fassungsvermögen waren wirtschaftlich sinnvoll. Umstrittener waren jedoch Überschallflugzeuge, wie die BAC-Aerospatiale Concorde und ihre russische Rivalin TU-144. Boeing hat ihr Überschallprojekt, die B-2707-300, 1971 aufgegeben. Vor allem wegen der immensen Kosten und der Aussicht auf nur geringen Profit. England und Frankreich entwickelten die Concorde über eine Zeit von 15 Jahren, und kommerzielle Flüge begannen 1976. Von den einen wurden sie mit Optimismus betrachtet, während andere sehr pessimistisch waren. Dieser Pessimismus ist vielleicht gar kein schlechtes Zeichen für die Zukunft; auch die Brüder Wright, Langley und alle anderen Pioniere mußten sich mit ihren Plänen immer gegen beträchtliche Kritik durchsetzen. «Das Ding wird nie fliegen» ist vielleicht die am häufigsten gehörte Behauptung in der etwa 100jährigen Geschichte der Luftfahrt.

oben
Der erste Passagierflug der BAC-Sud «Concorde» vom Londoner Flughafen Heathrow aus in Richtung Bahrein, am 21. Januar 1976. Bemerkenswert ist hier die Vorrichtung zum Kippen des Rumpfbuges, um die Sicht des Piloten bei Start und Landung zu verbessern.

gegenüber unten
1961 war die Tupolew Tu-114 das größte Linienflugzeug der Welt. Sie wurde aus dem Tu-20 Bomber entwickelt, bietet bis zu 220 Passagieren Platz und erreicht eine Reisegeschwindigkeit von 770 km/h. Sie wird im Langstreckenverkehr eingesetzt.

rechts
Ein Ballon-Rennen über einer stillen englischen Landschaft im Jahre 1975. Der Heißluftballon erwies sich als wirksamer Werbeträger.

Stichwortverzeichnis

Die kursiven Ziffern beziehen sich auf Farbabbildungen im Text

ON OFF